新世纪应用型高等教育财经类课程规划教材

保险学

Insurance

（第二版）

主　编　韦樟清　陈淑嫱

副主编　林云飞　董佳慧

大连理工大学出版社

图书在版编目(CIP)数据

保险学 / 韦樟清,陈淑嫦主编. -- 2 版. -- 大连：大连理工大学出版社,2021.2(2025.7 重印)
新世纪应用型高等教育财经类课程规划教材
ISBN 978-7-5685-2941-9

Ⅰ. ①保… Ⅱ. ①韦… ②陈… Ⅲ. ①保险学—高等学校—教材 Ⅳ. ①F840

中国版本图书馆 CIP 数据核字(2021)第 018259 号

大连理工大学出版社出版
地址:大连市软件园路 80 号 邮政编码:116023
发行:0411-84708842 邮购:0411-84708943 传真:0411-84701466
E-mail:dutp@dutp.cn URL:https://www.dutp.cn
大连永盛印业有限公司印刷 大连理工大学出版社发行

幅面尺寸:185mm×260mm 印张:15 字数:347 千字
2016 年 2 月第 1 版 2021 年 2 月第 2 版
2025 年 7 月第 5 次印刷

责任编辑:王晓历 责任校对:李明轩
封面设计:张 莹

ISBN 978-7-5685-2941-9 定 价:45.00 元

前　言

　　保险学是高等院校经济、管理类专业的一门基础课程。迄今已出版的有关保险学方面的教材大致有几十种,本教材在编写过程中力求突出自身的特点。在写作目标上,本教材针对应用型高等院校人才培养的目标,在对原版教材的部分内容进行精减的同时,增添了保险理论与实践的新成果与数据,侧重理论与实践的结合。在内容编排上,本教材较为系统地阐述了风险、保险、保险原则、保险合同,重点介绍了人身保险、财产保险、再保险等保险业务种类,详尽分析了保险经营、保险监管的基本内容与实务技能,凸显了保险的基础知识和基本技能。同时,在各部分内容中均加入了诸多实际案例,帮助读者全面理解和深刻认识保险方面的基本理论,满足培养"实基础"与"强技能"相结合的人才培养需要。在结构安排上,本教材采用了《保险学》经典教材的完整结构,共分为九章,各章配备了导语、小结、关键术语、复习思考题、案例讨论等内容,便于学生自学和课后复习。

　　本教材是多所应用型本科院校相关专业教师们辛勤创作的结晶,也是编者多年来从事保险学课程教学与研究的经验总结和研究成果,具有较强的理论性、实践性与前沿性。

　　本教材响应党的二十大精神,随文提供视频微课供学生即时扫描二维码进行观看,实现了教材的数字化、信息化、立体化,增强了学生学习的自主性与自由性,将课堂教学与课下学习紧密结合,力图为广大读者提供更为全面并且多样化的教材配套服务。

　　本教材由福建师范大学协和学院韦樟清和集美大学诚毅学院陈淑嫱任主编,由福建师范大学协和学院林云飞和

新世纪

厦门大学嘉庚学院董佳慧任副主编。具体编写分工如下:韦樟清编写第二章、第五章、第九章;陈淑嫱编写第四章、第八章;林云飞编写第六章、第七章;董佳慧编写第一章、第三章。韦樟清负责拟定编写大纲和进行框架设计;陈淑嫱负责统稿与修改。

本教材可作为应用型本科院校经济、管理类专业的教学用书,也可供在职的保险从业人员和广大保险爱好者阅读和学习。

在编写本教材的过程中,编者参考、引用和改编了国内外出版物中的相关资料以及网络资源,在此表示深深的谢意! 相关著作权人看到本教材后,请与出版社联系,出版社将按照相关法律的规定支付稿酬。

限于水平,书中仍有疏漏和不妥之处,敬请各位专家、同行和广大读者批评指正,以使教材日臻完善。

编　者

2023 年 12 月

所有意见和建议请发往:dutpbk@163.com

欢迎访问高教数字化服务平台:https://www.dutp.cn/hep/

联系电话:0411-84708445　84708462

目　　录

第一章　风险与保险 ………………………………………………………… 1

　第一节　风　　险 …………………………………………………………… 1

　第二节　风险管理 …………………………………………………………… 8

　第三节　风险与保险的关系 ……………………………………………… 12

第二章　保险概述 ………………………………………………………… 16

　第一节　保险的性质和特征 ……………………………………………… 16

　第二节　保险的发展历程 ………………………………………………… 21

　第三节　保险的分类 ……………………………………………………… 29

　第四节　保险的职能和作用 ……………………………………………… 35

第三章　保险基本原则 …………………………………………………… 44

　第一节　利益原则 ………………………………………………………… 44

　第二节　最大诚信原则 …………………………………………………… 48

　第三节　近因原则 ………………………………………………………… 52

　第四节　损失补偿原则 …………………………………………………… 54

　第五节　损失补偿原则的派生原则 ……………………………………… 57

第四章　保险合同 ………………………………………………………… 64

　第一节　保险合同概述 …………………………………………………… 64

　第二节　保险合同的要素 ………………………………………………… 69

　第三节　保险合同的订立与效力 ………………………………………… 74

　第四节　保险合同的变更与终止 ………………………………………… 76

　第五节　保险合同的解释与争议处理 …………………………………… 79

第五章　人身保险 ………………………………………………………… 82

　第一节　人身保险概述 …………………………………………………… 82

　第二节　人寿保险 ………………………………………………………… 86

　第三节　人身意外伤害保险 ……………………………………………… 95

　第四节　健康保险 ………………………………………………………… 98

第六章　财产保险 ·· 104

　第一节　财产保险概述 ······························ 104

　第二节　火灾保险 ·································· 107

　第三节　运输保险 ·································· 113

　第四节　工程保险 ·································· 126

　第五节　责任保险 ·································· 130

　第六节　信用保证保险 ······························ 133

第七章　再保险 ·· 138

　第一节　再保险概述 ································ 138

　第二节　再保险合同 ································ 142

　第三节　再保险方式 ································ 143

　第四节　再保险市场 ································ 153

第八章　保险经营 ······································ 162

　第一节　保险经营的特征与原则 ···················· 162

　第二节　保险费率 ·································· 165

　第三节　保险营销 ·································· 177

　第四节　保险核保与理赔 ·························· 181

第九章　保险监管 ······································ 187

　第一节　保险监管概述 ······························ 187

　第二节　保险监管内容 ······························ 191

　第三节　保险监管机构及其体系 ···················· 199

参考文献 ·· 209

附录　中华人民共和国保险法（2015 年修正） ············ 211

第一章

风险与保险

无风险则无保险,风险是保险产生与发展的基础,是保险存在的前提。[①] 保险是人类应对风险所造成的经济损失的一种行之有效的风险管理方式。建立保险制度就是为了应对自然灾害与意外事故的发生所带来的损失。

通过本章的学习,应掌握风险的概念及其构成要素;理解风险的特征和分类;理解风险管理的概念;掌握风险管理的流程和风险管理技术;理解风险与保险的关系;掌握可保风险的概念和要件。

第一节 风 险

"风险"一词的由来,最为普遍的一种说法是,在远古时期,以打鱼捕捞为生的渔民们,每次出海前都要祈祷,祈求神灵保佑自己能够平安归来,其中主要的祈祷内容就是让神灵保佑自己在出海时能够风平浪静、满载而归。他们在长期的捕捞实践中,深深地体会到"风"给他们带来的无法预测、无法确定的危险,他们认识到,在出海打鱼捕捞的生活中,"风"即意味着"险",这便是"风险"一词的由来。俗语有云:"天有不测风云,人有旦夕祸福。"在商业活动和日常生活中,人们也经常会遇到一些难以预料的风险。风险在日常生产和生活中时刻存在着。

一、风险的概念及其构成要素

(一)风险的概念

微课1

目前,学术界对风险的概念尚未达成统一。究竟何谓"风险"呢?不同学者认识的角度不同,自然产生了不同的解释。

风险的基本含义可以概括为损失的不确定性,即损失发生的概率介于0、1。如果损失发生的概率是0或者1,就不存在不确定性了,也就不存在风险了。从该角度来界定的风险即指一种客观存在的、损失的发生具有不确定性的状态。

通俗地讲,风险就是发生不幸事件的可能性。换句话说,风险是指一个事件产生我们所不希望的后果的可能性。风险是某一特定危险情况发生的可能性和后果的组合。

(二)风险的构成要素

风险由风险因素、风险事故、损失三个要素构成。

---

① 杨忠海.保险学原理.北京:清华大学出版社,2011:1.

1. 风险因素（Hazard）

风险因素是指促使某一特定风险事故发生或增加其发生的可能性或扩大其损失程度的原因或条件。它是风险事故发生的潜在原因，是造成损失的内在或间接原因。例如，对于建筑物而言，风险因素是指其所使用的建筑材料的质量、建筑结构的稳定性等；对于人而言，风险因素则是指健康状况和年龄等。根据性质不同，风险因素可分为有形风险因素与无形风险因素两种类型。

（1）有形风险因素

有形风险因素也称实质风险因素，是指某一标的本身所具有的足以引起风险事故发生或增加损失机会或加重损失程度的因素。如一个人的身体状况；某一建筑物所处的地理位置、所用的建筑材料的性质等；地壳的异常变化、恶劣的气候、疾病传染等都属于实质风险因素。人类对于这类风险因素，有些可以在一定程度上加以控制，有些在一定时期内还是无能为力。在保险实务中，由实质风险因素引起的损失风险，大都属于保险责任范围之内。

（2）无形风险因素

无形风险因素是与人的心理或行为有关的风险因素，通常包括道德风险因素和心理风险因素。其中，道德风险因素是指与人的品德修养有关的无形因素，即由于人们不诚实、不正直或图谋不轨，故意促使风险事故的发生，以致造成财产损失和人身伤亡的因素。如投保人或被保险人的欺诈、纵火行为等都属于道德风险因素。在保险业务中，保险人对因投保人或被保险人的道德风险因素所造成的经济损失，不承担赔偿或给付责任。心理风险因素是与人的心理状态有关的无形因素，即由于人们疏忽或过失以及主观上不注意、不关心、心存侥幸，以致增加风险事故发生的机会或加大损失的严重性的因素。例如，企业或个人投保财产保险后产生了放松对财务安全管理的思想，如出现物品乱堆放、吸烟后随意抛弃烟蒂等心理或行为，都属于心理风险因素。由于道德风险因素与心理风险因素均与人密切相关，因此，这两类风险因素合并称为人为风险因素。

2. 风险事故（Peril）

风险事故也称风险事件，是指造成人身伤害或财产损失的偶发事件，是造成损失的直接或外在的原因，是损失的媒介物，即风险只有通过风险事故的发生才能导致损失。

就某一事件来说，如果它是造成损失的直接原因，那么它就是风险事故；而在其他条件下，如果它是造成损失的间接原因，它便成为风险因素。如下冰雹路滑发生车祸，造成人员伤亡，这时冰雹是风险因素；冰雹直接击伤行人，它则是风险事故。

3. 损失（Loss）

在风险管理中，损失是指非故意、非预期、非计划的经济价值的减少。通常我们将损失分为两种形态，即直接损失和间接损失。直接损失是指风险事故导致的财产本身损失和人身伤害，这类损失又称为实质损失（Physical Loss）；间接损失则是指由直接损失引起的其他损失，包括额外费用损失（Extra Expense Loss）、收入损失（Income Loss）和责任损失（Liability Loss）。在风险管理中，通常将损失分为四类，即实质损失、额外费用损失、收入损失和责任损失。

案例 1-1

2015 年一季度各类自然灾害致全国 500 余万人次受灾

4 月 9 日,民政部网站公布了由民政部、国家减灾办发布的 2015 年一季度全国自然灾害基本情况。经核定,各类自然灾害共造成全国 523.1 万人次受灾,31 人次死亡,9.3 万人次紧急转移安置,1.4 万人次需紧急生活救助。

一季度,我国自然灾害以地震、低温冷冻和雪灾为主,干旱、洪涝、风雹、崩塌、滑坡、泥石流和森林火灾等灾害也均有不同程度发生。各类自然灾害还造成近 600 间房屋倒塌,16.9 万间不同程度损坏;农作物受灾面积高达 380 千公顷,其中绝收 15.7 千公顷;直接经济损失 63 亿元。

一季度自然灾害呈现的特点包括:西部地区地震频发;低温雨雪多次来袭;风雹旱灾时有发生;地质灾害同比偏重。其中,一季度,我国大陆地区地震活动较为活跃,共发生 5 级以上地震 6 次,均发生在西部地区。据统计,一季度地震灾害共造成 27.2 万人次受灾,2 人次死亡,8.9 万人次紧急转移安置,近 600 间房屋倒塌,15.6 万间不同程度损坏,直接经济损失 27.6 亿元。综合来看,灾情总体偏重,其中紧急转移安置人口、损坏房屋间数和直接经济损失均为 2004 年以来同期第二高值。

一季度全国有 11 个省(自治区)和新疆生产建设兵团遭受风雹灾害,损失主要集中于四川、贵州和云南,西南三省农作物受灾面积达 31.6 千公顷,其中绝收 4.2 千公顷,直接经济损失 4.1 亿元,占全国风雹灾害总损失的 70% 以上。

此外,一季度全国地质灾害灾情与 2014 年同期相比明显偏重,造成的死亡人数和直接经济损失均有所增加。

资料来源:新华网

4. 风险因素、风险事故与损失之间的关系

风险因素、风险事故与损失三者之间既密切联系又相互区别。风险因素是引发风险事故的隐患,是发生事故的可能性。而风险事故则使风险的可能性转化成了现实结果。由风险因素转化为风险事故需要一定的条件,这里的条件既包括内部条件,也包括外部条件,二者缺一不可。风险事故与损失之间的关系也很密切,风险事故是造成损失的直接原因,损失则是风险事故造成的直接后果。一般说来,有风险事故必然有损失,风险事故越大,损失也就越大,当然这也不是绝对的。由风险事故到损失,这中间也需要一系列的条件,而其中最重要的是事故发生时当事人所采取的施救情况,包括施救设备、施救手段、施救技术以及施救组织工作效率等。一般来说,施救工作及时有效,则可以减少损失;相反,若施救工作组织得不好,则会扩大损失,甚至会引发新的事故,造成更大的损失。

上述三者之间的关系可以概括为:风险是由风险因素、风险事故和损失三者构成的统一体,风险因素引起或增加风险事故;风险事故发生可能造成损失,如图 1-1 所示。

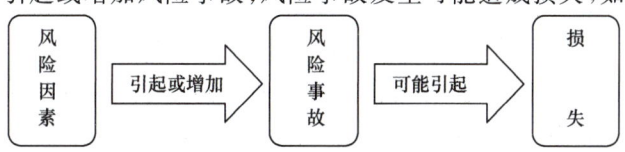

图 1-1 风险各要素关系图

二、风险的特征

风险的特征包括客观性、社会性、不确定性、可测性和发展性等。

（一）客观性

风险是一种不以人的意志为转移,独立于人的意识的客观存在。因为无论是自然界的物质运动,还是社会的发展规律,都由事物的内部因素所决定,由超出人们主观意识所存在的客观规律所决定。

一方面,各种自然灾害作为人类正常生产和生活秩序的威胁,属于按照自然规律运行的客观现象,是人力不可抗拒的风险;另一方面,各种人为事故虽然可以通过加强风险管理得以减轻,但无论怎样努力,都只能避免个别事故而不能从整体上消除事故威胁。因此,风险是不以人的主观意志为转移的,它独立于人的主观意识而存在;同时,风险的客观性还表现在它可以用客观尺度来测度,即可以根据概率论来度量风险的大小。

（二）社会性

风险的后果与人类社会的相关性决定了风险的社会性,其具有很大的社会影响。风险的后果必然是对人身及其财产的安全造成威胁、形成危害,并可能导致风险损害。损害是风险的必然结果,只是损害的大小程度不同。无论何种风险,都是相对于人身及其财产的危害而言,也就是说,风险的后果最终都是由人来承担的。没有人和人类社会就谈不上有风险。

（三）不确定性

由于信息的不对称性,未来风险事件发生与否难以预测。风险的不确定性通常包括以下几个方面的内容:一是空间上的不确定性;二是时间上的不确定性;三是损失程度的不确定性。从总体上看,有些风险是必然要发生的,但何时发生是不确定的。例如,生命风险中,死亡是必然发生的,这是人生的必然现象,但是具体到某一个人何时死亡,在其健康时却是不可能预测到的。

（四）可测性

个别风险的发生是偶然的、不可预知的,但是通过对大量风险事故的观察发现,风险往往呈现出明显的规律性。运用统计方法去处理大量相互独立的偶发风险事故,其结果可以比较准确地反映风险的规律性。根据以往大量资料,利用概率论和数理统计的方法可测算风险事故发生的概率及其损失程度。例如,我国 40 岁的男性,每 1 000 人中,其死亡率为 2‰。于是,根据精算原理,利用对各年龄段人群的长期观察得到的大量死亡记录,就可以测算各个年龄段人的死亡率,进而根据死亡率计算人寿保险的保险费率。

（五）发展性

人类社会自身进步和发展的同时,也创造和发展了风险。尤其是当代高新科学技术的发展与应用,使风险的发展尤为突出。风险的发展性主要表现在以下三个方面:第一,一些风险消失了。随着人类的进步,一些固有的疾病已经在地球上的某些国家和地区彻底消失了。第二,一些风险减少了。随着人们素质的提高,人们的一些不良行为逐渐减少,如不乱扔烟头、遵守交通规则等行为,均可在一定程度上减少风险事故的发生。第三,新的风险出现了。随着新产品、新技术的出现,人们又会面临着一系列新的、不确定的风险,如原子弹和核技术的发展,会带来核污染及核爆炸等风险。

三、风险的分类

(一)按照风险的性质分类

所谓风险,是指人们在从事某种活动或决策的过程中,预期未来结果的随机可能性。这种未来结果的随机不确定性,是指出现正面效应和负面效应的不确定性。从经济学的角度来讲,正面效应就是收益,负面效应就是损失。根据这种未来结果的随机不确定性,我们将风险划分为如下三类:

1.纯粹风险

纯粹风险是指只有损失机会而无获利可能的风险。比如房屋所有者面临的火灾风险、汽车车主面临的碰撞风险等,当火灾、碰撞事故发生时,他们便会遭受经济利益上的损失。

2.投机风险

投机风险是相对于纯粹风险而言的,是指既有损失机会又有获利可能的风险。投机风险的结果一般有三种:一是没有损失;二是有损失;三是有盈利。比如在股票市场上买卖股票,就存在赚钱、赔钱、不赔不赚三种结果,因而属于投机风险。

案例 1-2

香港金管局再次呼吁警惕比特币投机风险

据悉,2015 年 2 月 11 日下午有数十名疑似因购买比特币受骗的投资者,来到香港警察总部商业罪案调查科集体报案。对此,香港金管局发言人表示,注意到有投资者已就比特币投资事宜报警,事件有可能涉及受骗或被诱使参与层压式诈骗计划,但强调金管局不会就具体个案做出评论。香港金管局重申,比特币并非法定货币,而是在虚拟世界中创造的商品,由于其价值没有实物或发行人的支持,加上价格波动非常大,因此并不具备成为支付媒介或电子货币的条件。金管局指出,比特币或其他类似的虚拟商品并未受金管局的监管,因此,基于比特币的高度投机性,金管局再次呼吁投资者在购买或进行比特币交易时要加倍小心风险。

资料来源:证券时报,吕锦明,2015-02-12。

3.收益风险

收益风险是只会产生收益而不会导致损失的可能性,只是具体的收益规模无法确定。比如受教育的风险问题。在现代社会,接受教育无疑是一种非常必要而且明智的举动,教育会让人受益终生,但教育到底能够为受教育者带来多大的收益是无法计量的,它不仅与受教育者个人因素有关,而且与受教育者的机遇等外部因素有关。这类风险可以看作是收益风险。

案例 1-3

收益风险举例——博饼

博饼,起源于泉州府,是闽南地区几百年来独有的中秋传统活动,是闽南地区特有的由饼文化外延的一种汉族民俗活动,也是对历史的一种传承。博饼活动的创始人是泉州南安人郑成功。当年,郑成功为了鼓舞思乡将士们,命令其下属发明此游戏。经过几百年的变迁,博饼游戏已成为一种独特的中秋文化。

博饼作为一种中秋时节的大众娱乐活动,用六粒骰子投掷结果组合来决定参与者的奖品。博饼一般是10人1桌,首先指定1人(一般是本桌年长位高者)取两颗骰子扔出数点,如n点,由扔者开始逆时针方向数到第n个人,该人为本次博饼的起博者。逆时针依次每个人每次要把6个骰子一起投进大碗里,众人依次投骰子,看骰子的点数得饼。传统的奖品为月饼。设状元1个,对堂2个,三红4个,四进8个,二举16个,一秀32个。

由此可见,对于博饼的参与者只可能获得收益或者无收益,但绝不可能产生损失,区别在于收益的大小会因运气不同而不同。

(二)按照风险的对象分类

1.财产风险

财产风险是指导致一切有形财产的损毁、灭失或贬值的风险以及经济或金钱上的损失的风险。如厂房、机器设备、成品、家具等会遭受火灾、地震、爆炸等风险;船舶在航行中,可能会遭受沉没、碰撞、搁浅等风险。

财产损失通常包括财产的直接损失和间接损失两方面。

2.人身风险

人身风险是指导致人的伤残、死亡、丧失劳动能力以及增加医疗费用支出的风险。如人会因生、老、病、死等生理规律和自然、政治、军事等原因而早逝、伤残、丧失工作能力或老无所依等。

人身风险所致的损失一般有两种:一种是收入能力损失;另一种是额外费用损失。

3.责任风险

责任风险是指由于个人或团体的疏忽或过失行为,造成他人财产损失或人身伤亡,依照法律、契约或道义应承担的民事法律责任的风险。

4.信用风险

信用风险是指在经济交往中,权利人与义务人之间,由于一方违约或违法致使对方遭受经济损失的风险。如进出口贸易中,出口方(或进口方)会因进口方(或出口方)不履约而遭受经济损失。

(三)按照风险波及的范围分类

1.特定风险

特定风险是指与特定的人有因果关系的风险,即由特定的人所引起的,而且损失仅涉及特定个人的风险。如火灾、爆炸、盗窃以及对他人财产损失或人身伤害所负的法律责任均属此类。

2.基本风险

基本风险是指损害波及社会的风险。基本风险的起因及影响都不与特定的人有关,至少是个人所不能阻止的。与社会或政治有关的风险、与自然灾害有关的风险都属于基本风险。如地震、洪水、海啸、经济衰退等均属此类。

(四)按照风险产生环境分类

1. 静态风险

静态风险是指在社会经济正常的情况下,由自然力的不规则变化或人们的过失行为所致损失或损害的风险。如雷电、地震、酸雨、暴风雨等自然原因所致的损失或损害;火灾、爆炸、意外伤害事故所致的损失或损害等。

2. 动态风险

动态风险是指由于社会经济、政治、技术以及组织等方面发生变动所致损失或损害的风险。如人口增长、资本增加、生产技术改进、消费者偏好变化等。

(五)按照风险产生原因分类

1. 自然风险

自然风险是指因自然力的不规则变化使社会生产和社会生活等遭受威胁的风险。如地震、台风、火灾以及各种瘟疫等自然现象而引起的风险。在各类风险中,自然风险是保险人承保最多的风险。

自然风险的特征包括:

(1)自然风险形成的不可控性;

(2)自然风险形成的周期性;

(3)自然风险事故引起后果的共沾性,即自然风险事故一旦发生,其涉及的对象往往很广。

2. 社会风险

社会风险是指由于个人或团体的行为(包括过失行为、不当行为以及故意行为)或不行为使社会生产以及人们生活遭受损失的风险。如盗窃、抢劫、玩忽职守及故意破坏等行为将可能对他人财产造成损失或人身造成伤害。

3. 政治风险(国家风险)

政治风险是指在对外投资和贸易过程中,因政治原因或双方所不能控制的原因,使债权人可能遭受损失的风险。如因进口国发生战争、内乱而中止货物进口而产生的风险;进口国实施进口或外汇管制而产生的风险等。

4. 经济风险

经济风险是指在生产和销售等经营活动中由于受各种市场供求关系、经济贸易条件等因素变化的影响或经营者决策失误,对前景预期出现偏差等导致经营失败的风险。比如企业生产规模的增减、价格的涨落和经营的盈亏等。

5. 技术风险

技术风险是指伴随着科学技术的发展、生产方式的改变而产生的威胁人们生产与生活的风险。如核辐射、空气污染和噪声等。

案例 1-4

福建漳州古雷爆炸事故后,4 万居民将整体搬迁

漳州报道2015年4月6日17点56分,漳州古雷一声爆炸,炸开了被当地官方誉为

"古雷奇迹"PX("对二甲苯")项目的面纱:腾龙芳烃(漳州)有限公司(下称"腾龙公司")二甲苯装置发生漏油着火,引发4个油罐爆裂燃烧,致6人受伤。爆炸过后的小镇成了一个"孤岛",岛上的西林村一片沉寂,家家门窗紧闭,偶尔可见在外自行觅食的鸡鸭,PX厂区外围则弥漫着类似农药的臭味。据漳浦县官员介绍,当地政府计划,古雷镇6月前基本完成搬迁,10月份实现全岛百姓搬迁。土地、海域的征收,也随着全岛搬迁将陆续完成。而就在杜浔镇边上,距古雷PX厂15公里左右的地方,未来将成为4万多古雷镇居民撤退后的新家。

资料来源:华夏时报(北京),2015-04-10

小贴士

PX项目,即对二甲苯化工项目。PX是英文P-Xylene的缩写,其中文名是对二甲苯,以液态存在、无色透明、气味芬芳,属于芳烃的一种,是化工生产中非常重要的原料之一,常用于生产塑料、聚酯纤维和薄膜。漳州PX项目指的是福建省漳州市古雷港经济开发区的一项投资项目。2008年5月,漳州市与翔鹭集团旗下的腾龙芳烃(厦门)有限公司正式签订投资协议书,总投资137.8亿元人民币,年产量80万吨。

第二节 风险管理

案例 1-5

汶川地震

2008年5月12日14时28分4秒,四川省阿坝藏族羌族自治州汶川县发生里氏8.0级地震,最大烈度达11度。截至2008年9月18日12时,汶川大地震共造成69 227人死亡,374 643人受伤,17 923人失踪,直接经济损失8 451亿多元。这是中华人民共和国成立以来破坏性最强、波及范围最广、救灾难度最大的一次地震,也是唐山大地震后伤亡最惨重的一次地震。

案例 1-6

"9.11"事件

2001年9月11日上午,两架被恐怖分子劫持的民航客机分别撞向美国纽约世界贸易中心一号楼和世界贸易中心二号楼,两座建筑在遭到攻击后相继倒塌,世界贸易中心其余5座建筑物也受震而坍塌损毁;9时许,另一架被劫持的客机撞向位于美国华盛顿的美国国防部五角大楼,五角大楼局部结构损坏并坍塌。"9.11"事件是发生在美国本土的最为严重的恐怖攻击行动,遇难者总数高达2 996人。对于此次事件的财产损失各方统计不一,联合国发表报告称此次恐怖袭击导致美国经济损失达2 000亿美元,相当于当年生产总值的2%。此次事件对全球经济所造成的损害甚至达到1万亿美元。

从以上两个例子我们不难看出:自然灾害与意外事故等各种风险时时刻刻都在威胁着我们的生命与财产安全。然而人类在风险面前并不是坐以待毙的,为了减少风险造成的损失,人类开始研究风险的性质、规律等相关领域,以期寻求管理风险的最佳策略。保险是所有风险管理技术中最为有效,应用最广泛的。本节主要阐述风险管理的概念、风险管理的基本程序以及风险管理技术。

微课2

一、风险管理的概念

风险管理萌芽于 20 世纪 30 年代的美国,由于受 1929—1933 年世界性经济危机的影响,美国有 40% 左右的银行和企业破产,经济倒退了约 20 年。美国企业为应对经营上的危机,许多大中型企业都在内部设立了保险管理部门,负责安排企业的各种保险项目。可见,当时的风险管理主要依赖保险手段。中国对风险管理的研究开始于20 世纪 80 年代。一些学者将风险管理和安全系统工程理论引入中国,在少数企业中试用感觉比较满意。中国大部分企业缺乏对风险管理的认知,也没有建立专门的风险管理机构。作为一门学科,风险管理学在中国仍旧处于起步阶段。

风险管理是指人们对各种风险的认知、控制和处理的主动行为。各单位、个人通过对各种风险的认识、损害后果的分析和衡量、风险处理方法的选择和执行,争取以最小的代价达到最佳安全效果的经济管理手段。通过研究风险发生和变化规律,估算风险对社会经济生活可能造成损害的程度,并选择有效的手段,有计划有目的地处理风险,以期用最小的成本代价,获得最大的安全保障。

风险管理强调的是人们的主动行为。风险管理的目的是以尽可能小的成本来换取最大的安全保障和经济利益。

二、风险管理的基本程序

(一)风险识别

风险识别是指通过对各种相关资料的系统分析,识别风险的存在和性质。风险识别是风险管理的基础。风险是多种多样的、错综复杂的,因此必须采取有效的方法和途径识别潜在风险,并进行经验判断和归纳整理,从而确定风险的性质。对风险的识别,一方面,依靠感性认识、经验判断;另一方面,可以利用现场分析调查法、资产财务分析法等进行分析和归类整理,从而发现各种风险的损害情况以及具有规律性的损害风险。在此基础上,鉴定风险的性质,为风险衡量做准备。识别风险一般有以下几种方法:

1. 现场调查法

现场调查法是风险管理部门通过现场考察企业的设备、财产以及生产流程,发现许多潜在风险并能及时对风险进行处理的方法。

2. 风险列举法

风险列举法是风险管理部门根据本企业的生产流程按生产环节的先后顺序进行风险排列的方法。一般从列出企业购买过程可能遇到的风险开始,继而列出生产过程、销售过程可能面临的所有风险因素。

3. 生产流程图法

生产流程图法是在列举法的基础上发展起来的。它是风险管理部门根据生产流程图从企业原材料、电力等投入开始,经生产过程,到产品抵达消费者手中,将其间一切环节系统化、顺序化,制成流程图,以便发现企业面临的风险。

4.财务报表分析法

财务报表分析法是按照企业的资产负债表、财产目录、损益计算书等资料,对企业的固定资产和流动资产的分布进行风险分析,以便从财务的角度发现企业面临的潜在风险和财务损失。众所周知,对一个经济单位而言,财务报表是一个综合反映指标,经济实体存在的许多问题均能从财务报表中反映出来。

5.保险调查法

保险调查法是由保险公司有关人员或专业保险代理人或经纪人对某一单位或家庭进行调查,以评估其存在的风险,并通过制表的方式把风险逐一记录。

在使用上述风险识别方法时应该明确:一种方法难以揭示出一个企业所面临的全部风险,因此多种方法的配合使用往往更为有效;企业的生产经营活动处于动态变化之中,因此风险识别是一个连续不断的过程。

(二)风险估测

风险估测是指在风险识别的基础上,通过对所掌握的大量统计资料进行分析,运用概率论和数理统计的知识,对风险事故发生的频率和可能造成的损失程度加以估测。其中,风险事故频率是指在一定时期内某一风险发生的次数。风险估测不仅使风险管理建立在科学的基础上,而且使风险分析定量化,为风险管理者进行风险决策、选择最佳管理技术提供了可靠的科学依据。

(三)风险评价

风险评价是指在风险识别和风险估测的基础上,把风险发生的概率、损失严重程度,结合其它因素综合起来考虑,得出系统发生风险的可能性及其危害程度,并与公认的安全指标比较,确定系统的危险等级,然后根据系统的危险等级,决定是否需要采取控制措施以及采取控制措施的程度。

(四)选择风险管理技术

根据风险评价结果,为实现风险管理目标,选择最佳风险管理技术并付诸实施。风险管理技术分为控制型和财务型两大类。控制型风险管理技术是降低损失概率和减少损失程度,重点在于改变引起意外事故和扩大损失的各种条件。财务型风险管理技术是以提供基金和订立保险合同等方式,消化产生损失的成本,即对无法控制的风险所做的财务安排。

(五)风险管理效果评价

风险管理评价是指对的风险管理技术适用性及其收益性情况的分析、检查、修正和评估。风险管理效益的大小取决于是否能以最小风险成本取得最大安全保障。同时,再实务中还要考虑与整体管理目标是否一致,具体实施的可行性、可操作性和有效性。

三、风险管理技术

风险管理技术主要有控制型风险管理技术和财务型风险管理技术。

(一)控制型风险管理技术

控制型风险管理技术的实质是,在风险分析的基础上,针对个人或家庭所存在的风险因素采取控制技术以降低风险事故发生的频率和减轻损失的程度,重点在于改变引起自然灾害、意外事故和扩大损失的各种条件。主要表现为:在事故发生前,降低事故发生的频率;在事故发生时,采取措施将损失减少到最低限度。

1. 避免

避免是个人或家庭主动采取措施放弃原先承担的风险或者完全拒绝承担风险的行为。避免是有意识不让个人或家庭面临特定风险的行为。从某种意义上说，风险避免是将风险发生的概率降低为零。如某人因担心火车脱轨事故而拒绝乘坐火车，从而避免了火车脱轨事故发生给其带来的损失，这就是避免的风险管理方式。避免是各种风险控制方式中最简单的方式，也是最消极的方式。

避免适用的情形主要包括：①发生频率高且损失程度比较大的特大风险；②损失频率虽不大，但损失后果严重，并且无法得到补偿的风险；③采用其他方法成本较高，且超过避免风险成本的情形。

2. 分散

分散风险管理单位是指将风险单位划分为若干数量少、体积小而且价值低的独立的单位，分散在不同的空间，以减少风险事故的损失程度。分散风险单位的目的是减少任何一次损失的发生所造成的最大可能损失。通常所说的"鸡蛋不要放到一个篮子里"就是一种典型的分散的风险管理方式，也指投资应配置于不同的领域，以避免风险的集中发生。

3. 抑制

损失抑制是在损失发生时或之后为缩小损失幅度而采取的各项措施。它是处理风险的有效技术，如在住宅安装自动喷淋设备和火灾报警器等。

4. 预防

损失预防是指在风险事故发生前，为了消除或减少可能引起损失的各种因素而采取的处理风险的具体措施，其目的在于通过消除或减少风险因素而降低损失发生概率。这是事前的措施，即所谓"防患于未然"。如定期体检，虽不能消除患重大疾病的风险，但可得到医生的劝告或及早防治，因而可以减少发病的机会或减轻其严重程度。

(二)财务型风险管理技术

由于受种种因素的制约，人们对风险的预测不可能绝对准确，而防范风险的各项措施都具有一定的局限性，所以某些风险事故的损失后果是不可避免的。财务型风险管理技术是以提供基金的方式，降低发生损失的成本，即通过事故发生前的财务安排，来解除事故发生后给人们造成的经济困难和精神忧虑，为恢复生产、维持家庭正常生活等提供财务支持。财务型风险管理技术主要包括以下方法：

1. 自留

自留风险是指对风险的自我承担，即个人或家庭自我承担风险损害后果的方法。自留风险是一种非常重要的财务型风险管理技术。自留风险有主动自留和被动自留之分。通常在风险所致损失频率和程度低、损失在短期内可以预测以及最大损失不影响企业或单位财务稳定时采用自留风险的方法。自留风险的成本低，方便有效，可减少潜在损失，节省费用。但自留风险有时会因风险单位数量的限制或自我承受能力的限制，而无法实现其处理风险的效果，导致财务安排上的困难而失去作用。

2. 转移

转移风险是指一些个人或家庭为避免承担损失，而有意识地将损失或与损失有关的财务后果转嫁给另一些单位或个人去承担的一种风险管理方式。转移风险有非保险转移和保险转移两种方法。

（1）非保险转移

非保险转移是指单位、个人或家庭通过经济合同，将损失或与损失有关的财务后果转移给另一些个人或家庭去承担；或人们可以利用合同的方式，将可能发生的、不确定事件的任何损失责任从合同一方当事人转移给另一方，如销售、建筑、运输合同和其他类似合同的免责规定和赔偿条款等。

（2）保险转移

保险转移是指单位、个人或家庭通过订立保险合同，将其面临的财产风险、人身风险和责任风险等转移给保险人，保险人则在合同规定的责任范围内承担补偿或给付责任。保险作为风险转移的方式之一，有很多优越之处，是进行风险管理最有效的方法之一。

在现实生活中，究竟选择哪一种方式最为合理，要根据风险的不同特性并结合行为主体本身所处的环境和条件而定。尽管提到风险管理常常使人想到保险，但我们已经看到，保险只是风险管理诸多对策与手段之中的一个。事实上，最适当的风险管理方案不能完全依赖保险，而是要根据个人或家庭面临的风险状况和管理目标，有针对性地选择合适的风险控制，并加以规划安排，形成一个包括保险在内的风险管理技术组合，确保在保障程度一定时，风险管理费用最小；或在风险管理费用一定时，保障程度最高。

第三节　风险与保险的关系

风险需要管理，以减少其发生的频率和造成的损失。在风险管理中，对不同的风险有不同的处理方法，保险就是风险损失转移的重要手段。[①]

一、风险与保险的关系

（一）风险是保险产生和存在的前提

无风险就无保险。保险产生和发展的过程表明，保险是基于风险的存在和对因风险的发生所引起的损失进行补偿的需要而产生和发展起来的。

（二）风险的发展是保险发展的客观依据，也是新险种产生的基础

随着社会的进步和科技水平的提高，在给人们带来更多新的财富的同时，也给人们带来了新的风险和损失，与此相适应，也不断产生新的险种。

随着科学技术的进步，人们所面临的风险呈现以下五大趋势：

1.巨额风险不断出现。随着各种新技术和新设备的广泛使用，风险事故发生后造成的损失越来越大，形成巨额风险。技术设备越复杂，其总体越脆弱，一点点的故障就会引起重大事故。

2."显性化风险"增多。随着社会的进步和技术手段的不断完善，一些过去一直存在、但没有为人们所意识到的风险将会逐渐显露出来并为人们所认识。

3."附着性风险"出现。一些新技术和新设备的广泛使用，给人们带来了一些新的风险。

4."创造性风险"产生。新体制的产生、新规则的制定、新环境的出现，也将带来新的风险因素。

---

① 张洪涛.保险学(第四版).北京：中国人民大学出版社，2014：13.

二、可保风险

作为一种最为普及的、使用最广泛的风险管理手段,保险不能将各种风险通通予以承保,这既有理论上的限制,也存在着保险经营理念、手段和经营方法上的限制。在这里必须明确的一点是只有可保风险才可以采取保险的手段进行风险管理。

(一)可保风险的概念

可保风险(Insurance Risk)即可保危险,是指可被保险公司所接受的风险,或可以向保险公司转嫁的风险。

(二)可保风险的要件

1. 风险不是投机的

纯粹风险与投机性风险是性质完全不同的两种风险,它们造成的后果是不同的。就保险行业的承保技术和手段而言,保险公司只承担由纯粹风险导致的损失。因为保险是防范风险的一种保护机制,如果保险人对投机性风险也进行承保的话,就有可能使投保人因为保险而获利,这样,就会刺激人们主动去触发保险事故的发生,从而使道德风险和逆向选择成为一个很严重的问题。

2. 风险必须是偶然的

风险的偶然性是对个体标的而言的,偶然性包含两层意思:一是风险发生的可能性,不可能发生的风险是不存在的。二是风险发生的不确定性,即发生的对象、时间、地点、原因和损失程度等,都是不确定的。

如果客观存在的风险一定会造成损失,这种风险保险公司不会承保。保险公司承保的风险必须只包含发生损失的可能性,而不是确定性,也就是说损失的发生具有偶然性。之所有要求损失的发生具有偶然性,一是为了防止被保险人的道德风险和行为风险的发生;二是保险经营的基础是大数法则,而大数法则的应用是以随机(偶然)事件为前提的。

3. 风险必须是意外的

所谓意外是指非人们的故意行为所致。故意行为容易引起道德风险,为法律所禁止,与社会道德相矛盾,必然发生,为人们准确预期。因此,故意行为引起的风险及必然发生的风险,都不可能通过保险来转移。如赌博、自然损耗、机器磨损等则为不可保风险,赌博为法律所禁止,自然损耗、折旧为必然,因此就不可能为保险人承保。非意外风险属于不可保风险。此条件可概括为:第一,风险的发生或风险损害后果的扩展都不是投保人的故意行为;第二,风险的发生是不可预知的,因为可预知的风险往往带有必然性。

4. 风险必须是大量标的均有遭受损失的可能性

保险经营的重要数理依据是大数法则,大数法则是统计学中的一个重要定律。大数法则是指随着样本数量的不断增加,实际观察结果与客观存在的结果之间的差异将越来越小,这种差异最终将趋近于零。因此,随着样本数量的增加,利用样本的数据来估计的总体的数字特征也会越来越精确。

大数法则在保险中的应用是指随着投保的保险标的的数量的增加,保险标的的实际损失与用以计算保险费率的预测损失之间的差异将越来越小。大数法则的运用必须存在大量的、相似的或同类的保险标的。因为只有这样才能体现大数法则所揭示的规律性。那么,数量多大就构成了大数?从保险经营的角度来看大数不是一个具体的数量,它是保险公司愿意承受风险程度的函数。保险经营中所需大数的多少取决于保险公司承受一项风险发生的实际损失偏离预期损失的程度的意愿。举例来说，假设汽车发生碰撞并造成全损的概率是1‰，承保了1 000辆汽车保险的保险公司对其承保的汽车在明年发生碰撞导致的全损的预期是1辆。在一年期满时，1 000辆承保的汽车都没发生碰撞损失，这对保险公司而言，则发生了实际损失与预期损失的偏差，但这种偏差对保险公司是有利的；与此相反，在一年期满时，1 000辆承保的汽车中有2辆发生了碰撞导致的全损，这对保险公司而言，也发生了实际损失与预期损失的偏差，但这种偏差对保险公司是极为不利的；只要保险公司的保险费率是公平精算费率，则1 000辆汽车的保险费累积的汽车险保险基金不足以补偿2辆发生全损车辆的损失赔偿。因此，就保险公司的经营而言，承保数量1 000构不成大数。在保险费率不变的情况下，保险公司只能通过增加承保汽车的数量来减少实际损失超过预期损失的风险。当承保数量达到10 000辆、100 000辆时，虽然预期的损失也呈比例地增加到10辆、100辆，但实际损失与预期损失的差异大大降低，则保险公司经营汽车险的风险随之降低。承保标的的数量在保险经营活动中是至关重要的。参加保险的标的越多，实际发生的损失与预测的损失就越接近，而根据预测损失制定的保险费率，收取的保险费的积累就越多，保险公司补偿损失的能力越强，经营效益越好。

5. 风险应有发生重大损失的可能性

从风险管理的理论角度来看，管理风险的措施是多样的，保险只是其中的一种方法。人们只对发生频率低但损失程度严重的风险采取保险的手段进行风险转移。因为这种损失一旦发生，人们无法依靠自身的力量来补偿损失或自己补偿损失极不经济。判断损失的严重性并没有一个确定的数量标准，它是相对于企业、家庭或个人能够并且愿意承担损失的大小而定的，不是绝对的。对于投保人来说，如果一种风险造成损失的可能性很大，但损失结果并不严重，为这种风险购买保险是很不经济的，人们可以通过自留风险和控制损失频率的方法来解决。

本章小结

1. 风险（Risk）是指一种客观存在的、损失的发生具有不确定性的状态。风险是由风险因素、风险事故、损失三个要素构成的。根据其性质不同，风险因素可分为有形风险因素与无形风险因素两种类型。风险事故（风险事件）是指造成人身伤害或财产损失的偶发事件，是造成损失的直接的或外在的原因，是损失的媒介物。通常我们将损失分为两种形态，即直接损失和间接损失。风险三要素的关系可以概括为：风险是由风险因素、风险事故和损失三者构成的统一体，风险因素引起或增加风险事故；风险事故发生可能造成损失。

2. 风险具有客观性、社会性、不确定性、可测性和发展性等基本特征。按照其性质不同，风险可以分为纯粹风险、投机风险、收益风险；按照对象不同，风险可以分为财产风险、人身风险、责任风险、信用风险；按照波及范围不同，风险可以分为特定风险、基本风险；按照产生环境不同，风险可以分为静态风险、动态风险；按照产生原因不同，风险可以分为自然风险、社会风险、政治风险、经济风险、技术风险。

3. 风险管理是指人们对各种风险的认识、控制和处理的主动行为。风险管理的基本程序包括风险识别、风险估测、风险评价、风险管理技术选择、风险管理效果评价。风险管理技术分为控制型和财务型两大类。控制型风险管理技术包括避免、预防、抑制；财务型风险管理技术包括自留、转嫁。

4.风险是保险产生和存在的前提,风险的发展是保险发展的客观依据,也是新险种产生的基础。可保风险(Insurance Risk)即可保危险,是指可被保险公司接受的风险,或可以向保险公司转嫁的风险。可保风险的要件包括:风险不是投机的;风险必须是偶然的;风险必须是意外的;风险必须是大量标的均有遭受损失的可能性;风险应有发生重大损失的可能性。

关键术语

风险　保险　风险因素　风险事故　损失　纯粹风险　投机风险　收益风险
财产风险　人身风险　责任风险　信用风险　特定风险　基本风险　静态风险
动态风险　自然风险　社会风险　政治风险　经济风险　技术风险　风险管理
可保风险

复习思考题

1.什么是风险?风险具有哪些基本特征?

2.简述风险的三要素及其相互之间的关系。

3.试举例说明有形风险因素与无形风险因素的区别。

4.简述风险管理的基本程序。

5.简述主要风险管理技术。

6.简述可保风险及其构成要件。

7.试分析下列实例中风险三要素。

(1)刹车系统失灵造成交通事故而导致人员伤亡和财产损失。

(2)某工人违规吸烟导致工厂车间被大火烧毁,车间及其中的设备、原材料不同程度受损,并且该工厂由于生产无法正常进行而延误了交货的时间不得不承担相应订单的违约金。

(3)摔倒诱发心脏病导致死亡。

(4)煤气泄漏引发火灾导致房屋全部毁损。

案例讨论1

案情:A、B两栋房屋是在同一年建成的,A房屋是木质结构,B房屋是砖瓦结构。在一场台风中,A房屋严重毁损,而B房屋因是砖瓦结构避免了坍塌。但不幸的是,B房屋的屋主没有注意采取适当的防雨措施,导致房内存放的物品被台风之后的暴雨淋湿损毁。B屋主希望就受损财物获得保险公司的赔偿。

问题:试分析此次台风事件中A房屋和B房屋所面临的主要风险及构成这些风险的风险要素。

案例讨论2

案情:一个人从药店里购买了一些药品准备服用……

问题:这时他可能面临哪些风险?生产药品的厂家在其生产经营过程中面临哪些风险?试结合本章内容对上述可能涉及风险进行分类。

第二章

保险概述

引入案例

保险业积极应对"南方霜冻"

自 2008 年 1 月 10 日起我国南方部分地区连续遭遇罕见的持续大范围低温、雨雪、冰冻等极端天气。面对严重灾害,我国保险业快速反应,全力以赴开展抗灾救灾保险服务工作。在湖北、湖南、贵州等受灾省份,平安产险、太平洋财险和中国人保等几大保险公司实行 24 小时待命,并设立针对雪灾事故的特殊处理程序。保监会按日公布的雨雪冰冻灾情数据表明,截至 2008 年 2 月 10 日,保险业共接到雨雪灾害保险报案 80.34 万件,预估赔款逾 85 亿元,已付赔款 10.4 亿元。其中,财产保险已付赔款 9.75 亿元,人身保险已付赔款 6 500 万元。在这次灾害事故中,广大人民群众从保险业的理赔服务中实实在在地感受到了投保带来的好处,各级地方政府也深刻体会到,如果能够充分运用保险这种风险转移手段,地方经济在灾害中的损失就会小很多。从这次灾害事故可以看出,保险公司对参加保险的人提供风险保障,以便增强他们抵御风险的能力,为被保险人提供风险防范的帮助,减少被保险人因风险事故所带来的经济损失。保险为千家万户送去了温暖,对社会的稳定和经济发展起到了很好的支持作用。

资料来源:中国银行保险监督管理委员会官网

第一节　保险的性质和特征

一、保险的定义及其标的

(一)广义的保险

广义的保险是集合具有同类风险的众多单位和个人,以合理计算分担金的形式,向少数因该风险事故(事件)发生而招致经济损失的成员提供保险经济保障(或赔偿或给付)的一种行为。广义的保险包括国家政府部门经办的社会保险,保险公司按商业原则经营的商业保险和由被保险人集资合办、体现互助合作精神的合作保险。

(二)狭义的保险

狭义的保险特指商业保险,投保人根据合同约定,向保险人支付保险费,保险人对于合同约定的可能发生的事故因其发生所造成的财产损失承担赔偿保险金责任,或者当被保险人死亡、伤残、疾病或者达到合同约定的年龄、期限时承担给付保险金责任的一种经济保障制度。

（三）保险标的

保险标的又称为保险对象或保险保障的对象,是依据保险合同当事人双方要求确定的,分为物质标的物和人身标的物。在财产保险中,保险标的是投保人的财产以及与财产有关的利益;在人身保险中,保险标的是人的生命或身体机能;在责任保险中,保险标的是被保险人应依法承担的民事损害赔偿责任。

二、保险的性质

保险从本质上讲,就是多数单位或个人为了保障其经济生活的安定,在参与平均分担少数成员因偶发的特定危险事故所导致损失的补偿过程中,形成的互助共济价值形式的分配关系。因此,可以从以下三个角度来分析保险的性质:

（一）从经济角度来看,保险是集合同类风险单位以分摊损失的一项经济制度

保险的本质就是补偿被保险人因保险标的出险所遭受的经济损失,但原则上不允许被保险人通过保险而获得额外的利益。保险所提供的基本服务事实上就是减少风险的不确定性,以及减轻被保险人对不确定性的担忧和经济负担,保险的本质是补偿,因此它并不能从事实上阻止风险事故的发生,也不能降低风险发生概率本身。

保险的主要特征就是在保险人与投保人之间呈现的一种商品交换形式的经济行为。当经济单位可能面临某种风险,预测损失时就需要一种经济保障,而保险人恰恰可以提供这种保障,而这种经济保障就构成了一种特殊商品。

而从保险与被保险人之间的关系来看,保险又是一种国民收入再分配形式的体现。一定时期内少部分的经济单位所遭受的损失最后以全体经济单位的形式进行共同分担,以此应对一定概率的风险损失。这样的被保险人之间所呈现的实际上是一种互助共济的关系。而且保险公司通过收取保费获取大量的资金,并对此进行操作,还能起到一定程度的资金融通作用。

（二）从法律角度来看,保险是一种合同行为

保险作为一种合同关系,反映了投保人和保险人之间的权利义务关系。《中华人民共和国保险法》(以下简称《保险法》)第十三条规定:"投保人提出保险要求,经保险人同意承保,保险合同成立",这一规定明确了保险的合同性质。

保险人的主要权利义务是对等的,即向投保人收取合同约定的保险费,当合同约定的风险事故发生后保险人向被保险人支付保险金;投保人的主要义务和权利则是必须缴纳保险费以及当合同约定的风险事故发生时要求保险人履行约定的保险金。当然,双方也要履行合同规定的其他义务。投保人与保险人以平等自愿为基础,通过商议和约定进而订立保险合同,确立双方各自的权利义务关系。投保人缴纳保费之后,以此作为自身义务,交换被保险人在保险标的遭受损失时,可以按照保险合同的规定,从保险人那里获得补偿。

（三）从社会功能角度来看,保险是一种风险转移机制

正如上面所说,保险使众多的经济单位联合在一起,建立共同的保险基金,以此对付一定概率的风险事故。面临风险的经济单位,通过参加保险,支付保险费用,将风险转移给保险人,以相对较小的损失来代替经济生活中将可能面对的因风险事故而造成的高成

本损失。而保险则借助概率论中的大数法则将足够多的面临风险的经济单位和个人组织起来,建立保险基金,以此应付风险事故的发生。可以说,投保人这种用支付保费为代价,以实现转移风险,这就是保险行业发展的目的,也是保险行业发展的动力。保险的意义恰恰就在于它能够为人们提供经济、法律乃至社会生活的保障。

三、保险的特征

保险的特征可以分为基本特征和比较特征,前者是指保险的一般特征,后者则是其跟其他特定行为相互比较的特征。保险的基本特征主要有经济性、互助性、契约性和科学性;而比较特征则是通过保险与储蓄、救济、保证等经济行为的比较得来的。

(一)基本特征

1. 经济性

保险作为一项经济保障活动,是构成整个国民经济活动的重要组成部分。从其所保障的对象来看,财产抑或是人身,根本上都属于社会再生产中的生产资料和劳动力两大重要经济要素;从其所实现保障的手段来看,最终也都必须通过采取支付货币的形式来进行补偿或给付;从其保障的根本目的来看,无论从宏观的角度还是从微观的角度考虑,都能发现其实现发展经济、安定人们经济生活的重要作用。

2. 互助性

保险本质上就是在一定条件下,在商品经济高度发达的前提下,为了分担个别单位和个人所不易承担的风险,从而形成一种经济互助关系,具有强烈的"一人为众,众为一人"的互助特性。当然,这种经济互助关系需要通过保险人以多数投保人所缴纳的保费建立起来的保险基金来应对,并对少数被保险人遭受的风险损失提供相应的补偿或给付才能得以实现。

3. 契约性

保险的合同行为是基于法律角度的,是以合同的形式依法确立的。保险人和投保人双方当事人用保险合同的形式建立保险关系;也依据保险合同规定了双方当事人应当履行的义务和所应当得到的权利。保险合同是否存在表示着保险关系是否成立。

4. 科学性

保险是一种按照现代保险经营要求,以概率论和大数法则等科学的数理理论为基础,通过对保险费率的厘定、保险准备金的提存等科学有效地处理风险损失。

(二)比较特征

1. 保险与储蓄相比较

保险与储蓄两种方式都可以作为处理经济不稳定的善后措施,它们都是以现有的剩余资金来应对未来,应付未来预期的经济需要。虽然现实生活中,人们往往会在到底该购买保险还是进行储蓄之间犹豫不决,但二者却在很多方面存在差异性,主要表现在以下几个方面。

（1）经济范畴不同

储蓄属于货币信用范畴，它是一种借贷行为，本身作为经济生活中的后备，只能被用于自助行为。而保险独立于货币信用体系之外，更类似于产业，必须依赖多数经济单位或个人所形成的集体力量才能实现，是一种互助行为。由此可以深刻地体现出它们之间不同的经济关系。

（2）目的动机不同

储蓄的需求动机一般是基于购买准备、支付准备和预防准备的需求，储户主要通过存款来支付可以预期的支出，这些需求一般在时间上和数量上均可以进行确定和计划。而保险的需求恰恰相反，它基于一定概率的风险事故的发生以及不确定性，特别是发生时间和损失程度的不确定性所造成的高度损失。

（3）权利主张不同

储蓄是一种自由的存款行为，可以根据自己的喜好进行自由地存取或主动权掌握在自己的手里，且储蓄不管是定期存款还是活期存款最后的本利和一定大于等于本金。而保险则以投保自愿、退保自由为原则，被保险人的主张权要受保险合同条件的约束，即使在中途进行退保，其所领取的退保金在扣除保险公司管理费、手续费等费用后一般都会小于所缴纳的保险费总和。

（4）运行机制不同

储蓄主要受当下利率水平、物价水平、收入水平、社会经济发展水平以及流动性偏好等因素的影响，无须采用任何特殊技术进行计算。而保险行为主要受未来损失的不确定性的影响，需要特殊的计算技术作为基础，并且依据科学合理原则订立合同。

（5）行为后果不同

在一定的期限内，储蓄所获得的是既定计算所得的本利和。而保险则是按照不同的后果产生不同的效应，如果在保险期间内没有发生风险事故，被保险人将得不到其所缴纳的保费和赔款；如果在保险期间内发生保险事故，则被保险人或受益人将可以获得超出其所缴纳的保费几倍甚至几十倍的保险赔款。

2. 保险与赌博相比较

保险与赌博都属于因偶然事件所引起的经济行为，比如参与保险的单位或个人给付保费是确定的，但能否获得赔付是不确定的，同样参与赌博的人所下的赌注也是确定的，但是输赢却是不确定的，二者同样都有可能获取超过支出的收入，二者也只存在给付的情况，没有反给付的可能。虽然二者之间具有许多类似的地方，但二者有着本质上的差别。

（1）目的动机不同

参加保险的目的是谋求个人或单位经济生活的安定，通过以小额的保费支出来将不确定的风险损失转嫁给保险人，从而对高风险事故进行预防，获得对无法应对的未来的安全感，它是以人类互助合作的精神为核心的；而赌博则是借助人们的贪欲——以小博大、一夜暴富的心态，它是以人类自私贪婪的精神为核心的。

（2）运行机制不同

保险的风险是客观存在的，保险通过科学的统计和分析将风险的不确定性转化为一定程度的确定性,并将损失在被保险人之间进行平均分摊,以达到风险分散、互助共济的目的。而赌博作为一种人为的风险,是将安全置于危险之中,以此冒险获利。

(3)行为结果不同

保险作为受国家鼓励的合法事业,保险合同是受国家法律保护的,保险发展的深度和密度也已经成为世界各国评价国家综合国力的重要指标之一,它通过投保人支付小额的保费获得大额经济损失的补偿或给付,已经成为当前促进社会经济发展的重要组成部分。而赌博则以财产作为赌注,增加了更多的风险,给家庭和社会经济生活带来了不安定,甚至会引起刑事犯罪,因此赌博行为一般是不受法律保护的。

3. 保险与救济相比较

保险和救济都是对灾害事故损失进行补偿的一种经济制度,储蓄是自助、单独进行的善后对策,保险是互助合作的善后对策,而救济则是靠外援的,提供救济的主要主体有政府、社会团体和公民个人。保险与救济都对社会经济起稳定作用,但二者有很大的差异,具体表现在以下方面:

(1)权利义务不同

救济本身是基于人道主义的单方面的行为,没有与此相对应的责任与义务关系,任何一方都不受约束,救济者并没有责任一定要对受灾者或者贫困者进行救济。同样也由于救济是一种无偿的援助,因此接受救济的人也不存在义务和责任需要向救济方履行报酬补偿;而保险是一种共同行为,合同双方责任义务对等,必须受到合同要约的约束,以等价有偿原则促使保险关系双方贯彻和履行保险合同的义务,以此获得相应的权利。

(2)主张权利不同

救济并不存在固定的形式,它的数量可多可少,形式也多种多样,金钱、实物均可被用于救济,而接受救济者无权提出自己的主张;而保险作为一种合同行为,关于保险金的赔付或给付必须按照合同履行,被保险人享有按合同约定主张保险金的请求权,如有异议还可以向法院或提出诉讼,或要求仲裁,以实现请求权。

(3)给付对象不同

救济的给付对象并不是确定的对象,也没有确定的范围,既可以是国内外的受灾者,又可以是生活贫困者;而保险的给付对象则是合同事先已经确定的被保险人或保险金受益人。

(4)救助形式不同

救济是单方面的他助行为,而保险则是自助和他助的结合,一般以自助为基础,依据保险合同进行不同程度的救助。

4. 保险与保证相比较

保险与保证都是为应对将来可能出现的偶然事件所致损失进行补偿的方式,但二者之间仍存在很大差异,具体表现在以下几个方面:

(1)概念范畴不同

保险是多数经济单位的集合组织;保证仅为个人之间法律关系的约束。

（2）目的动机不同

保险和保证不同于对他人行为的效力，附属于他人的行为对于保险是没有效力的，目的是预想行为本身，而保证发生效力是附属于他人的行为。

（3）权利主张不同

保险合同与保证合同对于当事人双方的权利义务是不同的。保险合同规定了投保人必须缴纳保险费的义务和事故发生时请求保险公司支付保险金的权利；保证合同成立后，不管是买卖保证还是债务保证，仅卖方或保证人一方负有义务，买方或债权人是不需要做对等的付出的。

（4）运行机制不同

保险经过精密的数据测算，有一定的共同准备财产；保证没有经过合理的推算，而是出于当事人主观上的确认或心理上的肯定，不一定有共同的准备财产，属于当事人的个人行为。

第二节　保险的发展历程

一、保险的萌芽期

人类的社会活动一直伴随着风险，而最早产生保险思想的古埃及、古巴比伦、古罗马、古希腊等古代文明国家都位于连接古代东西方贸易的交通要道上，经济的发展和风险的不确定性是形成保险行业的基础，人们通过一次次对风险的了解和对利益的渴求，促成了保险行业的发展。

（一）互助基金会

纵观多个古代文明国家，不难发现，互助基金会是应对风险的最早的形式。公元前3000年，修建埃及金字塔的石匠通过平时缴纳的互助费建立互助基金会，会费用于支付会员死后的丧葬费用。互助基金会在古代许多地方均有相应的记载。古巴比伦王国的国王通过僧侣、法官、村主任等征收税款作为救济火灾的资金；古希腊时期，一些政治或宗教组织从会员手中收取一笔公共的基金，专门在意外情况发生时作为救助费用；在古罗马时代，士兵组织成立丧葬互助会，向士兵收取一定的会费，如果士兵牺牲、调职或者退役都会得到相应的抚恤金或旅费；中国古代的行会中有一类叫作寿缘会，参会的会员也同样需要为丧葬服务缴纳会费，如果会员家中发生"白事"，该家庭就可以从基金会获得置办丧事的费用。中世纪的欧洲，各行会互助保险逐渐兴起，并推动保险制度的迅速发展和盛行，各国也开始陆续效仿这种互助保险制度。当时这些行会救助的范围主要包括死亡、疾病、伤残、年老、火灾、盗窃、沉船、监禁、诉讼等，人身和财产损失事故最早被法律承认和记载大约是在公元前1792年的《汉穆拉比法典》中，其正式规定了共同分摊补偿损失的条款。

（二）冒险信用保障

公元前3000年左右，古巴比伦的商人设计出了类似于信用保险的信用制度，用于制约所雇用的销售员在出海销售时故意卷走物款逃跑的风险。如果销售员出海销售货物可以顺利回来,那么商人就可以收取一半的利润;如果销售员回来后既无货也无利润或没有回来,那么商人就可以接管销售员的财产,甚至让销售员的家人成为其债务奴隶,但如果货物被强盗抢劫了,则可以免除处罚。

(三)早期的运输保险

约公元前 2000 年,有史料记载的最早的共同海上运输保险显示,在海上运输货物的船长有权在遭遇海上风险时,根据现实需要放弃一部分的货物以达到保护整艘船只及其他货物安全的目的。在古巴比伦,对外贸易的交通运输工具是马匹,如果出现马匹死亡或不能完成运输的风险,运输队就要共同赔偿。公元前 1000 年的以色列,国王所罗门向商人征收税金,将这些税金作为海难受害人的经济补偿。

二、保险的发展期

(一)海上保险

商业保险最早起源于海上保险,海上保险萌芽的标志是公元前 916 年的《罗地安海商法》正式采用共同海损原则。公元前 800 至公元前 700 年,海上保险的最初形式是希腊雅典地区广泛流行的"船舶抵押借款"。该"船舶抵押借款"规定,若船舶安全抵达目的地,按约偿还借款的本利;若船舶中途遇险沉没,则这个抵押借款关系自动解除,但利息远高于一般借款。这个抵押借款中,借款相当于预先支付的对于船舶遇险的赔款,若船舶安全则由赔款转变为借出贷款,因此需要支付利息。利息高于普通借款,是因为除了贷款利息之外,还有一部分是相当于为船舶购买保险的保险费。

12 世纪末期,意大利出现了真正意义上的现代海上保险,当时的意大利成为东西方贸易的中心,意大利伦巴第的商人大约在 1250 年开始经营海上保险,最初采用口头形式,后来发展为规范化的书面合同。现有史料表明,人类历史上的第一张保险单是 1347 年 10 月 23 日,热那亚商人乔治·勒克维出立的承保从热那亚到马乔卡的船舶的一张保险单。

发现新大陆后,英国迅速发展对外贸易,保险中心也因贸易中心的改变而由欧洲大陆转移到了英国。英国在 1568 年开设了一家皇家交易所,专门为海上保险提供交易平台。1871 年注册的赫赫有名的船舶、货物和海上保险交易的中心——劳合社(Lloyd's),是由 1688 年爱德华·劳埃德开设的咖啡馆发展而来的。1884 年,英国成立"伦敦保险人协会",对保险条款进行标准化处理,其制定的保险条款在国际保险市场上得到了广泛的应用。1906 年,出台了世界上最权威的一部海上保险法典,即英国制定的《海上保险法》。

(二)火灾保险

最早的财产保险形式是火灾保险。1591 年,德国汉堡市的酿造业者成立火灾合作社,合作社成员在遭遇火灾后,可获得重建资金。1676 年,德国成立汉堡火灾保险社,后又与其他协会合并为汉堡火灾保险局,成为德国第一家公营保险公司。1966 年 9 月 2 日晚,英国伦敦市的一家面包房发生大火,火势迅速蔓延,持续了 4 个昼夜,造成了伦敦市大约 85% 的房屋被烧毁,20 万人受灾,财产损失达到 1 000 万英镑以上,这一事故使得火灾保险得以迅速推广。第二年,牙科医生尼古拉斯·巴蓬独自经营房产火灾保险,开创了私营火灾保险的先例,并于 1680 年用 4 万英镑的资本创立注册火灾保险公司,巴蓬也因此被誉为"现代保险之父"。1710年,发明灭火器的英国人查尔斯·波文创办"太阳保险公司"(Sun Fire Office),将承保财产保险范围从不动产扩大到动产,形成现代财产保险业务的雏形。

(三)人身保险

人身保险是从海上保险分离出来的。15世纪发现新大陆以后,欧洲殖民者从非洲大量掳掠并贩卖黑人奴隶到美洲,黑人奴隶在运输过程中被视为货物投保,后来其逐渐发展为保障船员、旅客安全的人身保险。人身保险发展中的重要里程碑有两个,一是《佟蒂法》,二是生命表。17世纪中叶,《佟蒂法》由意大利银行家伦佐·佟蒂提出,《佟蒂法》是一项联合养老计划,它被法国国王路易十四所采纳,并成为人类历史上最早的养老计划。《佟蒂法》中,按照人口年龄的不同把人口成员分成14组,每人需要缴纳300法郎,一定年限后,政府根据年龄的不同支付不同的利息,年龄高者利息高,直至该组成员全部死亡为止。《佟蒂法》不支付本金,利息支付也较粗糙。生命表的编制为人寿保险奠定了科学基础。1693年,人类社会第一张完整的生命表由天文学家哈雷编制。1762年,英国人辛普森和道林两人发起的人寿及遗属公平保险社,首次将生命表运用到计算人寿保险费费率方面,标志着现代人寿保险的科学化。

(四)责任保险

19世纪中期的英国最早出现了责任保险,之后迅速发展。1855年,英国铁路乘客公司开创了责任保险的先河,开办了铁路承运人责任保险;1870年后,英国实行保险人负担对第三者财产摧毁和生命伤害的赔偿,标志着工程责任保险的开始;1875年,伦敦开办马车意外事故的第三者责任保险;1880年,英国开办雇主责任保险,承担雇主对雇员意外伤害应负的赔偿责任;之后不久英国开办了最早的公众责任保险,保险人对雇主造成的非雇员的伤害承保;1890年,英国开办产品责任保险,最早的产品责任保险是对特许售酒商提供的;1896年,北方意外保险公司开始对药剂师开错处方的过失提供职业损害保险;1923年,又出现了会计师责任保险。至此,英国已产生了现代责任保险的主要险种。

(五)信用保证保险

相对于财产保险和人身保险,信用保证保险出现得较晚。19世纪中叶,欧洲和美洲开始出现商业信用保险,主要承保国内业务。1919年,英国成立出口信用担保局,政府开始主导出口信用保险。1702年,英国设立雇主损失保险公司,开创忠诚保证保险。1901年,美国马里兰州的诚实存款公司在英国首次提供合同担保。

(六)再保险

14世纪,保险人开始用再保险作为二次分散风险的工具和手段。1370年,意大利热那亚到荷兰斯卢丝的航程被分为两段承保,从热那亚到加的兹的航段自保,而将加的兹到斯卢丝的航段分保,第一份再保险合同由此签发。再保险在第一次工业革命之后迅速发展,再保险形式从临时合同向书面合同化转变。1821年,巴黎国民保险公司和布鲁塞尔业主联合公司签订了世界上第一个分保合同;1843年,德国莱茵货物保险公司分设了威塞尔再保险公司;1952年,世界上第一家独立的专业再保险公司——德国科隆再保险公司成立;1863年,瑞士再保险公司成立;1880年,慕尼黑再保险公司成立;1890年,美国也开始成立专业再保险公司。英国再保险发展较晚,保险规范化程度较高,到1907年,英国才有专业的再保险公司。英国的劳合社在 1889 年的意外险中已经尝试采用再保险的方式,受到当时业界的欢迎。保险界之后又对地震、洪水等巨灾风险的再保险机制进行研究,1910 年,英国第一次签订超赔分保合同,该操作一直沿用至今。

三、保险在中国的发展

现代保险制度进入中国已有 200 余年的历史,但其间的发展并非一帆风顺,经历了排斥、接受、中断和发展的曲折历程。

(一)保险的舶来期

古代中国虽有风险防范的意识和行为,但是现代意义上的中国保险是随着帝国主义的入侵被国人所了解和接受的。1805 年,英国商人了解到中国保险市场完全空白的商机后,在广州开设白仁保险公司。从此以后,保险成为一种新生经济形式在中国兴起。1865 年,我国第一家民族保险企业——华商的上海义和公司保险行成立。1875 年,由唐廷枢和徐润发起组织的当时颇具规模的民族保险企业——保险招商局宣告成立,打破了外商保险业对中的保险市场的垄断。1876 年,洋务派下令招商局组织设立仁和保险公司,从此标志着中国有了第一家本土的船舶保险公司。随着洋务运动在 19 世纪 90 年代的失败,中国的保险业几乎完全为国外商人及资本家所控制。在该时期,值得一提的是成立于 1899 年的中国永年人寿保险公司,该公司在香港注册,并制定了中国民众死亡经验表,开展寿险业务,是中国的第一家人寿保险公司。但遗憾的是,当时的中国没有可供援引的相关法律,执行的是英国的保险法。20 世纪后,中国的保险业务开展逐步扩大并相对规范,可以界定其为舶来后期。1921 年,中央信托公司成立了保险部,主要经营水火险业务。1926 年后,中国的银行资本相继投资到保险业,推动了当时的保险市场,有了一定规模的发展。据不完全统计,至 1949 年,中国约有保险公司 400 家,其中华商保险公司 126 家。20 世纪 30 年代后,政府陆续出台了一系列与保险相关的法律法规,使民族保险业得到一定发展,但保险的无序竞争、混乱经营和民众的骗保现象均很严重。

(二)保险的中断期

中华人民共和国成立后,政府采取一系列措施整顿和改造资本主义工商业。和其他的金融企业一样,保险行业也被改建成具有社会主义性质的保险体系,这一系列的整顿措施主要包括四种手段:其一是对官僚资本保险机构进行接管,当时共有 23 家官僚保险机构被接管。其二是对当时的民营保险机构进行整顿、改造和合并,要求民营保险机构重新登记、缴存保证金,经审核合格后才允许复业。其三是挤出外资保险机构,切断外资保险公司的业务来源,由于外商招揽不到业务,导致先后停业,至 1952 年年底全部撤离。其四是成立新的保险公司。经当时的政务院财政委员会批准,1949 年 10 月 20 日,中国人民保险公司正式成立,之后陆续在全国范围内设立分支机构并办理国内外保险业务。国内业务主要是火灾保险、国家机关和国有企业财产强制保险、货物运输保险、运输工具保险等财产保险,飞机、铁路和轮船的旅客意外伤害强制保险等人身保险和农业保险。但在 1958 年的人民公社体制下,国内业务开展时间很短,人民的生老病死均由国家和集体大包大揽,保险也就没有存在的空间和必要,同年 11 月,中国人民保险公司停办了一切国内业务,自此中国真正进入长达 20 年之久的无保险时期。

（三）保险的恢复期

改革开放后，1979年，经国务院批准，中国人民保险公司重新恢复国内业务，至1980年年底，除西藏外的全国各省、自治区和直辖市均恢复了保险分支机构的设立，保险行业又重新以其保障风险的作用而继续成为经济、社会运行中的一个重要组成部分。紧接着，一些保险公司开始如雨后春笋般地出现在中华大地。1986年，新疆生产建设兵团农牧生产保险公司成立；1988年，深圳平安保险公司成立；1991年，太平洋保险公司成立。至此，中国保险市场中出现了多家保险公司，打破了中国人民保险公司独家经营的格局。

（四）保险的发展期

1992年，我国保险市场开始打开国门，对外开放，允许美国友邦保险公司在上海设立分公司。1995年6月30日，第八届全国人民代表大会常务委员会第十四次会议通过了《中华人民共和国保险法》。1998年11月，中国保险监督管理委员会正式成立，统一监管保险市场。2001年12月，我国正式加入世界贸易组织，保险市场进一步开放，现在我国境内外资保险公司总数已超过中资保险公司。2002年10月28日，第九届全国人民代表大会常务委员会第三十次会议通过《关于修改〈中华人民共和国保险法〉的决定》。2009年2月28日，第十一届全国人民代表大会常务委员会第七次会议通过《中华人民共和国保险法》的修订，自2009年10月1日起施行。2006年，国务院颁布《国务院关于保险业改革发展的若干意见》，充分肯定保险公司在改革开放后取得的成绩，并对保险业下一步的改革发展提出相关要求。同年，我国通过机动车交通事故责任强制保险并正式施行。2012年5月，我国允许外资保险公司经营交强险业务。2002—2011年，许多发展指标都能够非常好地说明这10年来我国保险发展最为迅速。2011年保费收入是2002年的4.68倍，达到1.43万亿元，保险密度是2002年的4.5倍，为1 064元，保费规模排名平均每年上升1位，世界排名第6位；保险总资产增长9.18倍，从6 494亿元增加到66 087亿元；保险行业工作人员从151万人增加到400万人；中资保险法人机构数量从22家增至110家，其中6家保险公司在境内外上市，4家保险公司进入世界企业500强，保险机构数量增加了400%。保险业成为国民经济中发展最快的行业之一，不同业务类型的险种、多种组织形式的主体日趋丰富，专业化分工与合作的市场格局初步奠定，规模化、专业化的保险业务操作和巨大的市场需求为保险业发展提供了强劲的动力，适度竞争、充满活力的现代保险市场体系基本形成。

四、国际保险的发展特点

（一）保险组织形式及其销售渠道日趋多样

世界各国不断根据本国的经济特点和基本国情，采取适合自身特色的保险组织形式来适应现代保险事业发展的需要。保险的组织形式包括国营保险公司、私营保险公司、公私合营保险公司以及各种合作形式的保险组织；除此之外，还有各种专业的自保机构不断涌现。在保险销售渠道方面，既有传统的专业代理和经纪的销售渠道，又有兼职代理和个人代理销售模式，还有门店直销，也有现在最快捷方便的网络、电话、社交平台等最新的销售渠道。

(二)保险经营范围日益扩大,新险种不断涌现

现代科学信息技术不断发展,信息更新速度不断加快,因此各种新的风险也如影随形,并且处于风险中的人群也日益庞大,传统的保险险种已经无法满足社会发展的需要。新的保险险种正是在这一大背景下不断更新,创造出适应时代发展和人们需求的新产品,扩大保险业务的范围。例如,人身保险出现了各类投连险、分红险、护理保险、万能险、年金产品等;财产保险从水险、房屋保险、责任险、汽车险等险种扩大到海上资源开发保险、卫星保险、航天飞机保险、核电站保险等。经营范围的不断扩大,已成为现代保险发展的重要特点。

(三)保费收入增长迅速,市场竞争日趋激烈

现代商业社会,特别是资本主义社会,因为保险企业众多,保险产品五花八门,已经渗透到人们生活的方方面面,所以人们对于商业保险的依赖程度越来越高。由于对保险的依赖程度增强,因此保险业的保费收入也迅速增长,保险市场竞争也日趋激烈。例如,全球商业保费从 1959 年的 423 亿美元增加到 1977 年的 1 111.87 亿美元,1980 年为 4 314.6 亿美元,1990 年增长为 13 560 亿美元,2000 年为 24 437 亿美元,2009 年则剧增为 40 660 亿美元,约为 50 年前的 100 倍。在竞争中,各个保险公司为招揽业务而不断降低保险费率,导致保险的赔付率不断增高,部分保险企业难以继续生存。也因为竞争,保险公司将保费进行投资运营,以期弥补保险业务经营的亏损,用投资收入弥补承保的损失并获得社会平均利润,从而造成对投资和人才等方面的竞争。

(四)保险金额不断攀高,巨额索赔日益增多

具有高价值的巨型项目和特大型企业的不断涌现,使得保险标的的价值越来越大,并为获得足够的保险保障,而不断提高投保的保险金额。如一艘数十万吨的油轮、一个海洋石油平台、一颗人造地球卫星、一个核电站,价值往往在几亿甚至几十亿、上百亿美元。这些巨型保险标的一旦出现风险事故,索赔的保险数额也是相当巨大的。现在巨灾事故及巨额法律赔偿责任的频繁发生,也使得巨额保险及其索赔案件增多,保险人的偿付能力受到严峻考验。例如,美国"9·11"恐怖袭击案、东海地震等,都需要保险人支付数百亿美元的保险赔偿款。

(五)发展中国家的保险市场逐步形成与壮大

数十年来,发展中国家相继建立了民族保险市场,开拓了民族保险事业,并采取各种措施努力发展本国保险业。比如颁布了相关保险法令、法规、条例,限制或延迟外国保险公司进入本国市场,规定了某些项目和种类的保险必须在国内进行投保等,极大地促进了本国保险业的发展,提高了本国保险业的国际地位。例如,全球总保费中,最发达的"七国集团"1986 年占 83.6%,到 1992 年降为 81.99%,2009 年,则持续下降为 67.5%;1996—2003 年,工业化发达国家一直占 90%,2009 年,则缓慢下降为 86.88%。相反,广大发展中国家的保险业所占比重在不断提高,得到了较快发展。2009 年,发展中国家的保险业在全球市场上的份额已占到 13.12%。尤其是"金砖五国"——中国、印度、巴西、俄罗斯、南非,保险业发展得更快。

五、现代保险的发展趋势

(一)寿险占据世界保险市场的主导地位

保险市场在国际上通常分为寿险和非寿险两大类市场。寿险主要有终身寿险、定期寿险、两全寿险以及各类分红险、万能险、投连险和各类年金产品;非寿险主要涵盖人身意外险、责任险、财产损失保险、信用保证保险等。

根据各国不同数据的统计分析,发现全球保险市场中寿险市场平均占据整个保险市场60%的份额,其中亚洲占75%以上份额,北美洲(美国和加拿大)大致占50%,西欧也有61%。亚洲国家和地区比较来看,中国台湾、中国香港、新加坡、韩国和日本都在70%以上,中国大陆寿险消费比重也呈逐年上升的态势,寿险业务在亚洲市场不断升温,已经占据重要地位。欧美发达地区寿险市场占比相对不高,虽然各险种数量占比受文化、经济方面的因素影响,但寿险市场占据主导地位仍将是其发展趋势。欧洲健全发达的高福利社会保障制度抑制了个人购买商业保险的意愿和需求,美国的投资基金在很大程度上替代了寿险业承担的养老功能,降低了人们对商业保险的需求,但刚性的高福利公共养老体系负担加重,使得公共养老体系有市场化的趋势,这促使了寿险业在这些国家保险市场中的竞争,进而占据主导地位。亚洲国家受传统文化的影响,社会家庭都有储蓄的偏好,同时,该地区公共养老保障体系普遍发展不全面或者处于初级阶段,并且缺乏发达的资本市场,使得资金选择流向实业,为个人和家庭提供未来养老保障。所以,亚洲市场的巨大商机使得寿险将继续占据亚洲保险市场的主导地位。

(二)保险投资在国家经济发展中影响力巨大

保险行业为国家和社会经济稳定发展提供支持。保险可以帮助单位和个人摆脱因灾难出现带来损失的困境,保持社会稳定,使国家得以继续健康发展。保险公司将收取的保费投资到金融等资本运作的行业,从而使保险资金保值增值,社会闲散资金的作用得到更大程度的发挥,又能让保险的客户得到更大利益,成为社会经济的助推器,从而刺激经济的发展。现在很多国家通过大力扶持保险业,以健全社会保障体系,促进社会公平安定,减轻政府的压力。许多国家的金融核心之一就是保险基金。在西欧工业发达国家、美国和日本,有的保险公司成为许多大型工商企业的幕后老板,这些保险公司可以运用的资金力量已经远远超过其他金融组织。如美国保险公司埃脱那人寿和损害保险公司,通过巨额保险资金投资,对其所投资的企业有着直接或间接的影响或控制权,已经渗透到国家各个支柱产业中,如金融、商业、石油、交通等企业。因此,保险投资基金会很大程度上影响着一个国家的经济命脉,在发达国家经济中占据重要的地位。

(三)保险需求不断增长,消费面越来越广

由于人类经济社会的发展,各种风险也在不断增加,对保险需求也随之不断扩大。影响保险需求的最重要因素是国民收入水平,保险需求随收入水平变化而变化。从国际保险发展历史进程来看,当人均GDP处于2 000~10 000美元时,保费增长率可以达到15%~20%。数据显示,1980年,中国全国保费收入为4.6亿元,2010年,保费收入已增加到14 527.97亿元,年均增长30%以上。在美国金融危机前,保险业带动的经济发展占到了GDP的9%以上。目前,中国国内居民保险资产占金融资产的比例不足8%,美

国居民该比例达到 30％以上,韩国为 22％。因此,随着居民生活水平的提高,保险需求和消费能力也随之提高,保险公司的业务和保费增速将会继续保持平稳快速增长。随着中国等新兴国家经济的不断发展,将带来更多的保险市场需求。尖端科技的广泛应用、信息技术的日新月异,使社会上各种新的风险因素不断增加,也给保险业带来了广阔的市场需求。如高技术的新险种——建筑工程险、石油开发险、安装工程险、卫星险等纷纷问世。企业合作新方式的不断出现、多样化的国际贸易方式、资源联合开发的兴起,使职业、产品、个人等责任保险和信用保证保险成为国际重视和流行的保险业务。商业保险作为国家和社会福利制度的补充,各种特色险种产品被研究开发出来,适应不断变化发展的社会环境,如承担"神舟五号"航天飞船风险的航天保险、环保保险等。另外,一些险种实行一揽子保险计划,把一些互相关联的保险产品结合起来形成新兴综合保险,更能刺激消费,满足投保人的各种保险需求。

(四)保险业集团化与专业化经营并存

实行综合经营的大型保险集团已经成为保险市场上的主导力量,保险的集团化发展顺应了市场经济发展的需要,也是国内外金融市场和金融监管政策发展的趋势。现在保险企业经营中,保险集团化是发展的新模式,通过横向分工和纵向分工两条路径来实现。横向可以利用其原有业务机构的成熟网络和客户群,充分发挥主体公司的品牌优势,在相关的业务上做延伸,在主体公司的基础上,设立若干专业的子公司,比如专业化的养老险公司。纵向上,从经营环节入手,成立专门经营的子公司,实行公司化经营,对不宜外包的公司保险业务,减轻主公司的经营重担。如组建保险方案设计、风险评估、客户服务的经纪公司;组建进行保险资金的资本专业化运作的资产管理公司保值增值;建立专门的保险销售代理公司;提供保险损失勘查、赔款理算的公估公司等。保险集团化经营模式能够更有效地满足现代保险市场需求,更有实力地应对国际竞争,通过多样化和专业化发展达到利益最大化,实现集团资源和社会资源的有效利用。保险公司的集团化经营,充分利用了集团的综合服务能力和专业化经营服务水平,展开多元化经营和竞争,逐渐成为保险市场的主导力量。要提高保险企业的竞争能力就要充分发挥整体优势、努力降低经营成本、推出综合创新服务,以及提高以专业化经营为基础的综合经营能力。大量中小保险公司依靠专业技术发展,越来越依托专业化经营而求生存。例如,近些年出现的环境保护保险公司、电话保险公司等。

(五)保险创新日新月异,备受重视

创新是经济社会以及保险业发展的动力之源。保险创新在许多发达国家备受重视,已成为各国保险公司可持续发展的必由之路。保险创新不仅能提高保险产品质量与服务水平,而且能促进相关行业的创新乃至国家的改革发展。保险作为市场化的社会互助机制、风险转移机制和社会管理机制,通过保险监管的创新推动政府监管的完善,通过金融市场一体化促进货币和资本市场的创新,通过风险管理模式、社会管理模式、金融体系和社会保障体系的创新推动创新型国家的建设。当前,国际保险日新月异,创新主要表现在保险经营的各个层面,包括经营理念、保险产品、管理制度、保险营销、保险技术、组织结构、保险理赔等方面。例如,树立以客户为中心的服务观念,开展服务创新;同时,保险监管根据需求进行制度创新,以保证保险业能更好、更快地发展。

（六）保险从业者知识化与专业化

保险业本身具有专业性和技术性强的特性,这使得在保险市场的激烈竞争中,各保险企业在不断降低保费的同时还要加强保险产品的开发和创新,提高承保技术水平,完善理赔服务。因此,保险从业人员不仅要有保险的专业知识与技术水平,而且需要经常进行专业训练,熟悉业务流程,保险高级管理人员、核保、理赔、投资和财务人员需要专业的人才。保险代理人、保险经纪人、保险公估人和保险精算师等必须经过严格的专业考试并取得相应资格后,才能开展业务。同时保险企业提供丰厚的薪资待遇,保险从业人员获得大大高于社会平均收入的报酬,以此来吸引素质和能力较强、能接受较强工作挑战的人才加盟。

（七）保险服务手段日益现代化

由于社会的进步,工业社会的模式已经不能适应信息化时代的快节奏,因此人们对保险业的工作效率和工作方式也提出了新的要求。现代的保险服务必须能够适应当下社会瞬息万变的经济动态,能够提供最迅速快捷的保险产品和服务,才能使保险企业在激烈的竞争中立于不败之地,才能利用保费收入投资创造更多的效益。利用先进的科学技术和多样化的保险服务来运营保险业务在科技发达国家已经屡见不鲜,这也是保险公司继续发展壮大的必要手段和运营资本。先进的科学技术可以为保险公司带来便捷高效等很多好处:首先,利用先进的科学技术可以节约大量的人工和人工成本、时间成本。计算机的高效、精确可以为保险公司节约人工成本的投入,提高工资效率。再者,现代通信技术的不断更新和发展,使得迅速处理案情,及时支付赔款成为可能,并以高效率赢得客户的青睐和忠诚度,进一步提高保险公司的竞争能力和服务水平。最后,运用科学技术也有利于提高企业科学管理水平,利用专业化的职能科技产品来进行保险业务的分析研究和跟踪记录,方便进行各种业务资料的归纳整理,数据统计也不再复杂难懂,还可以形成分析报告。一系列的程序可以提供给管理人员,使其迅速掌握当前市场动态和了解市场现状,并做出有利于公司发展的经营战略决策。

第三节　保险的分类

一、保险分类的意义

随着商品经济的高度发展和社会发展的日新月异,风险事故的种类越来越繁杂,人类的保险需求也随之越来越高,而这也推进了保险业的不断发展,促进市场不断提供各种各样、变更发展的保险险种。而对这些日益增多变化的保险险种进行一番整理和分类,分析它们的内在要求和属性,总结不同保险险种之间的关系,无论是对理论学习还是实践需要都具有十分重大的意义。

首先,对保险进行分类的重大意义,在于通过对保险的分类分析确定保险学的研究范围,了解当前保险行业的发展变化及其规律。例如,在保险的发展过程中,财产保险的发展使得初始阶段与现阶段相比其保障范围和责任范围都发生了某些质的改变,这些变化的原因和规律可以通过保险分类来进行说明。

其次,通过这些分类分析可以帮助人们弄清楚不同类别保险之间的联系与区别,既能够方便个人选择,提升对保险行业的认知程度,促进保险行业的深入发展,又可以促进保险经营方式的改善,加强相关经营管理,建立健全与保险种类相适应的保险法规和制度,促进保险事业的健康发展。

最后,通过这些分类分析,可以增进社会公众对保险的了解,以便根据自身的特性和需求做出选择,促进社会稳定和保险行业共同发展。

二、保险分类的方法

保险种类的复杂多变使得到目前为止都没有一个固定的标准或原则可以对其进行分类。已有的保险名称大都为历史演变而成,一些以被保障的风险事故命名,如洪水保险、火灾保险、盗窃保险等;一些以保险标的命名,如汽车保险、船舶保险、住宅保险等;还有一些以风险事故发生的空间地点命名,如运输保险、海上保险、航空保险等。因为这种分类方法原始、传统,面临着"复合保险"承保多种风险和多种标的的新挑战,所以,保险分类方法必须不断适应新的变化,不断地改进和创新。

(一)法定分类法

法定分类法源自法律的规定,各国由于保险的法律法规不同,因而其保险分类不尽相同。法定分类法的目的在于国家需要对保险业进行宏观调控和管理。西欧国家的保险法把保险分为寿险和非寿险两大类:寿险是指人寿保险,非寿险则是指除人寿保险以外的财产保险,如意外保险、洪水保险和火灾保险等。我国《保险法》中明确把商业保险分为财产保险和人身保险两大类,其中财产保险包括责任保险、保障保险和财产损失保险等,人身保险包括人身意外伤害保险、人寿保险和健康保险等。法定分类法可以规范保险市场的分类方法,避免市场化行为带给保险产业繁杂的保险分类。

(二)实用分类法

实用分类法源自保险公司自身的实践成果,是根据自身业务实际操作需求和实用性等因素的考量而进行的划分。实用分类法可以让保险公司更具多样性,具有更高的灵活度和更强的可操作性,根据公司的业务和险种需求进行侧重操作,提高业务水平和办事效率,也可以根据公司规模和市场需求进行划分。

(三)理论分类法

不同于法定分类法和实用分类法,理论分类法反映了保险理论上的特征,它是基于保险的总体特征而言的,是对保险运动规律的探索。理论分类法,是将保险按照保险标的的分类标准进行归纳,基于险种的特征将保险按照经营方式的分类标准进行分类,是为了客观认识保险的经营方式,按照实施方式、经营动机等标准进行分类也可以归为理论上的分类方法。

以上所述三种分类方法都有其自己的特点,各自的目的和立场都有差别,因此保险分类也会存在一定的差异性。但不管采用哪一种分类方法,分类的原则却不可以违背:第一,保险分类一定要体现保险合同的内容;第二,保险分类要与本国的法律规范和经济统计口径相一致;第三,保险分类要考虑自己本国的国情,基于本国的法律规范和本国的保险业界规范,在保持自己特点的基础上与国际市场接轨,方便保险企业在国际市场上进行经营管理、会计核算、信息技术交流等,同时也要与国际市场进行合理的比较并加以借鉴。

三、保险的具体分类

（一）按照实施方式的不同分类

1. 自愿保险

自愿保险也称任意保险，是指保险双方当事人通过签订保险合同的方式，或是由需要保险保障的人自愿组合而实施的一种保险方式进行投保。是否投保、向谁投保、选择什么样的保障范围、保障程度以及保障期限都可以由投保人进行自主决定。当然，保险人本身也可以根据自己的情况选择是否承保、怎样承保，并可以自由选择保险标的、设定投保条件。

2. 法定保险

法定保险又称强制保险，是指国家对一定群体对象以法律、法令或条例规定其必须进行投保的一种保险方式。法定保险的实施方式具体有两种：一是保险对象与保险人均由法律限定；二是保险对象由法律限定，保险人则可以由投保人自由选择。

（二）按照保险标的的不同分类

1. 财产保险

财产保险是指以各类财产物资和有关利益作为保险标的，对投保人或被保险人经济损失进行补偿的一种保险方式。广义上的财产保险内涵丰富，其中包括财产损失保险、责任保险、保证保险等，而狭义上的财产保险则具体指海上保险、火灾保险、货物运输保险、运输工具保险、利润损失保险、工程保险、农业保险等保险形式。由于经济和社会的发展日新月异，社会分工不断细化，涉及的生产过程和财产保险的保险标的也随之改变，财产保险合同的种类也因此不断增加。

2. 人身保险

人身保险是以人的寿命或身体作为保险标的的一种保险方式。由于人的身体、健康和生命无法简单地用货币来衡量，导致人身保险合同一般采用定额保险合同的方式，以双方事先约定的保险金额作为给付标准。根据保障范围不同，人身保险还可以被划分为人寿保险、意外伤害保险和健康保险三种保险方式。

3. 责任保险

责任保险是以被保险人依法应负的民事损害赔偿责任或经过特别约定的合同责任作为承保责任的一类保险。无论是法人还是自然人，在日常生产或经济活动中，都有可能因疏忽、过失等行为导致他人遭受损害，责任保险就是用于承保此类风险的。责任保险包括公共责任保险、职业责任保险、产品责任保险和雇主责任保险等。

4. 信用/保证保险

信用/保证保险是一种以信用风险作为保险标的的保险方式，其本身具有强烈的担保性质，是以对保险人对信用关系的一方因对方未履行义务或不法行为而遭受的损失承担经济赔偿责任为目的而形成的保险方式。信用关系的具体双方，即债权人和债务人，都可以对此进行投保。当然，相同的信用风险内涵根据不同的表现形式还可以具体划分,其中,债权人作为投保人向保险人投保债务人的信用风险就被称为信用保险,而债务人作为投保人向保险人投保自己的信用风险则称为保证保险。

(三)按照承保方式的不同分类

1. 原保险

原保险是相对于再保险而言的,是指投保人与保险人之间直接签订保险合同而建立起双方保险关系的一种保险形式。在原保险关系中,保险需求者通过合同的建立将其风险转嫁给保险人,当保险标的遭受在保险责任范围内的损失时,保险人直接对被保险人进行赔偿,这也形成了风险的第一次转移。

2. 再保险

再保险也被称为分保,是指原保险人考虑到自己所承担的风险责任过大,为避免风险过于集中而使一次或若干次重大灾害事故影响到原保险人自身的财务稳定性,而将其所承保的一部分风险转移给其他保险人的一种经济行为。这属于风险的第二次转移。保险是再保险的基础和前提,它决定了再保险的根本形式;而再保险是保险的支柱与后盾,它代表着保险形式的多样化和实用化,促进保险行业的发展壮大。

3. 共同保险

共同保险又称共保,是由两个或两个以上的保险人联合起来共同承担同一标的的同一危险,并且保险金额不得超过保险标的的价值。在具体保险实务中,数个保险公司可能会以某一保险公司的名义共同签发一张保单,这些保险公司将对保险事故损失按照不同的比例对事故责任进行分摊。共同保险与再保险的区别在于,共同保险的当事人之间的关系是横向的,再保险的当事人之间的关系是纵向的。

4. 重复保险

重复保险是投保人以同一标的、同一保险利益、同一风险事故,在同一保险期间或重叠保险期间分别向两个或两个以上的保险人订立保险合同,且保险金额总和超过保险价值的保险。

重复保险区别于复合保险,复合保险是指投保人以投保利益的全部或部分,分别向其他数个不同保险人投保相同种类的保险,签订数个保险合同,其中保险金额总和不能超过保险价值本身的一种保险方式。

(四)按照保险属性的不同分类

1. 商业保险

商业保险具体可以分为两种形式:一是保险公司根据相关保险合同约定,向投保人收取相应保险费,对于合同所约定的风险发生造成的财产损失的赔偿责任进行承担;二是当被保险人死亡、伤残、疾病或者达到合同约定的年龄、期限时对给付保险金责任进行承担的一种合同行为。

2. 社会保险

社会保险是国家通过立法强制实施的一类保险,通常包括养老保险、医疗保险、失业保险、工伤保险和生育保险等，是社会保障体系的重要组成部分。社会保险的业务形式一般由政府部门或事业单位直接经办，有时也可委托商业保险机构或其他非营利性保险机构进行代办。

3. 政策性保险

政策性保险是指为国家在推行某种政策的同时相关配套的一类保险。例如机动车交通事故责任强制保险是为了国家能够妥善处理交通事故而开设的，出口信用保险是为了国家鼓励贸易出口的政策而开设的。

4. 互助合作保险

互助合作保险一般是由民间举办的非营利性保险，这是最古老的保险形式，在各种行业组织、民间团体中这种保险方式仍然存在不少。

（五）按照保险价值确定方式的不同分类

按照保险标的的价值是否预先在保险合同中确定，可分为定值保险和不定值保险。

1. 定值保险

定值保险是指在保险合同订立时由当事人双方确定好保险标的的保险价值，并以此作为保险金额，载明于保险合同的保险。当保险事故发生时，保险人不论保险标的损失当时的市场价值如何，即不论保险标的的实际价值大于或小于保险金额，均按损失程度十足赔付。

定值保险合同具有以下两大优点：一是理赔手续少、简便，可以直接在保险事故发生后对事前议定的保险价值进行相关理赔。二是因保险金额既定简便易行的特征导致的保险当事人之间争议少。但也由于定值保险合同容易被利用进行欺诈行为的缺点造成多数保险人不愿采用，有的国家甚至禁止使用这种合同方式；加上其使用范围狭窄，对确定保险价值甚至需要保险人有足够的估值经验和特有的专业知识，专业门槛高的重大缺陷。定值保险合同多适用于某些保险标的价值不易确定的财产保险合同，如古玩、字画、船舶等。

2. 不定值保险

不定值保险是指在保险合同中事先不列明保险标的的保险价值，仅列明保险金额作为赔偿的最高限度，等到保险标的发生保险事故后再确定其保险价值的保险。当保险事故发生时，先按保险金额与损失当时保险标的物的实际价值计算出保障程度，再按照损失额的相应比例赔偿。

采用不定值保险合同能根据实际情况确定保险标的的真实损失，保险估值更加合理、科学，因此被多数人认可接受，其适用范围也更加广泛。不定值保险合同是当前保险合同的主要形式。当然，不可避免的由于保险金额不是事先确定的，保险当事人对确定保险标的保险价值的计算方法容易产生分歧，所以由此产生的争议也会增加，理赔手续也会变得复杂，这些都是不定值保险合同的缺点。

（六）按照赔付方式的不同

1. 定额保险

保险双方当事人在合同订立时，共同协商确定保险金额，当约定的保险事故发生时，保险人按照合同约定的保险金额赔付给被保险人的一种保险。定额保险适用于人身保险。

2. 损失保险

损失保险是在合同约定的保险事故发生时，保险人根据保险标的的实际损失额给付给被保险人保险金的一种保险。损失保险适用于财产保险。

（七）按照保险金额与保险价值的关系不同分类

1. 足额保险

足额保险是保险金额与保险价值相等的保险。通常来说，在足额保险的场合，当保险事故发生造成保险标的全部损失时，保险人应依据保险价值进行全部赔偿。定值保险和足额保险都是财产保险中的概念，但并不存在对应关系，只不过是不同保险分类中的概念。定值保险不必然是足额保险。

2. 不足额保险

不足额保险又称低额保险合同，它是指保险金额小于保险价值的保险合同。产生不足额保险的原因通常有以下三种：

第一，投保人基于自己的意思或基于保险合同当事人的约定而对保险标的的部分价值进行投保。第二，投保人因没有正确估价保险标的的价值而产生的不足额保险。第三，在订立保险合同以后，因保险标的的市场价格上涨而产生不足额保险。

一般来说，在不足额保险合同中，保险人的赔偿方式有两种：

一是比例赔偿方式，即按照保险金额与财产实际价值的比例计算赔偿额，其计算公式是：赔偿金额＝（保险金额与保险价值之比例）×损失额。我国《保险法》第五十五条第四款规定：保险金额低于保险价值的，除合同另有约定外，保险人按照保险金额与保险价值的比例承担赔偿责任，即属于第一种赔偿方式。

二是第一危险赔偿方式，即不考虑保险金额与实际价值的比例，在保险金额限度内，按照损失多少，赔偿多少的原则来进行；而对超过保险金额的部分，则保险人不负赔偿责任。

3. 超额保险

超额保险合同是指保险金额超过保险标的价值的保险合同。

我国《保险法》第五十五条第三款指出："保险金额不得超过保险价值。超过保险价值的，超过部分无效，保险人应当退还相应的保险费。"

通常来说，产生超额保险的原因有以下四种：第一，出于投保人的善意。第二，出于投保人的恶意。第三，经保险人允许，或根据保险人提供的保险条款条件，经保险双方当事人特别约定，按照保险标的重置成本投保，从而使保险金额高于保险标的的实际市场价格。第四，保险合同成立后，因保险标的的市场价格跌落，导致保险事故发生时的保险金额超过保险标的的价值。

(八)按照保险合同的性质不同分类

1.补偿性保险合同

补偿性保险合同一般用于可以用货币计量的财产保险合同,当合同约定的事故发生后,被保险人可以得到所损失的保险价值,从而恢复到事故发生之前的经济水平。

2.给付性保险合同

给付性保险合同一般用于保险标的不能用货币进行衡量的人身保险合同,保险合同双方当事人根据特殊的计算方式或协商确定保险金额。当保险合同约定的事故发生后,被保险人或者收益人可以从保险人那里得到合同约定的保险金额。

(九)按照风险责任的不同分类

1.单一风险保险合同

单一风险保险合同又称单独保险合同,是以一人或一物为保险标的的保险合同。单一风险保险在保险合同中居多。例如,以个人寿命为保险标的投保的人身保险合同。

2.综合风险保险合同

综合风险保险合同是指以一个保险金额承保多个保险标的的保险合同,多个保险标的不分别设定保险金额的保险合同。

3.一切险保险合同

一切险保险合同是指保险合同中列出"除外责任"之外的一切风险都要由保险人承担的保险合同。"除外责任"是指保险合同中列明保险标的发生损失不属于保险责任范围内的风险事故,因此保险人不需要就这些风险事故所造成的损失提供赔偿。保险人需要赔付被保险人除外责任以外的所有风险事故所引发的损失。除外责任包括除外地点(不被承保风险发生的地点)、除外风险(不被承保的风险)、除外财产(不被承保的财产)、除外损失(法律法规所引起的损失)。

第四节　保险的职能和作用

工业社会以前,社会的发展是由过去决定的,任何的社会发展都是建立在历史的基础之上,是继承和发展过去的生产力和生产关系,而在贝克看来,后工业社会的发展是由未来决定的。随着社会的发展,当前的风险具有更多的不确定性和可能性,因此为了应对可能的危机,市场的需求催生出整个保险行业。保险的职能规定是一种行为方式,它强调这种行为方式不是凭主观意志而强加于保险的外在行为,而是由保险的内在矛盾的特殊性质所产生的必不可少的保险活动。保险的性质产生并决定与其相适应的保险职能。它是为了达到某种特殊的目的,以某种特定方式而进行的一种特殊的保险活动。保险的特性决定保险的职能,就是对保险本质的客观反映,即保险职能决定了保险制度存在与发展的必要性,也决定了保险业在国民经济和金融体系中的地位和作用。

一、保险的职能

保险的职能本身就是由市场需求和赢利动机决定的,这也决定了保险的主要职能可以分为经济补偿、资金融通、社会管理和风险转嫁等。2006 年 6 月 15 日,国务院发布《关于加快保险业改革发展的若干意见》也明确指出,保险具有经济补偿、资金融通和社会管理功能,是市场经济条件下风险管理的基本手段,是金融体系和社会保障体系的重要组成部分,在社会主义和谐社会建设中具有重要作用。

(一)基本职能

1. 风险分散

保险事实上就是将在一定时期内可能发生的自然灾害和意外事故所导致的经济损失的总额通过计算和分析并在共同的投保人之间分散化,使少数人的经济损失可以通过所有投保人共同分担,从而分散风险事故引发的损失。因此从本质上来说,保险就是一种分摊损失、分散风险的机制。这种机制建立在灾害事故的偶然性和必然性对立统一的基础上。这种对立是相对于投保单位和个人而言的,如果对于个别单位或个人来说,风险事故发生是偶然和不确定的,但是对于所有的单位和个人,风险事故是必然发生的。而保险机制就是通过大数法则和概率计算,发展保险行业进而保障风险事故发生后人们社会生活的稳定。

保险机制的稳定运行,一方面,归功于被保险人愿意以交付小额确定的保险费为代价把集中在某一单位或个人身上的因偶发的灾害事故或人身事件所致的经济损失,通过直接摊派或收取保险费的方法平均分摊给所有被保险人,换取大额不确定的经济补偿来分摊自身特别是负担不起的风险从而避免遭受太大的损失。另一方面,归功于保险组织能够通过计算和分析,用向众多的投保成员收取相应的保险费来分摊其中少数不幸成员遭受的损失。

不难发现,风险分散职能的关键在于预计损失,运用大数法则可以掌握灾害事故发生的规律,从而使保险分摊损失成为可能,大数法则是保险合理分摊损失的数理基础。根据大数原则,只有风险单位的数量越多,其实际损失的结果才能够越接近从无限风险单位数量得出的预期损失可能的结果。因此,只有在商品经济高度发展以及人们对风险转嫁的高度需求之下,保险公司才能得以成立,也才能使其从收取的保险费和进行的经济赔偿及其他费用开支之中达到平衡。

2. 经济补偿

保险通过以参加保险的全体成员所交的保险费用而建立起的保险基金,来应对少数成员因遭遇自然灾害或意外事故所受到的风险损失给予经济补偿。保险的经济补偿功能有利于人们抵御灾害、保障经济和生产活动的顺利进行及帮助人们在获取经济援助前渡过难关。保险经济补偿功能的行使在不同的情况下和不同险种中也有不同的具体表现形式:在财产保险中,体现为补偿被保险人因灾害事故所遭受的经济损失;在责任保险中,体现为补偿被保险人依法应负担对第三方的经济补偿;在人身保险中,体现为对被保险人或其指定的受益人支付约定的保险补偿金。

保险的具体表现形式虽然多种多样但是不相同,事实上都是一种对被保险人遭遇灾害事故后给予一定的经济补偿的行为,减少了风险事件给被保险人带来的损失和恐慌。保险经济补偿功能是基于人们对分散风险的需要和对安全感的追求而存在的,经济补偿既是对保险最基本的功能需求,又是保险的最终目的。

分散风险和经济补偿是两个相辅相成的重要职能,其中经济补偿是保险的最终目的,分散风险是经济补偿的前提和手段,没有损失分摊便不可能存在损失补偿,二者相互依存、不可分割。因此,两者是保险机制运行过程中手段和目的的统一,是保险本质特征的最基本反映。

(二)派生职能

1. 资金融通

保险的资金融通功能是指将相当数额暂时闲置的保险基金,通过各种投资手段重新投入社会再生产过程中进行流通的过程。保险组织根据保险"事前收费,事后补偿"的特点,不断收取保险费,聚集保险基金,由于保险费收入和保额赔付一般并不同时发生,因此使得保险具备了聚集社会资金的能力。

保险的资金融通功能在金融体系中承载和发挥了重要的作用,保障了经济社会的稳定,是经济和社会发展的"助推器"和"稳定器",为全面建设小康社会和构建社会主义和谐社会服务。一般我们认为保险的资金融通功能主要体现在三个方面:首先,保险通过自身的承保业务获取并分流了部分社会资金,有助于集体应对未来的风险,提供了促进国家发展和社会经济良好运行的手段。其次,保险基金积累过程中存在一个空档期,为了使保险基金能够足以赔付,保险组织必然需要通过购买有价证券、购买不动产等投资方式对保险基金进行投资以满足未来的支付需要。保险公司为了使自身的企业经营能够发展、稳定,就必须进入市场进行营利,而通过对资金的一集一散的过程实现了保险基金的保值、增值。最后,保险公司作为一种以营利为目的的商业机构,从自身经济利益出发,也愿意通过多渠道获取更多的业务和回报,出于利益最大化的考量,保险组织也会更愿意进行各种投资行为,使得自身得以发展壮大这也促进了保险的资金融通功能的形成。

保险基金是金融市场上最为活跃的成员之一,因为它的资金来源稳定、期限较长、规模较大,通过持股或者参股的形式成为资本运作市场上重要的投资者和供应方。考虑到由于保险基金要用于未来对被保险人的赔付,因此属于较谨慎的一方,是资本市场上重要的稳定力量。保险基金的资金融通功能通过参与社会资金的整体循环过程,实现其本身的保值与增值,而且使保险业在参与社会资金循环的同时保持对各种风险的有效控制,对社会经济的发展和稳定做出贡献。

2. 社会管理

保险的资金融通功能和社会管理功能是在保险经济补偿基本功能的基础上产生和发展的,是保险的派生功能,伴随着保险分配关系的发展而发展。从社会属性角度看保险的社会管理功能就是指保险对整个社会所产生的积极作用。保险的社会管理功能是我国保险实践对世界保险理论的一大贡献,使保险功能理论从简单的经济补偿和资金融通的"二元功能说"发展成为包括社会管理功能在内的"三元功能说"。伴随着我国保险事业的不断发展,以及我国的保险行业逐渐由传统的保险业形态过渡到现代保险业形态,保险功能不断创新与发展,保险社会管理功能的内涵也随着保险实践的发展而不断发展和丰富。保险的社会管理功能理论,为保险业全面服务国民经济和社会发展提供了坚实的理论基础,拓宽了保险业的市场空间,提高了保险业的社会地位。

作为现代市场经济发展的产物,保险具备内涵丰富的社会管理功能,离不开四个前提条件:一是社会商品经济高度发达,生产的正常维持、贸易的顺畅流通离不开保险;二是人们在满足基本的物质生活需要之后有了更高层次的自我发展的需要,而保险恰好满足了人们这种需要,有效地化解了一些社会矛盾;三是保险基金已经积累到一定规模,成为整个金融体系中的一个举足轻重的平衡力量;四是保险的发展离不开政府的监督与引导。保险的社会管理功能主要体现以下几个方面:

一是社会风险管理。鉴于风险事故的不确定性和危害程度,人们需要更多的应对手段和方法,而保险公司具有长期从事有关风险的经营活动的优势,具备优秀的识别、衡量、分析风险的能力以及大量丰富的风险损失资料和应对经验。因此保险组织完全可以为全社会风险管理和采取差别费率提供有力的数据和智力支持,鼓励和引导投保人和被保险人主动加入各项预防风险的工作中来,满足国家、政府、社会所需地对公共突发事件应急处理的需要。

二是社会关系管理。因为保险组织在风险事故之后特别是查勘和灾害处理及赔付过程中会涉及诸多的单位或个人,这种通过保险组织的协调管理,介入灾害处理的全过程,参与到社会关系管理之中的方式,有助于改变社会主体的行为模式,有利于创造维护社会稳定的有利关系条件,提高社会运行的效率,保持政府、企业、个人三方的正常秩序和良好的社会氛围,减少或控制社会冲突,起到"社会润滑剂"的作用。例如,发展人寿保险可以减少人们对年老的恐惧,提高老年人对生活的信心;发展意外伤害保险可以给予人们安全感和减少更多的顾虑。

三是社会信用管理。每种商业保险产品的产生都是以信用为基础,以法律为保障的社会市场化的服务,对整个社会和公众的诚信建设起到较大的推动作用。保险组织的运营需要对有关单位和个人进行信用状况的收集和积累,自身需要的同时还可以为社会信用体系提供所必需的信息资源,进一步推动和改善了社会信用制度的建设。

四是社会保障管理。商业保险是社会保障的重要组成部分,因为商业保险弥补了一部分人群没有参加社会基本保险制度的空缺,或者说在社会基本保险制度的基础上又给人们提供了更多的选择,并且以其多样性的产品和灵活的市场化运作为被保险人提供更加完善的保险保障,丰富了社会保障体系的多层次需求,为社会保障体系的完善发挥重要作用。

案例 2-1
保险在巨灾风险管理中大有可为

巨灾是指台风、暴雨、洪水、地震和海啸等强大自然灾害造成的损失。巨灾风险管理体系包括灾前防灾预测、灾中救援减损、灾后补偿重建等综合的多层次体系。我国是地震、洪水等自然灾害多发的国家,特别是2008年以来我国接连发生南方雪灾、"5·12"汶川大地震等重大自然灾害。目前,我国各类自然灾害造成的经济损失的补偿严重依赖于国家财政,使本已紧张的国家财政承受了巨大的压力,保险这种社会化的风险损失承担机制在管理巨灾风险方面的作用远未发挥出来。当前我国巨灾保险业务是以商业化模式运作的,主要承保的是企业财产的巨灾风险,覆盖面极窄,发挥作用的空间十分有限,不能满足社会各界对巨灾风险损失的保障需求。由于巨灾造成的后果十分严重,没有巨灾保险保障,我国居民的家庭财产安全面临重大隐患。通过建立政策性家庭巨灾保险制度,确立社会成员、政府和保险机构合理的风险分担机制,可以在很大程度上减轻国家财政压力,转变目前巨灾损失补偿过分依赖政府财政的局面;改变由于国家财力有限,损失补偿资金严重不足,受灾群众的经济损失得不到及时有效补偿的状况。在政府的主导下建立起我国的巨灾风险机制,建立起市场化的补偿机制,有利于提高风险管理水平,减轻政府负担,提高全社会的救灾效率,有效地提升保险在国家灾害救助体系中的地位,对于社会稳定有着巨大的促进作用。

资料来源:中国保监会保险教材编写组.风险管理与保险.北京:高等教育出版社

二、保险的作用

保险在特定历史时期和社会条件下所发挥的作用也并不相同,究其根本,保险的作用就是保险制度、保险职能所发挥出的对社会和经济发展的影响和效果。随着社会实践的不断深入,我国保险业在全面建成小康社会和建设中国特色社会主义的伟大进程中发挥的作用越来越大,解读保险的作用意义非凡,具体可以从微观作用和宏观作用这两方面进行分析。

(一)保险的微观作用

保险的微观作用是指保险作为一种经济单位或个人风险管理的财务手段所产生的对微观经济主体的经济效应,从一般意义上说,它的具体作用可以表现为以下六大方面:

1.有助于企业加强经济核算

由于当代社会经济的高速发展和技术的日益进步,企业所面临风险事故造成的损失也越来越大,这些具有不确定性的风险事故一旦发生,必然会影响企业的经济核算,甚至会使其经营活动中断。保险作为企业一种风险管理的财务手段,有利于企业加强经济核算,能够把企业不确定的巨额灾害损失转化为较为固定的、少量的保险费支出,并摊入企业的生产成本或费用,这样便可以实现平均分摊损失成本、保证经营稳定、加强经济核算的目的,从而准确反映企业现实经营结果,保证企业正常运行,增强企业在市场中的竞争实力,促进社会经济良好有序地发展。

2. 有助于企业加强风险管理

保险组织所承保的风险都是纯粹的风险本身,这也意味着社会财富存在减少的可能;同时,这也表示保险所进行补偿的也仅仅是企业所遭受的财产损失,企业运营是不可能通过保险来获得额外收益的。因为法律规定在保险合同的履行过程中,投保的企业有义务将其增加的风险及时告知保险人,否则保险人可以实行拒赔,这就促进了投保企业对风险管理的重视以及对生产安全的学习。而保险公司作为经营风险的特殊行业,在经年累月与各种风险事故打交道的过程中积累了丰富的风险管理经验,不仅可以向企业提供各种风险管理经验培训,而且还可以通过承保过程中的危险调查与分析、承保期内的风险检查与监督等活动,尽可能帮助企业本身消除风险的潜在因素,达到防灾防损的目的。而且在合同中,保险公司明确规定双方当事人对防灾防损所负有的不同责任,这些都促使被保险人能够清楚认知,加强风险管理。

3. 有助于受灾企业恢复生产经营

在日常的社会生产中,风险事故如自然灾害和意外事故等都是客观存在、不可避免的,任何性质的企业,在其经营过程中都可能遭受自然灾害和意外事故的损害,造成经济损失,这些极具不确定性的风险事故甚至会影响企业的生产和经营乃至使之倒闭。因为事故发生会给企业造成巨大的损失,单凭企业自身力量很难在短时间内恢复到受灾前的生产水平,因此参加保险能够按照保险合同约定的条件及时得到保险赔偿,在短时间内获得经济补偿,恢复生产经营,重新购置资产,把损失降到最低。

4. 有助于民事赔偿责任的履行

在日常生产活动和社会活动中很多因民事侵权或者其他侵权行为而发生民事赔偿责任或民事索赔事件都是不可能完全被避免的。因此,具有民事赔偿责任的单位或个人通过缴纳保险费的办法将此风险转嫁给保险公司,不仅有助于维护被侵权人的合法权益,更能够使其顺利获得民事赔偿。有些民事赔偿责任甚至由政府采取立法的形式强制实施,比如雇主责任保险、机动车辆第三者责任险等都是政府采取立法形式强制实施的体现。

5. 有助于人民生活的安定

家庭作为社会的基本单位,家庭的稳定关系到人们能否安心地从事社会生产,这对社会的稳定具有重大意义,一方面,家庭本身也不可避免地会面临自然灾害和意外事故;

另一方面,相对企业来说,家庭对风险的承受能力要弱得多,对风险损失之后的经济补偿的需求也比企业要迫切得多,因此参加保险作为家庭风险管理的有效手段逐渐受到社会重视。

通过保险来使人们的生活安定的手段主要集中在以下两个方面:一是通过购买与生活密切相关的险种来稳定生活。例如,购买人身保险可以使人们减少对意外事故的后顾之忧,可以解决人们因生、老、病、死、伤残等人身风险造成的直接或间接的经济困难;购买责任保险可以代替被保险人对因民事损害造成他人损失的单位或个人负赔偿责任;购买家庭财产保险可以使受灾家庭尽快获得所损失的赔付,重新恢复原有的物质生活条件。二是一般的财产保险与信用保险,都可以确保生产经营的正常进行。总之,虽然保险类型各不相同,但本质上都可以对被保险人遭受的财产风险损失或人身风险损失提供赔偿或给付保险金,这些都能够使人们的生活得以稳定幸福。

6. 有助于均衡个人财务收支

大多数的人身保险兼具保险性和储蓄性,这也意味着人身保险实际上是将现在的财富通过保险这种方式累积下来用于满足未来经济需要的一种手段,通过让渡现在的消费权利,来获得未来的消费权利。个体在整个生命周期内的收入波动幅度是较大的,但是消费支出的曲线幅度却较为稳定。保险是一种较好的理财产品,这是因为它可以实现不同时期消费和收入水平的平衡。人身保险分期缴纳保费是对保费的定期支付规定,投保人也更容易坚持"财富储备"。

(二)保险的宏观作用

相对于微观作用,保险的宏观作用是指保险的职能在全社会和国民经济总体中所产生的经济效应。其作用可以分为以下几个方面:

1. 保障社会再生产

保险最基本的职能就是对发生风险事故的企业进行风险损失补偿和经济补偿,当一家企业因遭遇各种灾害事故而被迫经营中断或失衡时,通过保险可以对此及时进行经济补偿,以最快的速度恢复生产,有利于促进国民经济持续稳定发展。在现代经济社会中,各生产部门之间通过市场的调整保持着相对精确、合理的规模比例,各经济主体之间关联性越来越强的同时,风险损失的影响也越来越大,一家企业能否稳定生产不仅关系到自身的生死存亡,而且对与之有密切经济联系的其他企业也有非常大的影响,保险的介入使风险事故发生后对相关企业的影响降到最低点,从而保证国民经济持续稳定发展。

2. 保障社会经济交往

商品必须经过流通环节的交换才能进入消费阶段,在商品的买卖和资金的借贷过程中,不管是有形商品还是无形商品的买卖都涉及同一个问题——信用。在交换行为中交易双方不可避免地存在资信风险和产品质量风险等障碍,在社会经济活动中,任何经济单位或个人都会遇到信息不对称的困扰,我们无法深入了解每一个与之有联系的经济主体,因此,我们只能够通过信用评价进行经济活动,信用评价越好的单位与之交往的可能性就越大。而保险作为经济补偿制度,为克服这些障碍提供了便利,在一定程度上消除了经济主体对信用的考虑,客观上起到了提高信用的作用,推动了商品的流通和消费。例如,出口信用保险中,出口商如果因进口商违约而遭受损失,保险公司将负担债权损失的经济补偿责任。又如,保证保险中,资金借贷对信用的要求最为严格,使得债权人可以较为放心地把资金借给他人,因为他的利益有保障。

3. 保障科技进步推广

虽然当前科学技术对经济发展的促进作用越来越显著,科技力量俨然成为经济发展重要基石,但是任何一项科学技术的产生、应用以及推广,既可能给社会大众带来巨大的物质财富,也可能使社会蒙受各种风险事故,造成巨大的经济损失,在客观上具有强烈的不确定性。面向高新技术的风险投资,其成功率仅为三分之一,只有得到保险的保障才能够加快新技术的开发,促进先进技术的推广运用,提高企业的劳动生产率,使产品升级换代,既促进企业发展,扩大自身的市场份额,又推动科技的发展,促进社会进步。

4. 保障对外贸易

保险作为促进对外经济贸易、增加资本输出或引进外资的重要手段,在对外贸易和国际经济交往中早已是必不可少的环节,它促使国际经济交往得到保障,而且可带来巨额无形贸易净收入,成为国家积累外汇资金的重要来源,对于增强国家的国际支付能力起着积极的作用。进出口贸易都必须办理保险是当今国际贸易中的规则,保险费、商品的成本价和运费是国际贸易商品价格的三个最主要因素。一国出口商品时争取由己方负责保险,则可增加保险外汇收入,这种保险方式称为到岸价格;进口商品时由对方负责保险,则可减少保险外汇支出,这种保险方式称为离岸价格。此外,保持保险外汇收支平衡,力争保险外汇顺差是一国顺利进入世界保险市场参与再保险业务的前提和基础。保险外汇收入作为一种无形贸易收入,历来为世界各国所重视,对增强国家的国际收支能力起着积极作用。

5. 保障社会安定

现代文明的今天,每个突如其来的风险事故都完全有可能使企业生产和人民生活陷入困境,这给社会带来许多不安定因素,而保险人作为专业的风险管理者,有义务在被保险人遭受财产损失或人身伤亡时履行经济补偿或保险金给付的职能,通过对该职能的履行获得双赢。灾害事故的发生是必然的,财产损失和人员伤亡也是一定的,只有通过在保险责任范围内,保险人自行履行职责,以保险人在大量日常业务赔案处理中掌握的风险管理经验,支付相当一部分资金增强防灾减损的能力,足以采取切实措施降低灾害事故发生的可能性和破坏性,特别是支付保险金赔偿促进企业在最短的时间内恢复生产,帮助居民重建家园,解除人们在经济上的各种后顾之忧,保障人们的正常经济生活,这都是从根本上稳定企业、稳定家庭,消除一些社会不安定因素的重要手段,也才是应对风险灾难的解决之道。

6.保障社会文明进步

保险在本质上是一种社会互助共济形式,通过参加保险,一方面,可以分摊损失、降低风险,把可能发生的风险转移给保险人;另一方面,促使保险组织的发展能够帮助更多人,稳定保险行业的发展。保险的原始萌芽是为了满足人们获得保障的需求,而不是赔偿本身。"一人为众,众为一人"是早期保险思想,它体现了互助共济原则,体现了一种人与人之间互相关心、互相帮助的精神,这种精神有利于整个社会文明的发展和传承。

本章小结

1.保险是指投保人根据合同约定,向保险人支付保险费,保险人对于合同约定的可能发生的事故所造成的财产损失承担赔偿保险金责任,或者当被保险人死亡、伤残、疾病或者达到合同约定的年龄、期限时承担给付保险金责任的商业保险行为。保险具有经济性、互助性、契约性、科学性等基本特征。

2.保险萌芽于古代文明古国,起源于海上保险,火灾保险是最早的财产保险形式,开始于德国。现代保险制度进入中国已有200余年的历史,但期间的发展并非一帆风顺,而是经历了排斥、接受、中断和发展等的历程。

3.根据不同的划分标准,保险的分类方法也就不同。主要按实施方式、保险标的、保险的承包方式、保险属性、保险价值、赔付方式、经营主体、保险金与保险价值的关系、保险合同的性质、风险责任的不同等方面划分。

4.保险的职能规定是一种行为方式,主要有分散风险、经济补偿、资金融通的职能;保险在特定历史时期和社会条件下所反映的作用并不相同,究其根本,保险的作用就是保险制度、保险职能对社会和经济发展的影响和效果。

关键术语

保险　保险的发展历程　保险的分类　保险的职能　保险的作用

复习思考题

1.保险的性质是什么?

2.简述保险的发展历程。

3.简述保险的分类。

4.保险有哪些职能和作用?

第三章

保险基本原则

在保险的形成与发展过程中,逐渐形成了一些人们共同遵循的具有普遍性的行为规范。当这些行为规范上升到法律层次并对人们具有强制性约束力时,就形成了保险的基本原则。[①] 这些原则作为人们进行保险活动的准则,贯穿整个保险业务。坚持这些基本原则有利于维护保险双方的合法利益,更好地发挥保险的职能与作用,有利于保障人们的生活安定、社会进步,减少保险纠纷。保险的基本原则主要包括保险利益原则、最大诚信原则、近因原则和损失补偿原则及派生原则。

通过本章的学习,应掌握保险利益的含义及其成立要件,保险利益原则在财产保险和人身保险应用上的区别;理解最大诚信原则的含义,掌握最大诚信原则的主要内容及违反最大诚信原则的法律后果;掌握近因原则的含义及其判定;掌握损失补偿原则的含义、基本内容、影响保险补偿的因素及其在保险实务中的特例;掌握损失补偿原则的派生原则的含义及其应用。

第一节　利益原则

保险利益原则是保险法的一项重要原则。保险利益原则的确定是为了通过法律防止保险活动成为一些人获取不正当利益的手段,从而确保保险可以发挥分散风险、减少损失的作用,因此保险利益原则至关重要。

一、保险利益的含义

正如一位英国学者所说:"保险利益是产生于被保险人与保险标的之间的经济联系,并为法律所承认,可以投保的一种法定权利"。我国《保险法》(2014 年修订版)第十二条明确规定:保险利益是指投保人或者被保险人对保险标的具有的法律上承认的利益。人身保险的投保人在保险合同订立时,对被保险人应当具有保险利益。财产保险的被保险人在保险事故发生时,对保险标的应当具有保险利益。

二、保险利益的成立要件

保险利益原则是《保险法》的基本原则之一,保险利益是构成保险法律关系的一个要件。保险利益是保险合同有效成立的要件,保险合同具有效力必须建立在投保人对保险

---

① 刘波,刘璐. 保险学. 大连:东北财经大学出版社,2012:73.

标的具有保险利益的基础上,保险利益的成立要件可以概括为:合法性、确定性、经济性。

(一)可保利益必须是合法利益——合法性

保险利益作为投保人或被保险人享有的利益,必须是符合法律法规、符合社会公共利益、为法律认可并受到法律保护的利益,对不法利益,如以违反善良风俗所产生的利益,以贪污、盗窃、诈骗、走私等非法手段取得的财产,均无可保利益,因为这些利益是违反法律和公共利益的,虽然签订了合同,但合同一律无效。

(二)可保利益必须是可以确定的和能够实现的利益——确定性

"确定利益"是指被保险人对保险标的的现有利益或因现有利益而产生的期待利益。所谓"能够实现"是指它是事实上的经济利益或客观的利益。保险利益可以是现有利益和直接利益,也可以是预期利益和间接利益,现有利益较容易确定,预期利益则往往会引起争议。例如,某工厂的厂房因发生火灾毁损而导致停产,延误了某批出口订单的交货时间。厂房本身的毁损即现有利益的损失,而延误订单交货时间所发生的违约金则属于间接利益的损失。

(三)可保利益必须是有经济价值的利益——经济性

财产的价值一般是可以估算的,否则补偿就难以计算。因此要求投保人对保险标的具有一定的经济上的利益,即可以用货币衡量的利益。只有如此,当保险事故发生并造成损失时,保险人才可能据以赔偿。某些物品,如聘书、借据等对持有人虽然具有一定利益,但是因为无法用货币来表现其价值,因此也难以构成保险利益。如果损失不是经济上的利益,便无法计算。如所有权、债权、担保物权等,还有精神创伤、政治打击等,难以用货币衡量,因而不构成保险利益。

三、保险利益原则的内容

保险利益原则是指在签订和履行保险合同的过程中,投保人或被保险人对保险标的的必须具有保险利益。保险利益既是订立保险合同的前提条件,也是保险合同生效及保持效力的前提条件。

保险利益原则是保险的基本原则,其本质内容是要求投保人必须对投保的标的具有保险利益。如果投保人以不具有保险利益的标的投保,保险人可单方面宣布保险合同无效;保险标的发生保险责任事故,被保险人不得因保险而获得不属于保险利益限度内的额外利益。[1]

四、保险利益原则的意义

保险利益原则作为《保险法》的一项基本原则,其重大意义主要表现在以下三个方面:

第一,保险利益原则的使用可以有效防止和遏止投机行为的发生。保险合同是投机性合同(射幸合同),当事人义务的履行取决于机会的发生或不发生,即保险金的给付以保险合同中约定的保险事故的发生为条件,具有一定的投机性,这与赌博类似。如果允

---

[1] 魏华林,林宝清. 保险学(第二版).北京:高等教育出版社,2006:78.

许不具有保险利益的人以他人的生命或是财产作为保险标的,以自己作为收益方进行投保,那么一旦发生保险事故,他就不承担任何损失而获取远远超过保险费的保险给付,保险活动就完全成为投机赌博行为,而丧失了其具有转移风险、减少损失的作用。保险与赌博的区别就在于保险中存在保险利益,赌博中不存在,如果投保人对于保险标的不具有保险利益,就意味着投保人可以不受损失而得到赔偿。受益方是保险赔偿金的接受者,对保险合同有直接的利益,如果不规定受益方须有保险利益,必然使得投机性大大增加。

第二,保险利益原则的适用是防止道德危险的必备要件。道德危险是指被保险人为了索取保险人赔款而故意促使保险事故的发生或在保险事故发生时,放任损失的扩大。受益方是保险金给付的直接承受者。如果保险合同不以受益方具有保险利益为前提,那么为了获取保险赔偿,往往会出现故意破坏作为保险标的的人或物的行为,从而导致道德危险。保险利益原则的使用较好地避免了这个问题。

第三,保险事故发生时,受益方请求的损害赔偿额不得超过保险利益的金额或价值,如若不坚持保险利益原则,受益方请求的损害赔偿额超过保险利益的金额或价值,也就是说获得和所受损失不相称的利益,这将损害保险人的合法利益。

五、保险利益原则在财产保险与人身保险应用上的区别

(一)保险利益的来源不同

1. 财产保险的保险利益来源于投保人对保险标的的所拥有的以下权利

(1)财产所有权;
(2)财产经营权、使用权;
(3)财产承运权、保管权;
(4)财产抵押权、留置权。

补充知识——抵押权与留置权

● 抵押权是指债权人对债务人或者第三人提供的、作为债务履行担保的财产,在债务人不履行债务时,就享有其卖得价款优先受偿的权利。设立抵押不必转移抵押物的占有,债务人可以继续占有抵押物并取得使用收益;抵押权人仅就抵押物的价值使自己的债权获得担保。

● 留置权是指债权人合法占有属于债务人的财产,在与该财产有牵连关系的债权未受清偿前,债权人可对该财产予以扣留;超过法定期限后债务人仍不履行债务的,债权人具有以留置财产折价受偿,或者以其拍卖、变卖的价款受偿的权利。

● 由上述概念可知:抵押物是不转移给债权人的,而留置物是转移给债权人的。

案例 3-1
李某从公司辞职后,开始个体经营。开业之初,由于缺乏流动资金,李某向张某提出借款,并愿意按高于银行的利率计息,将自己的桑塔纳轿车作为抵押,以保证按时还款。张某觉得虽然李某没有什么可供执行的财产,但以汽车作为抵押,自己的债权较有保证,为以防万一,张某要为车辆购买保险,李某表示同意,于是双方到保险公司投保了车损险,

为了方便,投保人和被保险人、受益人一栏中,都写了张某的名字。之后不久,李某驾车外出,途中因驾驶不慎发生了翻车,车辆遭到严重损坏,几乎报废,李某也身受重伤。得知事故后,张某向保险公司提出了索赔,认为该车的事故属于保险责任,保险公司应当赔偿。保险公司认为尽管该车的损失属于保险责任,但是被保险车辆并非张某所有或所使用的车辆,张某对于该车辆没有保险利益,因此保险合同无效,保险公司应退还李某所交的保费,不承担赔偿责任。经过几次交涉未果,张某将保险公司告上了法庭。本案应如何处理?为什么?

2. 人身保险的保险利益来源于投保人与被保险人之间所具有的各种利害关系

我国《保险法》(2014版)第三十一条明确规定投保人对下列人员具有保险利益:

(1)本人;

(2)配偶、子女、父母;

(3)前项以外与投保人有抚养、赡养或者扶养关系的家庭其他成员、近亲属;

(4)与投保人有劳动关系的劳动者。

除前款规定外,被保险人同意投保人为其订立合同的,视为投保人对被保险人具有保险利益。

(二)对保险利益时效的要求不同

保险利益作为保险合同的效力要件,不仅对保险合同的成立有意义,而且对保险合同的效力维持也有意义。保险利益应当何时存在,才能作为评价保险合同效力的因素,是保险利益原则的时间效力。

对于保险利益的存在时间,在早期英国的一个火险条例要求订约时和损失发生时均须具有保险利益,但《英国海上保险法(1906年)》第6条规定:"虽然投保时被保险人无须对保险标的具有保险利益,但保险标的发生损失时,被保险人对其必须具有保险利益。被保险人如在损失发生时,对保险标的不具有保险利益,在知晓损失发生后,不能由于采取了任何行为或抉择而获得该项利益。"从此以后,国际上通用这一规定。现代保险理论普遍认为,对于财产保险合同来说,在订立保险合同时,投保人对保险标的是否具有保险利益并不重要,但是在事故发生时,被保险人对保险标的必须具有保险利益。因为财产保险的目的在于补偿损失,如果某人在订立时存在保险利益,但发生保险事故时不存在保险利益,则他没有受到损失,也不能获得补偿,反之,如果某人在定约时没有保险利益,但发生保险事故时他已经获得该财产的保险利益,则他遭受了实际损失,应获得补偿。

对于人身保险合同来说,保险利益在订立保险合同时必须存在,否则合同无效。但是,在保险合同效力持续时间内和发生保险事故时,保险利益是否存在,对保险合同的效力没有影响。我国《保险法》对保险利益的时间效力做出了规定,即订立人身保险合同时,投保人对被保险人不具有保险利益的,合同无效;财产保险合同保险事故发生时,被保险人对保险标的不具有保险利益的,不得向保险人请求赔偿保险金。

(三)确定保险利益价值的依据不同

财产保险的保险利益价值的确定是依据保险标的的实际价值,也就是说,保险标的的实际价值即投保人对保险标的所具有的保险利益的价值。如果保险金额超过保险标的的实际价值,超过部分无效。人身保险由于保险标的是人的生命或身体,是无法估价的,因而其保险利益也无法以货币计量。所以,人身保险金额的确定是依据被保险人的需要与支付保险费的能力。

> **案例 3-2**
>
> 小李将自己的私家车向某保险公司投保了车辆损失险。在保险期间内,小李将自己的车转卖给了同事小王,并办妥了车辆的过户手续,车辆的保险单也随之转交给小王,但没有将车辆过户的情况通知保险公司。小王获得该车后不久,就发生了一起交通事故,导致车辆受损。请问,小李和小王谁有权向保险公司索赔?

第二节 最大诚信原则

讲诚实、守信用,是任何商业性合同的双方当事人所必须遵守的先决条件。保险合同需要当事人的诚信,远比其他一般合同要高得多。最大诚信原则是保险业的生命线,保险业的种种不诚信行为必定制约中国保险业的健康发展。

一、最大诚信原则的含义

最大诚信原则作为现代保险法的四大基本原则之一,最早起源于海上保险。保险活动中对当事人诚信的要求要比一般民事活动更为严格,要求当事人具有"最大诚信"。在早期的海上保险中,投保人投保时作为保险标的的船舶或者货物经常已在海上或在其他港口,其真实情况在当时只能依赖于投保人的如实告知。保险人根据投保人的告知情况决定是否承保及具体的承保条件。由此可见,投保人或被保险人告知的真实性对保险人来说至关重要,因此诚信原则对保险合同当事人的要求较一般的民事合同要求就更高、更具体,即要遵守最大诚信原则。该原则在《1906 英国海上保险法》中首先得到确定,该法第十七条规定:"海上保险是建立在最大诚信原则基础上的契约,如果任何一方不遵守最大诚信原则,他方可以宣告契约无效。"

最大诚信原则的基本含义是:保险双方在签订和履行保险合同时,必须以最大的诚意,履行自己应尽的义务,互不欺骗和隐瞒,恪守合同的认定与承诺,否则保险合同无效。[①]

二、最大诚信原则的主要内容

最大诚信原则对保险双方当事人具有同等的约束力,保险双方当事人都应该认真遵守最大诚信原则。对投保人或被保险人而言,最大诚信原则的主要内容包括告知和保证;而对于保险人而言,遵守这一原则除了体现在履行告知与保证的义务上,还体现在弃权和禁止反言上。具体内容如下:

(一)告知(Representation)

告知是指投保人在订立保险合同时,应当将与保险标的有关的重要事实如实地向保

[①] 魏华林,林宝清. 保险学(第二版). 北京:高等教育出版社,2006:85.

险人陈述,以便让保险人判断是否接受承保或以什么条件承保。那么何为"重要事实"呢?我国《保险法》(2014 修订版)第十六条明确规定:"订立保险合同,保险人就保险标的或者被保险人的有关情况提出询问的,投保人应当如实告知。投保人故意或者因重大过失未履行前款规定的如实告知义务,足以影响保险人决定是否同意承保或者提高保险费率的,保险人有权解除合同。"

告知的具体形式,国际上主要有两种:一是无限告知;二是询问回答告知。我国《保险法》第十六条的规定属于后者。

无限告知是指投保人或被保险人必须主动地向保险人告知他所知道的有关承保标的的一切重要事实,这种告知要求非常苛刻,它只强调告知义务的严格履行,却完全不考虑投保人或被保险人的主观动机和客观情况,即使是善意的、非故意的不告知也视为违反告知义务,保险人在法律上可以主张保险合同无效,至今英国海上保险仍然遵循这种严格的原则。询问回答告知是指投保人只需对保险人询问的问题作如实告知即可,而对询问之外的问题则无义务告知。在保险业里,早期的告知主要是无限告知,目前世界上绝大多数国家与我国一致,采用询问回答告知的形式。

(二)保证(Warranty)

1.保证的含义

一般意义上的保证即允诺、担保,这里的保证是指保险人和投保人在保险合同中约定,投保人或被保险人在保险期限内担保对某种特定事项的作为或不作为或担保其真实性。可见,保险合同保证义务的履行主体是投保人或被保险人。

保证是保险人承保或承担保险责任所需投保人或被保险人履行某种义务的条件。由于保险合同的生效是以某种促使风险增加的事实不能存在为先决条件的,保险人所收取的保险费也是以被保险风险不能增加为前提,或不能存在其他风险标的为前提,如果被保险人未经保险人同意而进行风险较大的活动,必然会影响保险双方事先确定的等价地位。例如,某商店在投保企财险时,在合同内承诺不在店内放置危险品,此项承诺即保证。如果没有此项保证,则保险人将不会承保,或将调整保单所适用的费率。因此,保证是影响保险合同效力的重要因素,保险保证的内容是合同的组成部分。

2.保证的形式

保证通常分为明示保证和默示保证。

(1)明示保证(Express Warranty)是指在保险单中载明的保证。明示保证作为一种保证条款,必须写入保险合同或写入与保险合同一起的其他文件内,如批单等。明示保证通常用文字来表示,以文字的规定为依据。明示保证又可分为确认保证和承诺保证。确认保证事项涉及过去与现在,它是投保人或被保险人对过去或现在某一特定事实存在或不存在的保证。例如,某人确认他从未得过重病,意指他在此事项认定以前与认定时他从未得过重病,但并不涉及今后他是否会患重病。

承诺保证是指投保人对将来某一特定事项的作为或不作为的保证,其保证事项涉及现在与将来,但不包括过去。例如,某人承诺今后不再吸烟,意味着他保证从现在开始不再吸烟,但在此之前他是否吸烟则不予追究。

（2）默示保证(Implied Warranty)是指一些重要保证并未在保单中载明，但订约双方在订约时都清楚的保证。与明示保证不同，默示保证不通过文字来说明，而是根据有关的法律、惯例及行业习惯来决定。虽然没有文字规定，但是被保险人应按照习惯保证作为或不作为。默示保证实际上是法庭判例影响的结果，也是某行业习惯的合法化。因此，默示保证与明示保证具有同等的法律效力，对被保险人具有同等的约束力。例如，在海上保险合同中通常有三项默示保证：即船舶的适航保证、不改变航道的保证和航行合法的保证。①

保证与告知的区别在于，告知强调的是诚信，对有关保险标的的重要事实如实申报；而保证则强调守信，恪守诺言、言行一致，承诺的事项与事实一致。所以，保证对投保人或被保险人的要求比告知更为严格。此外，告知的目的在于使保险人能够正确估计其所承担的风险；而保证的目的则在于控制风险，减少风险事故的发生。②

（三）弃权与禁止反言(Waiver and Estelle)

1.弃权

弃权是指保险合同一方当事人放弃他在保险合同中可以主张的某种权利。通常是指保险人放弃合同解除权与抗辩权。构成弃权必须具备两个要件：首先，保险人须有弃权的意思表示。这种意思表示可以是明示的，也可是默示的。其次，保险人必须知道有权利存在。

2.禁止反言

禁止反言也称"禁止抗辩"，是指保险合同一方既然已放弃他在合同中的某种权利，将来不得再向他方主张这种权利。事实上，无论是保险人还是投保人，如果弃权，将来均不得重新主张。但在保险实践中，它主要用于约束保险人。

弃权与禁止反言常因保险代理人的原因产生。保险代理人出于增加保费收入以获得更多佣金的需要，可能不会认真审核标的的情况，而以保险人的名义对投保人做出承诺并收取保险费。一旦保险合同生效，即使发现投保人违背了保险条款，也不得解除合同。因为代理人放弃了本可以拒保或附加条件承保的权利。从保险代理关系看，保险代理人是以保险人的名义从事保险活动的，其在授权范围内的行为所产生的一切后果应由保险人来承担。所以，代理人的弃权行为即视为保险人的弃权行为，保险人不得为此拒绝承担责任。

弃权与禁止反言的限定，不仅可约束保险人的行为，要求保险人为其行为及其代理人的行为负责，同时也维护了被保险人的权益，有利于保险双方权利、义务关系的平衡。

三、违反最大诚信原则的表现形式

在保险经营活动中，投保人或被保险人违反告知义务的情况有：告知不实即误告、不予告知即漏报、有意不报即隐瞒、虚假告知即欺骗等。保险人未尽告知义务的情况主要

---

① 保监会官网：保险知识大讲堂之最大诚信原则。
② 魏华林，林宝清.保险学（第二版）.北京：高等教育出版社，2006：86.

有未对责任免除条款予以明确说明、隐瞒与保险合同有关的重要情况、欺骗投保人或者拒不履行保险赔付义务;阻碍投保人履行如实告知义务,或者诱导其不履行如实告知义务等。

> **案例 3-3**
>
> 2000 年 5 月,某公司 42 岁的业务主管王某因患胃癌(亲属因害怕其情绪波动,未将真实病情告诉本人)住院治疗,手术后出院,正常参加工作。8 月 24 日,王某经同事推荐,与其一同到保险公司投保了人寿险。王某在填写投保单时并没有申报身患癌症的事实,也没有对最近是否住过院及做过手术进行如实说明。2001 年 7 月,王某病情加重,经医治无效死亡。王某的妻子以指定受益人的身份,到保险公司请求给付保险金。保险公司在审查提交的有关证明时,发现王某的死亡病史上,载明其曾患癌症并动过手术,于是拒绝给付保险金。王某的妻子以丈夫不知自己患何种病并未违反告知义务为由抗辩,双方因此发生纠纷。王某是否履行了如实告知义务了呢?

四、违反最大诚信原则的法律后果

(一)违反告知的法律后果

由于保险合同双方当事人各自履行告知义务的形式和告知的内容不同,因而双方违反最大诚信原则而导致的法律后果也各不相同。

1. 投保人违反告知的法律后果

投保人违反告知的法律后果包括以下几种情况:

①故意不履行如实告知义务。如果投保人故意隐瞒事实,不履行告知义务,保险人有权解除保险合同;若在保险人解约之前发生保险事故造成保险标的损失,保险人可不承担赔偿或给付责任,同时也不退还保险费。②过失不履行如实告知义务。如果投保人违反告知义务的行为是因过失、疏忽,其未告知的事实足以影响保险人决定是否同意承保或者提高保险费率,保险人有权解除合同;如果未告知的事项对保险事故的发生有严重影响,保险人可以解除保险合同;对在合同解除之前发生保险事故所致的损失,不承担赔偿或给付责任,但可以退还保险费。③未就保险标的危险程度增加的情况通知保险人。在财产保险中,被保险人未按保险合同约定,将财产保险的保险标的危险增加的情况及时通知保险人,对因保险标的危险程度增加而发生的保险事故,保险人不承担赔偿责任。

2. 保险人未尽告知义务的法律后果

保险人未尽告知义务的法律后果包括以下几种情况:

第一,未尽责任免除条款明确说明义务的法律后果。如果保险人在订立保险合同时未履行责任免除条款的明确说明义务,则该责任免除条款无效。《中华人民共和国保险法》第十七条规定:"订立保险合同,采用保险人提供的格式条款的,保险人向投保人提供的投保单应当附格式条款,保险人应当向投保人说明合同的内容。对保险合同中免除保险人责任的条款,保险人在订立合同时应当在投保单、保险单或者其他保险凭证上做出足以引起投保人注意的提示,并对该条款的内容以书面或者口头形式向投保人做出明确说明;未做提示或者明确说明的,该条款不产生效力。"

第二,隐瞒与保险合同有关的重要情况的法律后果。《中华人民共和国保险法》第一百一十六条规定:"保险公司及其工作人员在保险业务活动中不得有下列行为:①欺骗投保人、被保险人或者受益人;②对投保人隐瞒与保险合同有关的重要情况;③阻碍投保人履行本法规定的如实告知义务,或者诱导其不履行本法规定的如实告知义务;④给予或者承诺给予投保人、被保险人、受益人保险合同约定以外的保险费回扣或者其他利益;"第一百六十二条规定:"保险公司有本法第一百一十六条规定行为之一的,由保险监督管理机构责令改正,处五万元以上三十万元以下的罚款;情节严重的,限制其业务范围、责令停止接受新业务或者吊销业务许可证。"

(二)违反保证的法律后果

任何不遵守保证条款或保证约定、不信守合同约定的承诺或担保的行为,均属于违反保证。保险合同涉及的所有保证内容都是重要的,无须判定其重要性,投保人与被保险人都必须严格遵守。如有所违背与破坏,其后果一般有两种情况:一是保险人不承担赔偿或给付保险金的责任;二是保险人解除保险合同。

与告知不同,保证是对某个特定事项的作为与不作为的保证,不是对整个保险合同的保证,因此,在某种情况下,违反保证条件只部分地损害了保险人的利益,保险人只应就违反保证部分解除保险责任,拒绝履行赔偿义务。例如,保险合同中定有要求被保险人外出时必须将门窗关闭和锁闭的保证条款,某被保险人违反了该项保证条款致使保险事故发生。对此,保险人应仅就此次违反的保证事项而拒绝赔偿被保险人的损失,但不能就此解除保险合同。被保险人破坏保证而使合同无效时,保险人无须退还保费。①

第三节 近因原则

近因原则是判断风险事故与保险标的损失的直接因果关系,从而确定保险赔偿责任的一项基本原则,是保险当事人处理保险案件,或法庭审理有关保险赔偿的诉讼案,在调查事件发生的起因和确定事件责任的归属时所遵循的原则。按照近因原则,当保险人承保的风险事故是引起保险标的损失的近因时,保险人应负赔偿或给付责任。长期以来,近因原则都是保险实务中处理赔案时所遵循的重要原则之一。

一、近因原则的含义

所谓近因,不是指在时间或空间上与损失结果最为接近的原因,而是指促成损失结果的最有效的、起决定作用的原因。例如,船舶因遭受鱼雷的袭击而进水,使船舶沉没。若以时间上最接近沉船事故为理由而判定海水的进入为近因是不合理的。

近因属于保险责任的,保险人应承担损失赔偿责任;近因不属于保险责任的,保险人不负赔偿责任。这就是所谓的近因原则。

---

① 保监会官网:保险知识大讲堂之最大诚信原则整理所得。

二、近因的判定与保险责任的确定

从近因的判定与保险责任的确定来看,主要包括下列几种情况:

(一)单一原因发生

确定近因时,如果造成保险标的损失的原因相对比较单纯,即损失是由单一原因造成的,与其他事件没有紧密联系,该原因即近因。该近因属于保险责任,则保险人应负赔偿责任。这是保险赔案中较为常见,也较易区分的情况。如某人购买了人身意外伤害保险,后来不幸死于癌症。由于其死亡的近因是癌症,为人身意外伤害保险的除外责任,故保险人对其死亡不承担保险责任。

(二)多种原因同时并存发生

多种原因同时并存发生即损失由多种原因造成,且这些原因几乎同时发生,无法区分时间上的先后顺序。如果损失的发生同时存在多种原因,且对损失都起决定性作用,则它们都是近因。而保险人是否承担赔付责任,应区分以下两种情况:第一,如果这些原因都属于保险风险,则保险人承担赔付责任;相反,如果这些原因都属于除外风险,则保险人不承担赔付责任。第二,如果这些原因中既有保险风险,也有除外风险,保险人是否承担赔付责任,则要看损失结果是否容易分解,即区分损失的原因。对于损失结果可以分别计算的,保险人只负责保险风险所致损失的赔付;对于损失结果难以划分的,保险人一般不予赔付。如某企业运输两批货物,第一批投保了水渍险,第二批投保了水渍险并加保了淡水雨淋险,两批货物在运输中均遭海水浸泡和雨淋而受损。显然,两批货物损失的近因都是海水浸泡和雨淋,但对第一批货物而言,由于损失结果难以分别计算,而其只投保了水渍险,因而得不到保险人的赔偿;而对第二批货物而言,虽然损失的结果也难以划分,但损失的原因都属于保险风险,所以保险人应予以赔偿。

(三)多种原因连续发生

多种原因连续发生即损失是由若干个连续发生的原因造成的,且各原因之间的因果关系没有中断。如果损失的发生是由具有因果关系的连续事故所致,保险人是否承担赔付责任,也要区分以下两种情况:第一,如果这些原因中没有除外风险,则这些原因即损失的近因,保险人应负赔付责任。第二,如果这些原因中既有保险风险,又有除外风险,则要看损失的前因是保险风险还是除外风险。如果前因是保险风险,后因是除外风险,且后因是前因的必然结果,则保险人应承担赔付责任;相反,如果前因是除外风险,后因是保险风险,且后因是前因的必然结果,则保险人不承担赔付责任。例如,一艘装有皮革与烟草的船舶遭遇海难,大量的海水侵入使皮革腐烂,海水虽未直接浸泡包装烟草的捆包,但腐烂皮革的恶臭气味,致使烟草变质而使被保险人受损。那么,据上述情况可知,海难中海水侵入是皮革腐烂损失的近因,而由于海难与烟草的损失之间存在着必然的不可分割的因果关系,所以烟草损失的近因也是海难,而非皮革的恶臭气味。又如,人身意外伤害保险(疾病是除外风险)的被保险人因打猎时不慎摔成重伤,因伤重无法行走,只能倒卧在湿地上等待救护,结果由于着凉而感冒高烧,后又并发了肺炎,最终因肺炎致死。此案中,被保险人的意外伤害与死亡所存在的因果关系并未因肺炎疾病的发生而中断,虽然与死亡最接近的原因是除外风险——肺炎，但它发生在保险风险——意外伤害之后，且是意外伤害的必然结果，所以，被保险人死亡的近因是意外伤害而非肺炎，保险人应承担赔付责任。

（四）多种原因间断发生

多种原因间断发生即损失是由间断发生的多种原因造成的。如果风险事故的发生与损失之间的因果关系由于另外独立的新原因介入而中断，则该新原因即为损失的近因。如果该新原因属于保险风险，则保险人应承担赔付责任；相反，如果该新原因属于除外风险，则保险人不承担赔付责任。例如，在玻璃保险中，火灾为除外风险，被保险商店附近发生火灾时，一些暴徒趁机打破该商店的玻璃，企图抢劫。此案中，火灾与玻璃损失之间不是必然的因果关系，暴徒袭击才是近因，故保险人应负赔偿责任。又如，在人身意外伤害保险中，被保险人在交通事故中因严重的脑震荡而诱发癫狂与抑郁交替症。在治疗过程中，医生叮嘱其在服用药物巴斯德林时切忌进食干酪。但是，被保险人却未遵医嘱，服该药时又进食了干酪，终因中风而亡，据查中风确系巴斯德林与干酪所致。在此案中，食用相忌的食品与药物所引发的中风死亡，已打断了车祸与死亡之间的因果关系，食用干酪为中风的近因，故保险人对被保险人中风死亡不承担赔偿责任。

案例 3-4

林某，男，42岁，2004年5月投保泰康人寿保险公司国泰民康意外伤害保险，年交保险费100元；2004年10月20日下午，林某的家人向泰康人寿保险公司报案，称林某在家中摔倒，经抢救无效死亡。接到报案后，保险公司理赔人员立即赶到林某的家中，查看尸体，其全身皮肤没有擦伤、出血的痕迹；而后保险公司在对林某的家人及邻居进行询问的过程中了解到：林某在10月19日下午18:00左右骑摩托到家，下摩托时感到头痛，随即就晕倒在地，家人拨打120急救电话，医生赶到时林某已经死亡。还了解到林某既往有高血压、冠心病病史多年。保险公司的调查人员到急救中心见到当时出诊的医生，其讲述其在接到出诊电话后10分钟赶到患者家中，患者呼吸停止，进行常规抢救无效死亡，因患者有高血压、冠心病病史多年，这次是心肌梗死导致的猝死。请问保险公司是否应该给付保险金？

第四节　损失补偿原则

补偿损失是保险的基本职能之一，损失补偿原则恰好体现了保险的基本职能。坚持损失补偿原则，有利于实现保险的基本职能，也有利于防止被保险人通过保险获取额外利益，减少道德风险。

一、损失补偿原则的含义

损失补偿原则包括两层基本含义：一是只有保险事故发生造成保险标的毁损致使被保险人遭受经济损失时，保险人才承担损失补偿的责任。否则，即使在保险期限内发生了保险事故，但被保险人没有遭受损失，就无权要求保险人赔偿。这是损失补偿原则的质的规定。二是被保险人可获得的补偿量，仅以其保险标的遭受的实际损失为限，即保险人的补偿恰好能使保险标的在经济上恢复到保险事故发生之前的状态,而不能使被保险人获得多于或少于损失的补偿,尤其是不能让被保险人通过保险获得额外的利益。这是损失补偿原则的量的限定。损失补偿原则主要适用于财产保险以及其他补偿性保险合同。

二、影响保险补偿的因素

保险人在履行损失补偿义务过程中,会受到各种因素的制约,这些因素主要包括:

(一)实际损失

以被保险人的实际损失为限进行保险补偿,这是一个基本限制条件,即当被保险人的财产遭受损失后,保险赔偿应以被保险人所遭受的实际损失为限。在实际赔付中,由于财产的价值经常发生变动,所以,在处理赔案时,应以财产损失当时的实际价值或市价为准,按照被保险人的实际损失进行赔付。如企业投保财产综合险,确定某类固定资产保险金额为30万元,一起重大火灾事故的发生使其全部毁损,损失时该类固定资产的市价为25万元,保险人按实际损失赔偿被保险人25万元。

(二)保险金额

保险金额是保险人承担赔偿或给付责任的最高限额,赔偿金额不能高于保险金额。另外,保险金额是保险人收取保险费的基础和依据。如果赔偿金额超过保险金额,则会使保险人处于不平等地位。即使在通货膨胀的条件下,被保险人的实际损失往往会超过保险金额,也必须受此因素的制约。例如,一栋新房屋刚投保不久便被全部焚毁,其保险金额为50万元,而房屋遭毁时的市价为60万元。虽然被保险人的实际损失为60万元,但因保单上的保险金额为50万元,所以被保险人只能得到50万元的赔偿。

(三)保险利益

发生保险事故造成损失后,被保险人在索赔时,首先必须对受损的标的具有保险利益,而保险人的赔付金额也必须以被保险人对该标的所具有的保险利益为限。例如,某银行开展住房抵押贷款,向某贷款人贷出款额30万元;同时,将抵押的房屋投保了30万元的1年期房屋火险。按照约定,贷款人半年后偿还了一半贷款。不久,该保险房屋发生重大火灾事故,贷款人也无力偿还剩余款额,这时由于银行在该房屋上的保险利益只有15万元,尽管房屋的实际损失及保险金额均为30万元,银行也只能得到15万元的赔偿。

(四)赔偿方法

微课6

在保险赔偿方法中,有一些赔偿方法对实际损失补偿额的确定会有影响,使被保险人得到的赔偿金额小于实际损失,或者根本得不到赔偿。

1.限额责任赔偿方法

限额责任赔偿方法是指保险人只承担事先约定的损失限额以内的赔偿,超过损失限额部分,保险人不负赔偿责任。这种赔偿方法多应用于农业保险中的种植业与养殖业保险。如农作物收获保险,保险人与投保人事先按照正常年景的平均收获量约定为保险人保障的限额,当实际收获量低于约定的保险产量时,保险人赔偿其差额;当实际产量已达到保险产量时,即使发生保险责任事故,保险人也不负赔偿责任。

2. **免赔额(率)赔偿方法**

免赔额(率)赔偿方法是指保险人对免赔额(率)以内的损失不予负责,而仅在损失超过免赔额(率)时才承担赔偿责任。特别是采用绝对免赔额(率)赔偿方法时,免赔额(率)以内的损失被保险人根本得不到赔偿。绝对免赔额(率)赔偿方法是指保险人规定一个免赔额或免赔率,当保险财产受损程度超过免赔限度时,保险人扣除免赔额(率)后,只对超过部分负赔偿责任。其计算公式是:赔偿金额=保险金额×(损失率-免赔率)。相对免赔额(率)赔偿方法是指保险人规定一个免赔额或免赔率,当保险财产受损程度超过免赔额(率)时,保险人按全部损失赔偿,不做任何扣除。其计算公式是:赔偿金额=保险金额×损失率。

三、损失补偿原则在保险实务中的特例

(一)定值保险

定值保险中,在发生全部损失时,不论保险标的价值如何变化,保险人仍按保险合同上约定的保险金额计算赔款。从以赔偿实际损失为本质的损失补偿原则的角度看,该保险是一种例外。

(二)重置成本保险

重置成本保险又称复旧保险或恢复保险,是按照重置成本确定损失额的保险。由于这种保险在确定损失赔付金额时不扣除折旧,而按重置成本确定损失额,所以,对于损失补偿原则而言,也是一种例外。

(三)人身保险

人身保险合同不是补偿性合同,而是给付性合同,保险金额是根据被保险人的需要和支付保险费的能力来确定的,人身保险是由投保人与保险人互相约定保险金额,并按照约定的保险金额给付的保险。人的生命是难以用货币衡量的,人身保险中的保险金额是由投保人或被保险人自行确定的,而且当发生保险事故时,倘若其持有多份保单,被保险人或受益人可获得多重给付。因此,对于损失补偿原则,人身保险也是一种例外(但人身保险中的医疗费用保险仍然适用损失补偿原则)。[①]

(四)施救费用的赔偿

施救费用的赔偿是被保险人抢救保险标的所支出的合理费用由保险人负责赔偿。这样,保险人实际上承担了两个保险金额的补偿责任,显然扩展了损失补偿原则的范围与额度,这也是损失补偿原则的例外。我国《保险法》(2014年修订版)第五十七条也有相关规定:保险事故发生时,被保险人应当尽力采取必要的措施,防止或者减少损失。保险事故发生后,被保险人为防止或者减少保险标的的损失所支付的必要的、合理的费用,由保险人承担;保险人所承担的费用数额在保险标的的损失赔偿金额以外的另行计算,最高不超过保险金额的数额。

---

① 保监会官网:保险知识大讲堂之损失补偿原则整理所得。

保险学

2. **免赔额(率)赔偿方法**

免赔额(率)赔偿方法是指保险人对免赔额(率)以内的损失不予负责,而仅在损失超过免赔额(率)时才承担赔偿责任。特别是采用绝对免赔额(率)赔偿方法时,免赔额(率)以内的损失被保险人根本得不到赔偿。绝对免赔额(率)赔偿方法是指保险人规定一个免赔额或免赔率,当保险财产受损程度超过免赔限度时,保险人扣除免赔额(率)后,只对超过部分负赔偿责任。其计算公式是:赔偿金额=保险金额×(损失率-免赔率)。相对免赔额(率)赔偿方法是指保险人规定一个免赔额或免赔率,当保险财产受损程度超过免赔额(率)时,保险人按全部损失赔偿,不做任何扣除。其计算公式是:赔偿金额=保险金额×损失率。

三、损失补偿原则在保险实务中的特例

(一)定值保险

定值保险中,在发生全部损失时,不论保险标的价值如何变化,保险人仍按保险合同上约定的保险金额计算赔款。从以赔偿实际损失为本质的损失补偿原则的角度看,该保险是一种例外。

(二)重置成本保险

重置成本保险又称复旧保险或恢复保险,是按照重置成本确定损失额的保险。由于这种保险在确定损失赔付金额时不扣除折旧,而按重置成本确定损失额,所以,对于损失补偿原则而言,也是一种例外。

(三)人身保险

人身保险合同不是补偿性合同,而是给付性合同,保险金额是根据被保险人的需要和支付保险费的能力来确定的,人身保险是由投保人与保险人互相约定保险金额,并按照约定的保险金额给付的保险。人的生命是难以用货币衡量的,人身保险中的保险金额是由投保人或被保险人自行确定的,而且当发生保险事故时,倘若其持有多份保单,被保险人或受益人可获得多重给付。因此,对于损失补偿原则,人身保险也是一种例外(但人身保险中的医疗费用保险仍然适用损失补偿原则)。[①]

(四)施救费用的赔偿

施救费用的赔偿是被保险人抢救保险标的所支出的合理费用由保险人负责赔偿。这样,保险人实际上承担了两个保险金额的补偿责任,显然扩展了损失补偿原则的范围与额度,这也是损失补偿原则的例外。我国《保险法》(2014年修订版)第五十七条也有相关规定:保险事故发生时,被保险人应当尽力采取必要的措施,防止或者减少损失。保险事故发生后,被保险人为防止或者减少保险标的的损失所支付的必要的、合理的费用,由保险人承担;保险人所承担的费用数额在保险标的的损失赔偿金额以外的另行计算,最高不超过保险金额的数额。

---

① 保监会官网:保险知识大讲堂之损失补偿原则整理所得。

第五节 损失补偿原则的派生原则

损失补偿原则主要派生出两个原则:即保险代位原则与损失分摊原则。

一、损失补偿原则的派生原则——保险代位原则

(一)保险代位原则的含义与意义

代位即取代他人的某种地位。保险代位指的是保险人取代投保人对第三者的求偿权(又称"追偿权")或对标的的所有权。保险人以自己的名义行使代位求偿权。

保险代位原则是指保险人依照法律或保险合同约定,对被保险人所遭受的损失进行赔偿后,依法取得向对财产损失负有责任的第三者进行求偿(或追偿)的权利或取得对保险标的的所有权。规定保险代位原则的意义在于:

1. 防止被保险人因同一损失获取不当利益

当保险标的发生的损害是由第三者的疏忽、过失或故意行为所造成的,且该种损害的原因又属保险责任时,被保险人既可以依据民法向造成损害的第三者要求赔偿,也可以依据保险合同向保险人请求赔偿。这样,被保险人就会因同一损失而获得超过保险标的实际损失额的赔偿,从而获得额外利益。同理,当保险标的发生保险事故而致实际全损或推定全损时,在保险人全额赔付情况下,被保险人将标的之损余物资价值进行回收处理后,最终所得款额亦将超过其所遭受的实际损失额。这既违背了损失补偿原则,又违背了保险的宗旨,不利于保险及社会的健康发展。规定保险代位原则的目的是防止被保险人获得额外利益。

2. 维护社会公共安全,保障公民、法人的合法权益不受侵害

维护社会公共安全在法律上要求肇事者对其因疏忽、过失所造成的损害承担经济赔偿责任。如果被保险人因从保险人处获得赔偿而不追究责任者的经济赔偿责任,就会使肇事者逍遥法外,有违社会公平,而且也容易助长他人肇事行为的出现,扰乱社会秩序。

3. 有利于被保险人及时获得经济补偿,尽快恢复生产,安定生活

保险事故发生后,如果肇事者限于经济条件而无力承担被保险人的经济赔偿责任,将直接影响被保险人正常的生产和生活。而按照保险代位原则,保险人先向被保险人支付赔款,有利于被保险人及时获得经济补偿,尽快恢复生产,安定生活。从另一方面来说,被保险人向保险人请求赔偿也是保险合同赋予其最基本的权利。

(二)保险代位求偿原则的内容

保险代位求偿包括代位求偿权(权利代位)和物上代位权。

1. 代位求偿权

代位求偿权(又称"代位追偿权")是指当保险标的因遭受保险事故而造成损失,依法应由第三者承担赔偿责任时,保险人自支付保险赔偿金之日起,在赔偿金额的限度内,相应取得向负有责任的第三者请求赔偿的权利。

(1)行使代位求偿权的前提条件。代位求偿权是债权的代位,即保险人拥有代替被

保险人向责任方请求赔偿的权利。保险人行使代位求偿权,需要具备以下三个前提条件:第一,保险标的损失原因是保险事故,同时是由于第三者行为所致。这样,被保险人对保险人和第三者同时存在赔偿请求权,他既可以依据保险合同向保险人要求赔偿,也可以依据法律向第三者要求赔偿。第二,被保险人未放弃向第三者的赔偿请求权。如果被保险人放弃了对第三者请求赔偿的权利,则保险人在赔偿被保险人的损失之后就无权行使代位求偿权。第三,保险人取得代位求偿权是在按照保险合同履行了赔偿责任之后。因为,代位求偿权是债权的转移,在此项债权转移之前,被保险人与第三者之间特定的债权债务关系与保险人无关。保险人只有按照保险合同的规定向被保险人赔付保险金之后,才依法取得对第三者请求赔偿的权利。

(2)代位求偿权的实施对保险双方的要求。行使代位求偿权对保险双方都有一定的要求。就保险人而言,首先,保险人行使代位求偿权的权限只能限制在赔偿金额范围以内。即如果保险人向第三者追偿所得的款额小于或等于赔付给被保险人的款额,那么追偿到的款额归保险人所有;如果追偿所得的款额大于赔付给被保险人的款额,其超过部分应归还给被保险人所有。其次,保险人不得干预被保险人就未取得保险赔偿的部分向第三者请求赔偿。我国《保险法》第六十条规定:"保险人依照本条第一款规定行使代位请求赔偿的权利,不影响被保险人就未取得赔偿的部分向第三者请求赔偿的权利。"最后,保险人为满足被保险人的特殊需要或者在法律费用超过可能获得的赔偿额时,也会放弃代位求偿权。

就投保人而言,不能损害保险人的代位求偿权并要协助保险人行使代位求偿权。首先,如果被保险人在获得保险人赔偿之前放弃了向第三者请求赔偿的权利,那么,就意味着他放弃了向保险人索赔的权利。其次,如果被保险人在获得保险人赔偿之后未经保险人同意而放弃了对第三者请求赔偿的权利,该行为无效。第三,如果发生事故后,被保险人已经从第三者取得赔偿或者由于过错致使保险人不能行使代位求偿权,保险人可以相应扣减保险赔偿金。第四,在保险人向第三者行使代位求偿权时,被保险人应当向保险人提供必要的文件和其所知道的有关情况。

(3)代位求偿原则的行使对象。根据代位求偿权的一般原理,任何对保险标的损失负有赔偿责任的第三者都可以成为代位求偿权的行使对象。但是,在实践中,各国立法都规定保险人不得对被保险人及其一定范围的亲属或雇员行使代位求偿权,除非保险事故是由上述人员故意造成的。因为,如果允许对上述对象行使代位求偿权,被保险人就得不到实际补偿,保险也就失去了意义。我国《保险法》第六十二条规定,除被保险人的家庭成员或者其他组成人员故意制造保险事故造成保险标的的损失以外,保险人不得对被保险人的家庭成员或者其他组成人员行使代位请求赔偿的权利。显然,我国保险法规定的代位求偿权的限制对象为"被保险人的家庭成员及其他组成人员"。

(4)代位求偿权的行使范围。人身保险的标的是人的寿命或身体,与财产的性质不同,其价值难以估量,因而不会发生多重获益的问题。所以,如果被保险人在保险事故中致残或身亡,既可获得保险金,也可获得肇事第三者的赔偿。我国《保险法》第四十六条规定:"被保险人因第三者的行为而发生死亡、伤残或者疾病等保险事故的,保险人向被保险人或者受益人给付保险金后,不得享有向第三者追偿的权利。但被保险人或者受益人仍有权向第三者请求赔偿。"但是,并非所有人身保险合同或人身保险合同中的全部责任都适用这一规定。在医疗保险中,保险人赔付的医疗费用保险金应属于对被保险人支出医疗费用的补偿,不仅有价值,而且还是可以确定的,因而,保险人对于因第三者责任而支付的保险金仍可以进行追偿。

案例 3-5

张平是某公司的电焊工,一天他在该公司作业时由于疏忽引燃了窗户上的窗帘,引发了火灾,导致该厂房内的两台设备损坏,维修费用价值 5 万元,由于本公司已经为设备购买了火灾险,因此,该公司老总自行决定免除张平的赔偿责任,并写下了承诺书,然后该公司向保险公司提出索赔申请,请问:保险公司是否会赔偿?为什么?

2. 物上代位权

物上代位权是指保险标的因遭受保险事故而发生全损时,保险人在全额支付保险赔偿金之后,依法拥有对该保险标的物的所有权,即代位取得受损保险标的物上的一切权利。

(1)物上代位权的取得一般是通过委付实现的。委付是被保险人在保险标的处于推定全损状态时,以口头或书面形式提出申请,愿意将保险标的所有权转移给保险人,并请求保险人全部赔偿的行为。委付是被保险人放弃物权的法律行为,是一种经常用于海上保险的赔偿制度。保险人在接受委付的情况下,不仅取得保险标的物上的权利,而且负有标的物项下所应承担的义务。因此,保险人是否接受委付应谨慎。

(2)物上代位是一种所有权的代位。与代位求偿权不同,保险人一旦取得物上代位权,就拥有了该受损标的的所有权。处理该受损标的所得的一切收益,归保险人所有,即使该利益超过保险赔款,仍归保险人所有。但在不足额保险中,保险人只能按照保险金额与保险价值的比例取得受损标的的部分权利。

案例 3-6

1998 年 3 月 2 日,个体运输专业户张某将其私有东风牌汽车向某县保险公司投保了足额车辆损失险和第三者责任险,保险金额为 4 万元,保险期为 1 年。同年 6 月 8 日,该车在途经邻县一险要处时坠入悬崖下一条湍急的河流中,该车驾驶员(系张某堂兄)随车遇难。事故发生后,张某向县保险公司报案索赔。该县保险公司经过现场查勘,认为地形险要,无法打捞,当即赔付张某人民币 4 万元;同时声明,车内尸体及善后工作保险公司不负责任,由车主自理。到了 8 月 10 日,张某看到堂兄尸体及采购货物的 2 800 元现金均在卡车内,就将残车以 4 000 元的价格转让给邻县的王某,双方约定:由王某负责打捞,车内尸体及现金归张某,残车归王某。8 月 20 日,残车被打捞起来,张某和王某均按约行事。保险公司知悉后,认为张某未经保险公司允许擅自处理实际所有权已转让的残车是违法的,遂成纠纷。

请问:张某转让残车是否合法?为什么?

二、损失补偿原则的派生原则——损失分摊原则

(一)损失分摊原则的含义与意义

损失分摊原则是在被保险人重复保险的情况下产生的补偿原则的一个派生原则,即在重复保险情况下,被保险人所能得到的赔偿金由各保险人采用适当的方法进行分摊,从而所得的总赔偿金额不得超过实际损失额。坚持重复保险分摊原则的意义在于:

1.有利于确保保险补偿原则的顺利实现

在存在重复保险的情况下,保险事故发生后,若被保险人就同一损失向不同的保险人索赔,就有可能获得超额赔款,这显然是违背损失补偿原则的。因此,确立重复保险的分摊原则可以防止被保险人利用重复保险在保险人之间进行多次索赔,获得多于实际损失额的赔偿金,从而确保了损失补偿原则的顺利实现。

2.有利于维护社会公开、公正和公平原则

在重复保险的情况下,坚持被保险人的损失在保险人之间进行分摊,必须公开多个保险人就同一危险所承保的份额及其所收取的保费,合理负担相应的保险赔偿责任,从而维护社会公开、公正和公平原则。

(二)损失分摊的方法

在重复保险情况下,保险人如何分摊损失后的赔款,各国做法有所不同。其主要分摊方法包括:

1.比例责任制

比例责任制又称保险金额比例分摊制,该分摊方法是将各保险人所承保的保险金额进行加总,得出各保险人应分摊的比例,然后按比例分摊损失金额。公式为:

$$某保险人责任=\frac{某保险人的保险金额}{所有保险人的保险金额之和}\times 损失金额$$

例如,甲、乙保险人承保同一财产,甲承保保额为 40 000 元,乙承保保额为 60 000 元,损失金额为 50 000 元。则赔款分摊情况为:

甲保险人应承担赔款金额为:

$$\frac{40\ 000}{40\ 000+60\ 000}\times 50\ 000=20\ 000(元)$$

乙保险人应承担赔款金额为:

$$\frac{60\ 000}{40\ 000+60\ 000}\times 50\ 000=30\ 000(元)$$

2.限额责任制

限额责任制又称赔款额比例责任制,即保险人分摊赔款额不以保额为基础,而是按照在无他保的情况下各自单独应负的责任限额进行比例分摊赔款。公式为:

$$某保险人责任=\frac{某保险人独立责任限额}{所有保险人独立责任限额之和}\times 损失金额$$

仍以上题为例,在采用限额责任制分摊法计算赔款额时:

甲保险人应承担赔款金额为:

$$\frac{40\ 000}{40\ 000+50\ 000}\times 50\ 000\approx 22\ 222(元)$$

乙保险人应承担赔款金额为:

$$\frac{50\ 000}{40\ 000+50\ 000}\times 50\ 000\approx 27\ 778(元)$$

3. 顺序责任制

顺序责任制又称主要保险制,在该方法中,各保险人所负责任依签订保单顺序而定,由其中先订立保单的保险人首先负责赔偿,当赔偿不足时再由其他保险人依次承担不足的部分。

顺序责任制对有的保险人有失公平,因而各国实务中已不采用该法,多采用前两种分摊方法。根据我国《保险法》第五十六条规定:"重复保险的投保人应当将重复保险的有关情况通知各保险人。重复保险的各保险人赔偿保险金的总和不得超过保险价值。除合同另有约定外,各保险人按照其保险金额与保险金额总和的比例承担赔偿保险金的责任。"可见,我国一般采用比例责任制的分摊方法。

本章小结

1. 保险利益是指投保人或者被保险人对保险标的具有的法律上承认的利益。保险利益的成立要件可以概括为:合法性、确定性、经济性。保险利益原则是指在签订和履行保险合同的过程中,投保人或被保险人对保险标的必须具有保险利益。保险利益既是订立保险合同的前提条件,也是保险合同生效及保持效力的前提条件。保险利益原则在财产保险与人身保险应用上的区别主要表现为三个方面:保险利益的来源不同;对保险利益时效的要求不同;确定保险利益价值的依据不同。

2. 最大诚信原则的基本含义是:保险双方在签订和履行保险合同时,必须以最大的诚意,履行自己应尽的义务,互不欺骗和隐瞒,恪守合同的认定与承诺,否则保险合同无效。对投保人或被保险人而言,最大诚信原则的主要内容包括告知和保证;而对于保险人而言,遵守这一原则除了体现在告知与保证的义务上,还体现在弃权和禁止反言上。告知的具体形式,国际上主要有两种:一是无限告知;二是询问回答告知。我国《保险法》第十六条的规定属于后者。保证通常分为明示保证和默示保证。保证对投保人或被保险人的要求比告知更为严格。

3. 所谓近因,是指造成损失结果的最有效的、起决定作用的原因。近因属于保险责任的,保险人应承担损失赔偿责任;近因不属于保险责任的,保险人不负赔偿责任。这就是所谓的近因原则。从近因的认定与保险责任的确定来看,主要包括下列几种情况:单一原因致损近因;多种原因同时并存发生;多种原因连续发生;多种原因间断发生。

4. 损失补偿原则的基本含义包含两层:一是只有保险事故发生造成保险标的的毁损致使被保险人遭受经济损失时,保险人才承担损失补偿的责任,这是损失补偿原则的质的规定。二是被保险人可获得的补偿量,仅以其保险标的的遭受的实际损失为限,这是损失补偿原则的量的限定。损失补偿原则主要适用于财产保险以及其他补偿性保险合同。保险人在履行损失补偿义务过程中,会受到各种因素的制约,这些因素主要有:实际损失、保险金额、保险利益、赔偿方法。损失补偿原则在保险实务中的特例主要包括:定值保险、重置价值保险、人身保险、施救费用的赔偿。

5.损失补偿原则主要派生出两个原则:保险代位原则与损失分摊原则。保险代位原则是指保险人依照法律或保险合同约定,对被保险人所遭受的损失进行赔偿后,依法取得向对财产损失负有责任的第三者进行求偿(或追偿)的权利或取得对保险标的的所有权。保险代位原则包括代位求偿权和物上代位保险标的发生推定全损,保险人对被保险人赔偿经济损失后,取得对受损标的的所有权。分摊原则是在被保险人重复保险的情况下产生的补偿原则的一个派生原则,即在重复保险情况下,被保险人所能得到的赔偿金由各保险人采用适当的方法进行分摊,所得的总赔偿金额不得超过实际损失额。在重复保险情况下,保险人如何分摊损失后的赔款,各国做法有所不同。其主要分摊方法有:比例责任制、限额责任制、顺序责任制。

关键术语

保险利益　保险利益原则　最大诚信原则　告知　保证　弃权　禁止反言　无限告知

询问回答告知　明示保证　默示保证　近因原则　损失补偿原则　补偿性保险合同

定值保险　重置价值保险　保险代位原则　损失分摊原则　代位求偿权

物上代位权　比例责任制　限额责任制　顺序责任制

复习思考题

1.简述保险利益及其成立要件。

2.试论述保险利益原则在财产保险和人身保险应用上的区别。

3.简述最大诚信原则的含义及其主要内容。

4.简述违反告知的法律后果。

5.简述违反保证的法律后果。

6.试结合实际论述近因原则如何应用。

7.简述损失补偿原则的含义及其意义。

8.简述损失补偿原则的几个特例。

9.简述代位求偿权的行使范围。

10.试比较代位求偿权和物上代位权的区别。

11.简述损失分摊原则的含义与意义。

12.试分析下列实例中的近因。

(1)人身意外伤害保险的被保险人因不慎跌倒致使上臂肌肉破裂。后由于伤口感染,导致右肩关节结核扩散至颅内及肾,医治无效死亡。事后保险人经过调查发现,被保险人有结核病史,且动过手术,体内存留有结核杆菌。

(2)已经投保人身意外险的被保险人因车祸入院,急救过程中由于施救措施不当引致被保险人心肌梗死,最终死亡,被保险人同时在车祸中丧失一条腿。

(3)已经投保人身意外险的被保险人患心脏病多年,因遇车祸轻微刮伤手臂入院治疗,急救过程中因心脏病发死亡。

(4)一艘名为 Miss Jay Jay 的船投保了定期船只保险,在保险期内的一次航行中因为遇到恶劣天气而且由于该船存在设计缺陷不适航受损。

(5)投保人投保了火险没有投保盗窃险,当火灾发生时,一部分财产被抢救出来后又被盗走。

(6)被保险人投保了人身意外险,打猎时不慎从树上掉下来,受伤后的被保险人爬到公路边等待救援,因夜间天冷又染上肺炎死亡。肺炎是意外险保单中的除外责任。

案例讨论1

案情:某保险公司接到一份特殊的索赔申请:刘某于 2002 年 2 月为其妻王某投保了一份寿险,并经妻子同意将受益人确定为自己。2003 年 12 月,刘某与王某离婚。离婚后刘某仍然按期缴纳这笔保险费用。2004 年 3 月,王某因车祸意外身亡。王某的父亲和刘某在得知这一消息后都向保险公司提出领取保险金的申请。

问题:该笔保险金应该如何分配?

案例讨论2

案情:张某为自己价值 12 万元的车先后向甲、乙、丙三家保险公司投保车损险,投保的保额分别为:甲公司 2 万元、乙公司 10 万元、丙公司 12 万元,在保险期间内,张某驾车发生车祸,车辆损失了 6 万元。

问题:分别按重复保险的三种不同损失分摊方式:比例责任制、限额责任制、顺序责任制,计算各保险人应承担多少赔偿金额?

案例讨论3

案情:张某于 2000 年 1 月 5 日以其家庭财产向 A 保险公司投保家庭财产保险,保险期限为一年,保险金额为 20 000 元。同年 3 月 18 日,张某所在单位向 B 保险公司为职工购买团体家庭财产保险,每户保险金额为 10 000 元,保险期限为一年。2000 年 5 月 12 日,张某家因意外发生火灾烧毁家庭财产,张某分别向 A、B 两家保险公司报案并要求赔偿。A、B 保险公司经过查勘,认定张某的财产损失属于保险责任范围,受损金额为 9 000 元。

问题:A、B 两家保险公司应如何进行赔偿?

第四章

保险合同

合同是随着私有制商品经济的发展而出现的，是商品交换在法律上的表现形式。保险市场同样遵循商品交换的一般规律，现代意义上的保险是从海上保险发展而来的。在保险活动过程中，保险人和投保人之间的权利义务关系，都是围绕保险合同的订立和履行展开的。保险合同是保险学研究的重点部分。

通过本章的学习，应理解保险合同的概念，掌握保险合同的特征与形式；掌握保险合同的要素；掌握保险合同订立、生效、履行、变更、终止；理解保险合同争议的解决方式。

第一节　保险合同概述

一、保险合同概念

（一）合同的概念

根据《中华人民共和国民法典》第四百六十四条的规定："合同是民事主体之间设立、变更、终止民事法律关系的协议。"当事人依法享有自愿订立合同的权利，并在遵循公平原则的前提下确定各方的权利和义务。合同具有以下法律特征：合同当事人双方的法律地位是平等的，合同的签订是基于当事人双方自由意志的表达；合同当事人双方意思表示一致，合同的订立是当事人双方自愿协商达成的协议；合同订立的目的是订立、变更或解除当事人双方的民事权利义务关系。

（二）保险合同的概念

保险合同也称为保险契约，属于经济合同的一种。我国《保险法》第十条规定："保险合同是投保人与保险人约定保险权利义务关系的协议。"这条规定包含以下两层含义：第一，当事人是投保人和保险人。投保人是与保险人订立保险合同，并按照合同约定负有支付保险费义务的人；而保险人是与投保人订立保险合同，并按照合同约定承担赔偿或给付保险金责任的保险公司。第二，合同内容是关于保险的权利义务关系。除法律、行政法规规定必须保险的外，订立保险合同，应当协商一致，遵循自愿、公平原则确定各方的权利和义务。

二、保险合同的特征

保险合同是以保险关系为基础，订立保险合同的目的是调整保险合同中的法律关系。保险合同除了一般合同所具有的法律特征之外，又具有自己的特征。

(一)保险合同是双务有偿合同

双务合同是对应于单务合同而存在的。单务合同是指合同只对当事人一方发生权利而不尽义务,对当事人另一方只发生义务而不享受权利,比如无偿保管合同、赠与合同。双务合同是指合同当事人双方相互都享受权利和承担义务的合同,比如租赁合同。有偿合同是对应于无偿合同而存在的。有偿合同是指当事人一方因享有合同的权利,必须向当事人另一方偿付相应的代价。无偿合同是指当事人一方享有合同的权利而不必偿付当事人另一方相应的代价。一般来说,双务合同是有偿合同。

在保险合同中,投保人负有缴纳保险费的义务,而保险人享有收取保险费的权利;被保险人在保险事故发生时享有被赔偿或给付保险金的权利,与之相对应,当保险事故发生时保险人要承担对被保险人或受益人赔偿或给付保险金的义务。由此可见,保险合同符合双务有偿合同的特征。

(二)保险合同是射幸合同

射幸一词来源于拉丁文,在词源上,该词与 Alea(意为死亡)和 Aleator(意为玩骰子者)有联系。射幸与侥幸同义,通常被解释为希望获得非分或意外的利益之意。[①] 对于保险合同,射幸指的是合同的效果在订约时不能确定,即合同当事人一方的给付、赔偿保险金的义务有赖于将来偶然事件的发生。

保险合同是一种典型的射幸合同,尤其针对财产保险合同。在订立财产保险合同时,投保人在缴纳保险费之后,保险人是否发生保险金的赔偿,取决于在保险期间内是否发生约定的保险事故。如果在保险期间内发生了约定的保险事故,被保险人则有可能获得远比其所缴纳的保险费要多的保险金;反之,如果在保险期间内没有发生保险事故,则投保人只有保险费支出而无任何收入。人身保险中的人身意外伤害保险合同的射幸性也很明显,但人寿保险合同由于带有储蓄性,作为一种长期财务规划方式,其射幸性较弱。值得注意的是,就单个合同而言,保险合同具有射幸性,这是由保险事故发生的偶然性和不确定性决定的;但对于总体合同而言,保险合同不具有射幸性,表现在保险人收到的总的保险费收入与其保险金赔付或给付的总支出原则上相等。

(三)保险合同是附和性合同

附和性合同是与协商合同相对应的一种合同,即一方当事人就合同的主要内容,事先印好标准合同条款供另一方当事人选择,另一方当事人只能做取或舍的决定,无权拟定合同的条款内容。保险合同是具有附和性的合同,保险合同的条款是保险人结合保险标的性质、风险的种类等方面制定的标准条款;投保人只能根据自己的需要对保险人提供的条款进行选择,即使有变更合同的需要,也只能采用保险人事先准备好的附加条款,或采用特别约定的批单。

保险合同的附和性符合保险业发展的趋势,如果每订立一份保险合同都需要投保人和保险人进行充分的协商,保险业不可能获得今天如此迅猛发展的局面。附和合同符合保险经营的科学性,但在降低交易成本的同时也存在局限性。保险人常利用其在专业上优势,制定有利于自己不利于被保险人和受益人的条款,比如免责条款。针对这一问题,

---

[①] 刘金章,王晓炜.现代保险词典.北京:中国金融出版社,2004.

我国《保险法》第十七条规定："订立保险合同,采用保险人提供格式条款的,保险人向投保人提供的投保单应当附格式条款,保险人应当向投保人说明合同的内容。对保险合同中免除保险人责任的条款,保险人在订立合同时应当在投保单、保险单或者其他保险凭证上做出足以引起投保人注意的提示,并对该条款的内容以书面或者口头形式向投保人做出明确说明;未做提示或者明确说明的,该条款不产生效力。"同时,针对投保人、被保险人在投保时的劣势,我国《保险法》第三十条规定："采用保险人提供的格式条款订立的保险合同,保险人与投保人、被保险人或者受益人对合同条款有争议的,应当按照通常理解予以解释。对合同条款有两种以上解释的,人民法院或者仲裁机构应当做出有利于被保险人和受益人的解释。"

案例 4-1
保险人免责条款不生效的原因

2003年10月,孟某为自己的小客车向某保险公司投保了机动车保险,并支付了5 000余元的保险费。2004年4月,孟某驾驶该车在239省道超车时操作不当,致使车辆翻车造成事故,经认定,孟某负事故的全部责任。事后,孟某支付了修理费等76 622.12元。同年7月,孟某申请理赔,某保险公司以保险车辆未及时参加年审,根据保险条款中的责任免除条款和投保人、被保险人义务中的相关条款,拒绝理赔。法院审理中,双方对保险条款中免责条款的效力发生争议。孟某认为有关免责条款必须在保险人尽了充分而又明确的说明义务之后才有效,根据其对免责条款中"或未按规定检验或检验不合格"的理解,除了公安部门的检验,还应由保险公司指定部门检验,况且保险公司没有提醒其及时到公安部门检验,也没有将不检验作为免除责任的条件告之。保险公司认为,虽然无法证明其保险业务员是否已口头告知孟某,但《保险单》上的"明示告知"已做了必要提示,且车辆年检与公安部门的规定是对应一致的。针对以上情况,法院该如何判决?

资料来源:华律网,保险理赔

(四)保险合同是最大诚信合同

任何合同的订立,都应以合同当事人双方的诚信为基础。在保险活动过程中,鉴于保险合同的射幸性、保险标的的复杂性与广泛性,以及保险条款的附和性,在当事人之间存在着较为严重的信息不对称,这使得保险合同对诚信的要求远远高于其他民事合同。为了防止道德风险,避免保险欺诈行为,维护保险当事人双方的正当权益,保证保险活动正常进行,在订立及履行保险合同的过程中当事人双方都必须坚持最大诚信原则,相互履行如实告知的义务。我国《保险法》第十六条规定:"订立保险合同,保险人就保险标的或者被保险人的有关情况提出询问的,投保人应当如实告知。"在合同有效期内,保险标的的危险程度显著增加的,被保险人应当按照合同约定及时通知保险人;同样,保险人在订立保险合同时,针对免责条款也应当向投保人明确说明。

(五)保险合同是非要式合同

根据合同的成立是否需要特定的形式,可将合同分为要式合同与非要式合同。要式合同是指法律要求必须具备一定的形式和手续的合同,或者当事人约定采用书面形式的合同。非要式合同是指法律不要求必须具备一定形式和手续的合同。

我国《保险法》第十三条规定:"投保人提出保险要求,经保险人同意承保,保险合同成立。保险人应该及时向投保人签发保险单或者其他保险凭证。保险单或者其他保险凭证应当载明当事人双方约定的合同内容。当事人也可以采用其他书面形式载明合同内容。"从这条法规来看,保险合同成立的要件并没有要求履行特定形式,保险合同的成立要件在于当事人双方是否达成协议。保险合同在保险单或其他保险凭证签发以前就已经成立,出具保险单或其他保险凭证,只是保险人的合同义务。[①] 保险单或其他保险凭证的制作,与保险合同的效力无关,只是作为保险合同当事人双方权利义务的证明而已。因此,保险合同是非要式合同。

> **案例 4-2**
>
> **长达 10 年的《协议书》是否为保险合同**
>
> 1995 年 12 月,某科研机构与某保险公司签订了一份长达 10 年的《协议书》,《协议书》中约定该科研机构将连续 10 年每年向该保险公司投保 100 万元福寿保险和 100 万元养老保险。《协议书》中规定:当该科研机构所投保的福寿保险期满时(福寿保险的保险期为 3 年),续保时保险公司将需向科研机构出具新的"保险单"及保费收据。该协议签订后,同年 12 月 23 日,科研机构向保险公司缴纳了 200 万元保险费,同日,保险公司向科研机构签发了两张人身保险团体保险单,其中一张为福寿保险的保险单,保险期限为三年(自 1995 年 12 月 23 日至 1998 年 12 月 23 日);另一张为养老保险的保险单,保险期自 1995 年 12 月起至 1998 年 12 月,当科研机构按《协议书》约定向保险公司缴纳保险费要求续保福寿保险时,保险公司根据中国人民银行有关文件规定(1997 年 12 月 1 日后新签发保险的保费预定利率不得超过年复利 4%～6%),已停办了福寿保险,因此未按协议收取保费并继续承保。由此双方产生纠纷,科研机构将某保险公司诉至法院。
>
> 资料来源:张洪涛,庄作瑾.人身保险案例分析.北京:中国人民大学出版社,2006.

三、保险合同的形式

在保险合同成立后,按照保险法的规定,保险人应当及时签发保单,作为当事人双方权利义务内容的凭证。在实践中,保险合同通常表现为书面形式,常见的书面形式主要有以下几种。

(一)投保单

投保单也称要保单或投保申请书,是投保人申请保险的一种书面形式。通常由保险人提供,即投保人填明订立保险单所需的项目。[②] 主要内容包括:被保险人姓名、地址;保险标的名称及存放地点;投保的险别;保险期限;保险金额及保险价值等。投保单上所填写的内容是保险人审查并决定是否接受投保人投保申请的重要依据。投保人必须按真实情况填写投保单,其所填写的内容会影响到合同的效力。比如如果投保人在投保单中告知不实,并在保单上又没有根据真实情况进行修正,保险人即可以投保人在订立合同时未遵循最大诚信原则为由,在规定的期限内宣布合同无效。

---

① 徐爱荣.保险学(第二版).上海:复旦大学出版社,2010
② 刘金章,王晓炜.现代保险词典.北京:中国金融出版社,2004.

(二)保险单

保险单简称为保单,是保险人与投保人之间订立保险合同的正式书面证明,是格式化的保险协议书。保险人事先制定好保险条款,在条款中约定当事人的权利、义务,将其印制在单证上,制成保险单。当投保人同意按保险条款的条件订立保险合同时,保险人就可以签发保险单,交付投保人收执。保险单详尽列明了保险合同中涉及的当事人所有的权利、义务及与该项保险业务相关的全部内容。我国《保险法》第十八条规定:"保险合同应当包括下列内容:(1)保险人的名称和住所;(2)投保人、被保险人的姓名或者名称、住所,以及人身保险受益人的姓名或者名称、住所;(3)保险标的;(4)保险责任和责任免除;(5)保险期间和保险责任开始时间;(6)保险金额;(7)保险费以及支付办法;(8)保险金赔偿或者给付办法;(9)违约责任和争议处理;(10)订立合同的年、月、日。"保险单是保险人赔偿或给付的依据,也是被保险人或受益人在事故发生后向保险人索赔的依据。

(三)暂保单

暂保单又称临时保单,是指保险人或其代理人在正式保险单签发之前出立给投保人的临时保险凭证。暂保单的内容较为简单,只注明基本的保险条件,仅表明投保人已经办理的保险手续,并等待保险人出立正式保险单。暂保单与正式保险单具有同等的法律效力,有效期较短,一般为 30 天。在正式保险单签发后,暂保单则自动失效。订立暂保单不是订立保险合同的必经程序。一般来说,使用暂保单有下列四种情况:(1)保险代理人在争取到业务但保险人尚未办妥正式保险单之前,对投保人临时开出的证明;(2)保险公司的分支机构在接受投保时,需要请示总公司审批,或者还有一些条件尚未全部谈妥;(3)投保人与保险人在洽谈和续订合同时,就合同主要条款已达成协议,但还有一些具体条件尚待商洽的,保险人签发暂保单作为保险临时证明;(4)为办理出口贸易结汇需要,在正式保单或保险凭证尚未出立前,以暂保单为保险证明进行结汇,证明出口货物已经办理保险。

(四)保险凭证

保险凭证又称小保单,保险人向投保人签发的证明保险已经成立的书面凭证,实际上是一种简化的保险单。保险凭证的法律效力与保险单相同,凡是保险凭证上没有列明的事项,均以同类的保险单所载的内容为准。与正式保险单内容相抵触时,以保险凭证上的特约条款为准。为了便于双方履行合同,这种在保险单以外单独签发的保险凭证在我国主要在团体保险、货物运输保险和人身意外伤害保险中使用较多。

(五)保险批单

保险批单是保险合同当事人双方对于保险单内容进行修订或增删的证明文件,是变更保险合同最常见的书面形式。我国《保险法》第二十条规定:"投保人和保险人可以协商变更合同内容。变更合同内容的,应当由保险人在保险单或者其他保险凭证上批注或者附贴批单,或者由投保人和保险人订立变更的书面协议。"批单的法律效力优于原保险单的同类条款,后出具的批单效力要大于先前出具的批单效力。

第二节　保险合同的要素

任何一项民事法律关系都包含主体、客体和内容三大要素,保险合同的民事法律关系也由这三大要素组成。

一、保险合同的主体

保险合同的主体是指涉及合同规定的权利、义务的自然人、法人及其他的组织机构,是保险活动的参与者,包括当事人、关系人和辅助人。

(一)保险合同的当事人

保险合同的当事人是指直接参与保险合同的订立过程,并在保险合同中享有权利承担义务的人,包括保险人和投保人。

1. 保险人

保险人是指与投保人订立保险合同,并按照合同约定承担赔偿或者给付保险金责任的保险公司。保险人有收取保险费的权利,并要求投保方履行最大诚信原则,但同时依照保险合同的约定在保险事故发生时负有相应赔偿或给付的义务。保险人一般为法人,大多数国家和地区不允许以个人身份经营保险业务。

从国际保险市场的发展来看,保险公司的组织形式种类十分丰富,具体表现为股份保险公司、国营保险公司、相互保险公司、专业自保公司和个人保险组织等,这些组织形式的存在为保险市场提供多种类型的保险服务奠定了基础。依据 1995 年我国颁布的《保险法》第六十九条规定:"保险公司应当采取下列组织形式:(1)股份有限公司;(2)国有独资公司。"以法律形式规定了我国保险公司只能以上述两种形式存在。自 2009 年 10 月 1 日起正式实施的新《保险法》为适应保险业的发展需要,删除了有关保险公司组织形式的特别规定,保险公司在组织形式上直接适用《公司法》,既可以采取股份有限公司的形式,也可以采取有限责任公司的形式。[①]

2. 投保人

投保人是指与保险人订立保险合同,并按照保险合同负有支付保险费义务的人。投保人并不以自然人为限,法人和其他组织也可以成为投保人。作为投保人应具备以下条件:第一,投保人必须具有完全的民事权利能力和民事行为能力。无民事行为能力或限制民事行为能力的自然人、未取得法人资格的组织(无权利能力和行为能力),不能成为投保人。否则,订立的保险合同无效。第二,投保人必须对保险标的具有保险利益,必须遵循可保利益原则。否则,订立的保险合同无效。第三,投保人与保险人订立保险合同并按约定履行交付保险费的义务。保险合同是有偿合同,投保人获取保险保障需付出的代价就是支付保险费。

---

① 中国保险网.推进保险组织形式多元化.

(二)保险合同的关系人

保险合同的关系人是指与保险合同具有密切利益关系,但不一定直接参与保险合同订立的人。保险合同的关系人主要包括被保险人和受益人。

1. 被保险人

被保险人是指其财产或者人身受保险合同保障,享有保险金请求权的人。在财产保险中,被保险人是指对被保险财产具有所有权或其他法律认可的权利主体,以有形、无形的财产及与财产有关的利益作为保险标的。在被保险财产发生保险事故时,保险人对被保险人的财产损失进行赔偿。在责任保险中,被保险人是对他人的财产损毁或人身伤亡负有法律赔偿责任,因而要求保险人代其进行赔偿,由此对自己的利益进行保障的人,以被保险人的民事损害赔偿责任作为保险标的。在人身保险中,被保险人是获得保险合同对其生命、身体和健康保障的人,同时也是保险事故发生的主体,以被保险人的生命、身体和健康作为保险标的。

被保险人和投保人可以是同一个主体,也可以是不同的主体。在财产保险险种中,一般投保人就是被保险人。在人身保险中,当投保人以自己的生命、身体作为保险标的时,投保人就是被保险人;如果投保人以他人的生命、身体作为保险标的进行投保时,投保人和被保险人是两个不同的主体,投保人对被保险人必须具有可保利益。当以未成年人为被保险人投保人身保险时,要符合相应法律规定。我国《保险法》第三十三条规定:

"投保人不得为无民事行为能力人投保以死亡为保险金给付条件的人身保险,保险人也不得承保。父母为其未成年子女投保人身保险,不受前款规定限制。但是,因被保险人死亡给付的保险金总和不得超过国务院保险监督管理机构规定的限额。"

在财产保险合同中,保险事故发生后,一般保险金请求权由被保险人本人行使;如果被保险人在事故中死亡,保险金请求权由其遗产继承人依《中华人民共和国民法典》继承。在人身保险合同中,保险事故或事件发生后,被保险人仍然生存的,保险金请求要由被保险人本人行使;被保险人死亡后,由受益人行使;未指定受益人的,保险金请求权由被保险人的继承人行使。

2. 受益人

受益人是指人身保险合同中由被保险人或者投保人指定的享有保险金请求权的人。投保人、被保险人、受益人可以是同一主体,也可以是不同的主体。被保险人或者投保人可以指定一人或者数人为受益人。受益人为数人的,被保险人或者投保人可以确定受益顺序和受益份额;未确定受益份额的,受益人按照相等份额享受受益权。被保险人或者投保人可以变更受益人并书面通知保险人,保险人收到变更受益人的书面通知后,应当在保险单或者其他保险凭证上批注或者附贴批单。投保人指定、变更受益人时必须经被保险人同意。

受益人的保险金请求权直接来自人身保险合同的规定,受益人在被保险人死亡后领取的保险金是根据保险合同的约定而取得的,具有排他性,不作为被保险人的遗产,不纳入被保险人的遗产分配,也不用来清偿被保险人生前的债务,受益人以外的其他人无权分享保险金。但我国保险法第四十二条规定:"被保险人死亡后,有下列情形之一的,保险金作为被保险人的遗产,由保险人依照《中华人民共和国继承法》的规定给付保险金义务:(1)没有指定受益人,或者受益人指定不明无法确定的;(2)受益人先于被保险人死亡,没有其他受益人的;(3)受益人依法丧失受益权或者放弃受益权,没有其他受益人的。受益人与被保险人在同一事故中死亡,且不能确定死亡先后顺序的,推定受益人死亡在先。"

案例 4-3

被保险人和受益人同时死亡保险该赔谁

2009 年 10 月 9 日,王先生为自己投保了意外伤害保险,保险金额 12 万元,受益人为妻子薛某。2010 年 5 月 1 日,王先生与薛某驾车外出旅游,途中因雨后路滑,车辆冲出桥面,坠入河中,二人当场死亡。后经司法鉴定,无法确定二人死亡先后顺序。王先生与妻子薛某尚无子女。二人死后,薛某的父母以受益人的继承人的身份要求保险公司给付 12 万元保险金;王先生的父母则以被保险人的继承人的身份要求保险公司给付 12 万元保险金。保险公司到底应该将这笔保险金支付给谁呢?

资料来源:中国保险网官网

(三)保险合同的辅助人

保险合同的辅助人又称保险合同的中介人,协助保险合同当事人办理保险合同有关事项的人,包括从事保险业务咨询与招揽、风险管理与安排、价值衡量与评估、损失鉴定与理算等中介服务活动。

1.保险代理人

保险代理人是根据保险人委托,向保险人收取佣金,并在保险人授权范围内代为办理保险业务的机构或者个人。保险代理机构包括专门从事保险代理业务的保险专业代理机构和兼营保险代理业务的保险兼业代理机构。我国《保险法》第一百二十七条规定:"保险代理人根据保险人的授权代为办理保险业务的行为,由保险人承担责任。保险代理人没有代理权、超越代理权或者代理权终止后以保险人名义订立合同,使投保人有理由相信其有代理权的,该代理行为有效。保险人可以依法追究越权的保险代理人的责任。"

2.保险经纪人

保险经纪人是基于投保人的利益,为投保人与保险人订立保险合同提供中介服务,并依法收取佣金的机构。我国《保险法》第一百二十八条规定:"保险经纪人因过错给投保人、被保险人造成损失的,依法承担赔偿责任。"这也是保险经纪人区别于保险代理人的一个重要方面。一般而言,保险代理人是代理保险公司销售保险产品的经营单位或个人,保险经纪人是接受客户委托采购保险产品的经营单位。销售和采购成为划分保险代理人和保险经纪人职业行为的重要标志。[①]

3.保险公估人

保险公估人是独立于保险人与被保险人之外,以第三者的身份,客观公正地处理保

① 郝演苏.保险学教程.北京:清华大学出版社,2004.

险合同当事人委托的有关保险业务公证事项的,办理保险标的的查勘、鉴定、估损以及赔款的理算,并向委托人收取酬金的机构。我国《保险法》第一百二十九条规定:"保险活动当事人可以委托保险公估机构等依法设立的独立评估机构或者具有相关专业知识的人员,对保险事故进行评估和鉴定。接受委托对保险事故进行评估和鉴定的机构和人员,应当依法、独立、客观、公正地进行评估和鉴定,任何单位和个人不得干涉。前款规定的机构和人员,因故意或者过失给保险人或者被保险人造成损失的,依法承担赔偿责任。"

二、保险合同的客体

保险合同的客体是指在民事法律关系中主体享有权利和履行义务时共同的指向。保险合同虽属民事法律关系范畴,但保险合同客体不是保险标的本身,而是投保人对保险标的的所具有的法律上承认的利益,即保险利益。保险标的是保险合同中所载明的投保对象,是保险事故发生所在的本体,即作为保险对象的财产及其有关利益或者人的生命、身体和健康。

保险利益是保险合同得以成立的前提条件,也是维持保险合同有效的重要条件之一。我国《保险法》第十二条规定:"人身保险的投保人在保险合同订立时,对被保险人应当具有保险利益。财产保险的被保险人在保险事故发生时,对保险标的的应当具有保险利益。"依据此条款,人身保险中投保人在投保时必须对保险标的的具有保险利益,否则保险人不予以承保;财产保险中被保险人在索赔时必须对保险标的的具有保险利益,否则保险人不予以赔偿。

投保人或被保险人以保险标的的向保险人投保,要求经济上的保障,保障的并不是保险标的的本身不发生损失,而是在保险标的的发生保险事故后,能够从保险人那里获得经济上的补偿或给付。即保障的是被保险人对保险标的的所具有的经济上的利益。所以,保险利益是保险合同的客体,是保险合同成立的要素之一,如果缺少了这一要素,保险合同就不能成立。[①] 保险利益与保险标的的含义虽然不同,但两者又是相互依存的关系。保险标的是保险利益的物质载体,没有保险标的的,也就没有保险利益的存在。

三、保险合同的内容

保险合同的内容又称保险条款,是关于保险当事人双方权利和义务及其他保险事项的条文,是当事人双方行使合同权利、承担责任的依据。保险条款分为基本条款和特约条款。

(一)基本条款

基本条款是保险人根据不同险种规定的关于保险合同当事人双方权利义务的基本事项,它通常印制在保险单上,构成保险合同的基本内容。基本条款包括保险金额、保险责任和责任免除、保险期间和保险责任开始时间、其他事项。

1.保险金额

保险金额是投保人或被保险人对保险标的的实际投保金额,保险事故发生以后,保

---

① 杨忠海.保险学原理.北京:北京交通大学出版社,2008.

险人赔偿或给付保险金的最高限额。保险金额是保险利益的货币计量,是保险费计算的依据。财产保险合同的保险金额按照保险标的的实际价值、重置价格等方式来确定。在人身保险合同中,由于人的身体和生命无法用货币衡量,不存在保险价值的问题,其保险金额是依据被保险人的保险需要及投保人缴纳保险费的能力和保险人协商确定。

2. 保险责任和责任免除

保险责任是指保险单上载明的,因保险事故发生造成保险标的毁损或约定人身保险事件发生或到达约定时间时,保险人所承担的保险金的赔偿或给付责任。其法律意义在于确定保险人承担的风险责任范围。责任免除也称为除外责任,是指保险人依照法律规定或合同约定,不承担的保险责任范围。其法律意义在于进一步明确保险责任,避免保险人承担无限制的风险责任。

3. 保险期间和保险责任开始时间

保险期间也称保险期限,是指保险合同自生效到终止的有效期间,即保险合同当事人双方履行权利和义务的起讫时间。保险期间可以按年、月计算,如财产保险一般为1年,人寿保险为5年、10年、20年等;也可以按某一时间的始末计算,如工程时间、航班时间。

保险责任开始时间即保险人开始承担保险责任的时间。我国《保险法》第十四条规定:"保险合同成立后,投保人按照约定交付保险费,保险人按照约定的时间开始承担保险责任。"一般情况下,依法成立的保险合同,自成立时生效,保险人即开始承担保险责任。但有时保险合同的成立、生效和保险责任开始时间不完全一致,这主要是因为当事人对保险合同生效和保险责任开始约定附条件或者附期限。例如,在人身保险的健康保险合同中约定6个月的观察期,保险人的保险责任在6个月后才开始,在观察期内发生约定事故,保险人不承担赔偿或给付责任。

案例 4-4

合同已生效责任未开始保险公司是否赔付

2000年4月29日,某公司为全体职工投保了团体人身意外伤害保险,保险公司收取了保险费并当即签发了保险单。但是在保险单上列明的保险期间为自2000年5月1日起至2001年4月30日止。2000年4月30日该公司的职工王某登山,不慎坠崖身亡,事故发生后,王某的亲属向保险公司提出了索赔申请,保险公司是否应当赔付呢?

资料来源:刘琳,陈平. 新编实用保险教学案例. 北京:人民日报出版社,2013.

---

4. 其他事项

保险合同中的基础条款,除了以上事项外,还要规定一些其他事项。如保险当事人、关系人的名称、住所,保险标的,保险金赔偿或者给付办法,保险费及其支付方式,违约责任和争议处理,订立合同的年、月、日等。

(二)特约条款

特约条款是保险双方当事人根据特殊需要,共同约定的条款,包括附加条款和保证条款两种类型。

1. 附加条款

附加条款是指在基本条款的基础上,保险合同当事人对双方权利义务的补充规定,它通常对基本条款的内容加以扩大或者限制。例如,扩大承保责任、减少基本条款规定的除外责任或者承保范围等,以满足投保人的需要。附加条款效力优于基本条款。

2. 保证条款

保证条款是投保人或被保险人就特定事项担保的条款。投保人和被保险人必须遵守保证条款,如有违反,保险人有权解除保险合同或者拒绝赔偿。

第三节　保险合同的订立与效力

一、保险合同的订立

保险合同的订立是指保险人与投保人在平等自愿的基础上就保险合同的内容经过协商最终达成协议的法律行为。《保险法》第十一条规定:"订立保险合同,应当协商一致,遵循公平原则确定各方的权利和义务。除法律、行政法规规定必须保险的外,保险合同自愿订立。"保险合同的订立,由投保人提出保险要求和保险人同意承保两个阶段构成,即要约和承诺。

(一)要约

要约,是当事人一方就订立合同的主要条款,向另一方提出订约建议的明确的意思表示。发出要约的一方称为要约人,接受要约的一方称为受要约人。保险合同的要约也称为要保,由投保人向保险人提出投保要求。鉴于保险合同是附和合同,一般由保险公司印制标准格式的投保单,投保人如实填写投保单,提出投保申请,构成要约。保险合同要约也可以是其他书面形式。只要保险人同意承保,保险合同即告成立。

(二)承诺

承诺,是当事人一方表示完全接受要约方提出的订立合同的建议,表明当事人双方对合同条款达成一致意见。要约一经承诺,合同即告成立。在保险合同订立过程中,保险人对投保人提出的保险要求做出同意订立保险合同的意思表示,就是承诺。

一般情况下,是由投保人提出要约,保险人做出承诺,投保人为要约人,保险人为受约人。保险人也会提出新的承保条件,如要求投保人出具财务证明、要求被保险人体检等,这时保险人成为要约人,投保人则成为受约人,投保人无条件接受新的要约后,投保人即承诺人。保险合同的订立过程也可能是一个反复要约,直至承诺的过程。保险人收到投保人填写的投保单,经过审核符合承保条件,同意承保的,即保险合同成立。保险人在保险合同成立后应及时签发保险单。

二、保险合同的效力

(一)保险合同的成立与生效

当保险人审核投保人填具的投保单后并在投保单上签章表示同意承保时,即意味着保险合同的成立。而保险合同的生效是指保险合同对双方当事人产生法律约束力。保险合同的成立是当事人之间达成一致意思的事实,而合同生效却涉及法律问题。

一般来说,依法成立的保险合同,自成立时生效,但投保人和保险人可以对保险合同的效力约定附条件或者附期限。保险合同往往又是附条件的合同,通常都以签发保险单、缴纳保险费为合同生效的要件。只有在当事人的行为符合所附条件时,保险合同才生效。因此,保险合同的成立并不一定标志着保险合同的生效。

案例 4-5
被保险人在体检中死亡能否获赔

投保人董某于 2003 年 4 月 11 日通过某保险公司业务员以安某为被保险人填写了一份人寿保险投保书,投保内容为"平安鸿盛"保险,保额 1 万元,投保人董某于投保当日缴纳了首期保险费 1 181 元,业务员开出"人身险暂收收据"交给董某。由于被保险人超龄,保险公司按业务规定于 2003 年 4 月 25 日向投保人发出要求被保险人进行体检的"新契约"通知书。4 月 26 日,业务员带被保险人安某到医院体检。体检开始之前被保险人突发疾病,当时办理了住院手续。诊断结果为:(1)肺部感染性休克;(2)风湿性心脏病;(3)心衰。住院至 4 月 29 日死亡。投保人兼受益人董某于 2003 年 10 月 21 日到保险公司要求其赔偿保险金,双方经过协商达成协议:保险公司退给董某保险费 1 181 元,同时按照保险责任一年内疾病身故支付 1 000 元。协议履行后,董某于 2003 年 12 月 20 日又向法院起诉,要求保险公司赔偿全额保险金 1 万元。

受益人董某认为:保险事故发生时投保人已经填写了投保书并缴纳了保险费,保险合同已经成立,作为有偿合同,投保人缴纳了保险费就有权享有保险公司提供的保险保障;保险人收取了保险费就应当承担保障被保险人的义务。投保人认为:以支付保险费对价换取保险人对风险的承担,保险人理应给付保险金。保险公司认为:保险合同有效成立的要件是双方意思表示一致。本案中保险公司尚未对被保险人进行体检,尚未同意承保,保险合同并未依法成立。对合同成立前所发生的保险事故,保险公司不承担保险责任。

请问:本案该如何处理?

资料来源:张洪涛,庄作瑾.人身保险案例分析.北京:中国人民大学出版社,2006.

(二)保险合同有效与无效

保险合同有效是指保险合同是由当事人双方依法订立的,并受国家法律保护。保险合同有效的要件包括:保险合同当事人必须具备相应权利能力与行为能力;合同是当事人各方真实意思的表示;合同内容合法。保险合同有效是保险合同生效的前提条件,在合同有效的前提下,并满足所附条件时,保险合同生效;如果保险合同从一开就是无效合同,合同的生效便无从谈起。

保险合同无效是指当事人虽然订立,但不发生法律效力、国家不予保护的合同。保险合同不满足合同有效要件的,即可认定为无效保险合同。以下几种情况为无效保险合同:投保人对保险标的无保险利益的保险合同;未成年人的父母以外的投保人,为无民事行为能力人订立的以死亡为保险金给付条件的保险合同;以死亡为给付保险金条件的合同,未经被保险人书面同意并认可保险金额的保险合同。上述几种情况下的保险合同全部无效,除此之外,保险合同无效还有部分无效的情况,如保险人未明确说明免责条款,免责条款无效;善意的超额保险,保险金额超过保险价值的部分无效。

> **案例 4-6**
>
> ### 未经被保险人签字,死亡保险合同是否无效
>
> 2009 年 9 月 5 日,某人寿保险公司营销员李某到何女士家,动员何女士购买人寿保险。何女士听了李某的介绍后,替丈夫吴先生买下保险金额为 8 万元的人寿保险,指定受益人为她和女儿吴某,并在投保单上代丈夫签了名。何女士投保当天即向营销员李某交了首期保险费,并在几天后拿到了保险公司签发的保险单。2009 年 10 月 7 日晚上 11 时左右,吴先生在驾车回家途中突遇交通事故当场死亡。事发后,何女士即向保险公司报案,并要求给付死亡保险金 8 万元。保险公司工作人员赶到现场后发现吴先生浑身酒气,于是要求检验。有关部门出具的检验报告显示,死者吴先生血液中的乙醇含量超过标准,认定为酒后驾车。于是保险公司以何女士的投保单未经被保险人书面同意认可,并且吴先生酒后驾车属保险条款除外责任为由拒付。何女士就此向当地人民法院提起诉讼,要求保险公司依约承担给付保险金责任。
>
> 请问,这起案件该如何处理?
>
> 资料来源:孙阿凡,张建深,王臣.保险学案例分析.北京:中国社会科学出版社,2013.

第四节　保险合同的变更与终止

一、保险合同的变更

保险合同的变更是指保险合同有效期间,基于客观事实变化的需要,当事人依法对合同条款所做的修改或补充。我国《保险法》第二十条关于保险合同的变更指出:“投保人和保险人可以协商变更合同内容。变更保险合同的,应当由保险人在保险单或者其他保险凭证上批注或者附贴批单,或者由投保人和保险人订立变更的书面协议。”保险合同的变更包括主体的变更和内容的变更。

(一)保险合同主体的变更

保险合同主体的变更是指保险合同的当事人或关系人的变更,即保险合同的转让。保险合同主体的变更有两个基本特征:一是不改变合同的权利义务和客体;二是合同主体变更的对象主要是投保人、被保险人或者受益人。一般而言,保险合同中保险人不会变更。只有当保险公司破产、解散、合并或分立等时,才可能导致保险人所承担的全部保险合同责任转移给其他保险人。

1. 财产保险合同主体的变更

财产保险合同的主体变更即财产保险合同的投保人、被保险人变更。变更的原因包括:保险标的所有权、经营权发生转移,如买卖、赠与、继承;保险标的的用益权的变动,如保险标的的承包人、租赁人承包、租赁合同的订立、变更、终止;债务关系发生变化。我国《保险法》第四十九条规定:“保险标的的转让的,保险标的的受让人承继被保险人的权利和

义务。保险标的转让的,被保险人或者受让人应当及时通知保险人,但货物运输保险合同和另有约定的合同除外。被保险人、受让人未履行本条第二款规定的通知义务的,因转让导致保险标的的危险程度显著增加而发生的保险事故,保险人不承担赔偿保险金的责任。"

> **案例 4-7**
>
> **车辆转让后未批改,保险公司该不该理赔**
>
> 李某和某保险公司缔结合同,为李某的车辆购买了车损险、自燃损失险等9个商业车险和交强险,保险期为2010年1月15日至2011年1月14日。2010年3月10日,李某将车辆转让给张某并办理了过户手续,但双方都没有通知保险公司。2010年5月2日,该车辆在高速公路自燃毁损。张某认为,自己成为车主的同时已经成为保险合同的当事人,而且事故发生在保险期间内,因此要求保险公司向其进行理赔。保险公司该不该理赔?该向谁理赔呢?
>
> 资料来源:汕头特区晚报.财经新闻.

2.人身保险合同主体的变更

人身保险合同主体的变更,不以保险标的的转移为基础,而主要取决于投保人或被保险人的主观意愿。人身保险合同主体变更主要有下列情形:

(1)投保人的变更,投保人变更必须征得被保险人的同意并通知保险人,经保险人核准后方为有效;

(2)被保险人的变更,被保险人的变更实质是另设一张保险单,所以不能变更(团体保险除外);

(3)受益人的变更,投保人或被保险人有权变更受益人,投保人变更受益人须经被保险人同意,并书面通知保险人,保险人收到书面通知后,在保险单上批注后才有效。

> **案例 4-8**
>
> **人身意外保险遗嘱可否变更保险合同受益人**
>
> 宏女士和男友黄某于2005年确定恋爱关系并住在一起,但一直没有办理结婚登记。2011年6月黄某意外去世。宏女士在整理遗物时,发现男友在住院期间写了一封信给她,说几年前他买了一份人身意外保险,受益人是他的父母(仍在世),男友在信中提到准备将受益人变更成宏女士。
>
> 请问,宏女士可以基于男友给她的信去要求保险公司支付该笔保险金吗?
>
> 资料来源:潇湘晨报

(二)保险合同内容的变更

保险合同内容的变更是指保险合同主体的权利和义务的变更,具体表现为:财产保险合同中保险标的的种类数量的增减、存放地点调整、保险期限等内容的变更;人身保险合同中保险金额、保险期限等的变更。经投保人和保险人协商变更保险合同内容的,应当由保险人在保险单或者其他保险凭证上批注或者附贴批单,或者由投保人和保险人订立变更的书面协议。

二、保险合同的终止

保险合同的终止是指保险合同成立后因某种法定或约定事由的出现,致使保险合同当事人双方的权利义务消灭。导致保险合同终止的原因主要有以下几种：

(一)保险合同因解除而终止

保险合同的解除是指保险合同有效期内,有解除权的一方当事人向他方做出解除合同的意思表示,使合同关系归于消灭的行为。[①] 保险合同解除的形式有两种:

1. 法定解除

法定解除是法律赋予合同当事人的一种单方解除权。我国《保险法》第十五条规定:"除本法另有规定或者保险合同另有约定外,保险合同成立后,投保人可以解除合同,保险人不得解除合同。"依据此法规,一般情况下,投保人可以随时提出解除保险合同,但也有特殊限制情况,如《保险法》第五十条提出:"货物运输保险合同和运输工具航程保险合同,保险责任开始后,合同当事人不得解除合同。"

保险人解除保险合同,主要是在投保人违反合同基本义务的情况下才有此权利。例如,投保人因故意或重大过失未履行如实告知义务,足以影响保险人决定是否同意承保或者提高保险费率的,保险人有权解除合同;人身保险合同中,投保人申报的被保险人的年龄不真实,并且其真实年龄不符合合同约定的年龄限制,保险人在合同成立之日起两年内有权解除合同;财产保险合同中,投保人、被保险人未按照合同约定履行其对保险标的的安全应尽的责任的,保险人有权解除合同。

2. 协议解除

协议解除是指当事人双方经协商同意解除保险合同的一种法律行为,但货物运输合同和运输工具航程合同在保险责任开始后不得解除。

(二)保险合同因期限届满而终止

保险合同都是有约定保险期限的,即使在保险期限内没有发生保险事故,保险人没有发生赔偿或者给付,在保险期限届满后,保险人的保险责任即告消灭,保险合同即告终止。这种终止也称为自然终止,是保险合同终止最普遍、最常见的原因。

(三)保险合同因履行而终止

在保险合同有效期限内,因保险事故的发生,保险人按照合同约定履行赔偿或给付全部保险金的义务后,保险合同即告终止。在人身保险合同中,保险人按照合同约定给付全部保险金或者给付期限届满时,保险合同终止。在财产保险合同中,无论保险标的遭受几次保险事故,只要保险赔偿金额总和没有超过保险金额,保险合同继续有效,在保险赔偿金额总和达到保险金额后,即使保单尚未到期,保险合同也会终止。但船舶保险例外,我国《海商法》第二百三十九条规定:"保险标的在保险期间发生几次保险事故所造成的损失,即使损失金额的总和超过保险金额,保险人也应当赔偿。但是,对发生损失后未经修复又发生全部损失的,保险人按全部损失赔偿。"

(四)保险合同因保险标的的非保险事故原因灭失而终止

这里的保险标的的灭失是指保险事故以外的原因造成的保险标的的灭失。如果保险标的因为非保险事故而灭失,保险标的不复存在,投保人对保险标的就不再具有保险利

---

① 徐卫东.保险法学.北京:科学出版社,2004:160.

益,保险合同也就因客体的消灭而终止。例如,在人身意外伤害险中,被保险人因疾病死亡的,保险合同终止。

第五节　保险合同的解释与争议处理

保险合同的争议是指在保险合同成立后,合同主体就保险合同内容及履行合同过程中,对具体做法产生的意见分歧或纠纷。保险合同主体产生意见分歧或纠纷有些是因为对合同条款的理解差异造成的,有些是因为违反合同约定造成的。不论什么原因,发生争议后,都需要采用适当方式,公平合理地解决这些争议。

一、保险合同的解释原则

(一)文义解释原则

文义解释是指保险合同中的文字必须按照这些词语的普通、惯常的含义,并且结合保险合同上下文对合同条款进行解释。如果有关术语本来就只具有唯一一种意思,或结合专业词汇的技术含义,或根据已经确定的法律含义,或结合商业惯例通常仅指某种含义,那么就必须按照它们的本意来理解。文义解释是解释保险合同条款最一般的原则。

(二)意图解释原则

意图解释是指按保险合同当事人订立保险合同的真实意思,对合同条款所做的解释。保险合同的真实内容应当是双方当事人通过协商达成的一致意思表示,解释时必须尊重双方当事人的真实意图。在无法运用文义解释方式时,应当通过其他背景材料进行逻辑分析来判断当事人订约时的真实意图。意图解释原则适用于文字表达含糊、表达不清等情况。如果保险合同条款文字含义表达清楚,就必须按照文义解释,不能以意图解释方式进行任意推测。

(三)有利于被保险人和受益人原则

由于保险合同具有附和性,在订立保险合同时,投保人一般只能对保险条款做出接受或不接受的意思表示,而不能参与拟订或修改合同条款,保险人相对投保人处于优势地位。因此,法律出于对附和合同非起草者的保护,规定对合同条款有两种以上解释的,人民法院或者仲裁机构应当做出有利于被保险人和受益人的解释。但要注意的是,这一原则不能滥用,如果合同条款文义意思表达清楚的,即使存在争议,也应当按照合同的约定做出公平解释。

(四)批注优先原则

在保险合同的有效期内,当事人可以依法对保险合同条款进行修改或补充,在保险人统一印制的保险单上批注或者附贴批单。在保险合同条款变更后,如果前后条款内容有矛盾或者相互抵触时,后加的批注优于原有的条款,后加的批注优于先前的批注,手写批注优于打印批注,附贴批单优于正文。

(五)补充解释原则

补充解释是指当保险合同条款约定内容有遗漏或不完整时,或者存在其他原因导致对合同条款的理解有困难时,应借助商业习惯、国际惯例、公平原则等对保险合同的内容进行务实、合理的补充解释,以便合同的继续执行。

二、保险合同的争议处理

按照各国保险法的规定,对保险合同争议的处理主要有以下几种方式:

(一)协商

协商是指合同双方当事人在自愿平等、互相谅解、实事求是的基础之上,对出现的争议直接沟通、磋商,在双方都能接受的条件下达成共识,自行解决纠纷的办法。这种处理争议的方式快捷、灵活,气氛比较友好,可以增进双方的信任和进一步的合作,有利于合同的继续履行。

(二)调解

调解通常是由合同双方都接受的第三方出面主持,由其调停,在分清是非责任的基础上,使双方自愿达成协议、相互谅解、平息纠纷。调解必须遵循合法、自愿的原则,如果有一方当事人不愿意调解,就不能进行调解。根据第三方身份的不同,保险合同的调解分为行政调解、仲裁调解和法院调解。

(三)仲裁

仲裁是指争议双方在争议发生之前或在争议发生后,签订书面协议,自愿将争议交给第三方即仲裁机构做出裁决,双方有义务执行仲裁裁决。仲裁实行一裁终局的制度,当事人应当履行仲裁裁决,一方不履行仲裁裁决的,另一方当事人可依法向法院申请强制执行。

(四)诉讼

诉讼是指保险合同的一方当事人按有关法律程序,通过国家审批机关——人民法院进行裁决,对另一方提出权益主张,并要求法院通过审批给予法律上的保护。这是解决争议最激烈的方式,实行二审终审制,二审判决为最终判决。法院有权强制执行判决,对二审判决还不服的,只能通过申诉和抗诉程序。

本章小结

1.保险合同是投保人与保险人约定保险权利义务关系的协议。保险合同是双务有偿合同、射幸合同、附和性合同、最大诚信合同、非要式合同。

2.任何一项民事法律关系都包含主体、客体和内容三大要素,保险合同的民事法律关系也由这三大要素组成。保险合同的主体为保险合同的当事人、关系人和辅助人,保险合同客体为保险利益,保险合同的内容为双方当事人权利义务,即保险条款。

3.保险合同的订立是指保险人与投保人在平等自愿的基础上就保险合同的内容经过协商最终达成协议的法律行为。保险合同的订立,由投保人提出保险要求和保险人同意承保两个阶段构成,即要约和承诺。

4.保险合同的变更是指保险合同有效期间,基于客观事实变化的需要,当事人依法对合同条款所做的修改或补充,包括对主体的变更和内容的变更。保险合同的变更必须符合法定的程序和形式。

5.保险合同的终止是指保险合同成立后因某种法定或约定事由的出现,致使保险合同当事人双方的权利义务消灭。

6.保险合同的解释原则有文义解释原则、意图解释原则、有利于被保险人和受益人原则、批注优先原则和补充解释原则,对保险争议处理的方式有协调、调解、仲裁和诉讼。

关键术语

保险合同　射幸合同　　附和合同　双务合同　有偿合同　非要式合同　投保单
保险单　暂保单　保险凭证　保险批单　保险人　投保人　被保险人　受益人
保险标的　保险利益　合同条款　保险金额　保险期限　要约　承诺
保险合同的成立　保险合同的生效　保险合同的有效　保险合同的无效
保险合同的终止　保险合同的解除

复习思考题

1.保险合同有哪些特征?
2.保险合同的主体包括哪些?
3.保险合同的客体为什么是保险利益而不是保险标的?
4.保险合同的成立一定标志着保险合同的生效吗?
5.保险合同无效的原因有哪些?
6.保险合同终止的原因有哪些?

第五章

人身保险

"天有不测风云,人有旦夕祸福。"人的一生面临着诸如伤残、疾病、衰老、死亡等各种各样的风险,这些风险事故一旦发生,不仅会给本人带来损失,而且会给其家庭、社会带来严重的影响。为人们生命提供保障,正是人身保险的目标。

通过本章的学习,掌握人身保险的概念和特征;理解人身保险的分类;掌握人寿保险、意外伤害保险和健康保险的概念及特点。

第一节 人身保险概述

一、人身保险的概念与特征

(一)人身保险的概念

人身保险是以人的生命和身体为保险标的的保险,是投保人按照合同规定缴纳一定的保险费用,当被保险人发生死亡、伤残、疾病等保险事件或达到人身保险合同约定的年龄、期限等条件时,由保险人按照合同规定给付保险金以缓解困境的一种保险。

(二)人身保险的特征

人身保险的标的是人的生命和身体,给付条件是不幸事故所造成的疾病、伤亡等,所以与其他保险相比有其特殊性。

1. 人身保险具有定额给付性质

大多数财产保险是补偿性合同,当风险发生时,按照合同规定的责任进行补偿性给付。而在人身保险中,除了健康保险的一部分是补偿性质之外,其他的部分都是采用双方事先约定并在合同中载明金额的定额给付方式。而在补偿费用的确定上,也不像财产保险一样可以参考市价来确定金额,一般是采用投保人自报金额,并将收入、工作等作为参考来加以确定。

2. 人身保险具有长期性

在人身保险中,投保人投保往往为了保证家庭成员将来的生活不因自己出现意外而受影响,所以人身保险是一项长期的需求。同时,人身保险的保险金额较高,需要较长的时间才能取得。所以在成熟的保险市场中,人寿保险 90%以上都是超过 1 年期的长期险,并且在现实生活中,保险公司会有意避开为年龄较大的投保人办理人身保险。而像旅游险、航空险这类的短期人身保险,其特征与财产保险类似。正因为其长期性,所以合同中还会给投保人增减保险金额、保单贷款、恢复失效保单的权利。

3.人身保险具有储蓄性

人身保险不仅能提供经济保障,而且大多数人身保险还兼具储蓄性质。人身保险的保险费分为风险保费和储蓄保费两部分。在长期的缴费期间,其纯保险费中大部分用来提准备金,这种准备金作为保险人的负债,可用于投资获得利息收入,以保证将来保险金的给付。正因为这种储蓄性质,保单的所有人可以用保单做抵押,享有贷款、退保和选择保险金给付方式等。

4.人身保险利益的特殊性

在财产保险中,事故发生时可保利益是请求赔偿的条件。但在人身保险中,因为保险标的无法定量,所以可保利益没有具体的规定性,主要取决于投保人的缴费能力。正因为保险利益的难以衡量,所以不存在超额投保、重复保险和代位求偿权等问题。

5.人身保险金额的确定有特殊方法

人身保险费率的确定要考虑到被保险人的期望值以及分散风险等需要,通常采用"平准保费法"来制定费率。人身保险的保险金额的确定方法有生命价值法、收入置换法和需要法。

(1)生命价值法

所谓生命价值法就是以一个人的生命价值做依据,来考虑应购买多少保险。因为估计人的生命价值非常困难,所以一种简单方法就是:估计一个人的工作预期寿命期间内的年平均收入,从年平均收入中扣除税收、保险费和本人生活费用,其余金额可供受抚养人使用;确定该人生活到退休年龄的年数;使用一个合理的贴现率计算家庭在上述时期所分享收入的现值,按照上述方法来确定人寿保险单的保险金额。但在实际操作中,因为忽视社会保险等收入来源以及通货膨胀等各种影响收入变化的因素,其使用受到一定限制。

(2)收入置换法

收入置换法与生命价值法类似,但所需要的人身保险金额是按家庭丧失收入的一个百分率计算的,并用年收入的倍数表示,同时考虑到社会保险和通货膨胀因素。

(3)需要法

需要法根据被保险人死亡后家庭的各种需要来确定保险金额,如子女教育费用、债务、医疗费和丧葬费等。在实际生活中,这是一种需要与可能相结合的方法。需要是指投保人发生意外事故时所需要的经济保障;可能是指投保人缴纳保费的能力。

二、人身保险的分类

(一)按保障范围划分

按照人身保险的保障范围分类,可以分为人寿保险、人身意外伤害保险和健康保险。

1.人寿保险

人寿保险是以保险人的生命为标的的保险。人寿保险承保的既可以是人的生存,也可以是人的死亡,还可以同时承保生和死。所以人寿保险有生存保险、死亡保险和生死两全保险,也可以称为定期寿险、终身寿险和两全保险。

2. 人身意外伤害保险

人身意外伤害保险是以人的身体和生命为标的的保险。当人的身体因为意外而造成残疾或死亡的时候,承保人根据保险合同规定予以赔付。虽然意外伤害保险在人身保险业务中所占的比例不大,但是因为其保费低廉、保障程度高、程序简便等优点越来越受到欢迎。它可以单独承保,也可以作为主险的附加险承保。

3. 健康保险

健康保险是以人的身体为标的,对被保险人因遭受疾病而支出的医疗费及因疾病导致收入损失给予补偿的保险。通常将不属于人寿保险和人身意外伤害保险的人身保险都归为健康保险,可以单独承保,也可作为附加险承保。

(二)按投保方式划分

按照投保方式的不同,可以分为个人保险、团体人身保险和联合保险。

1. 个人保险

个人保险是指以个人作为投保人,在自愿的基础上以一张保险单承保一个人的人身保险。个人保险又分为普通人身保险和简易人身保险两类,前者的保险金额高于后者。

2. 团体人身保险

团体人身保险是以一张保险单承保一个团体的全部或大部分成员的人身保险。必须说明的是,这不是一个险种,而是一种承保方式。

3. 联合保险

联合保险是以一张保单承保有利害关系的被保险人的保险。如夫妻、父母、兄弟姐妹、子女或合作人等,他们联合被保险人同时投保人身保险。当第一被保险人死亡,保险金将付给其他利害关系人,如果在保险期内无人死亡,保险金将给付被保险人或指定收益人。

案例 5-1

1998 年 5 月,赵某为自己投保了一份终身寿险,保险金额为 20 万,在填写投保单的时候,受益人一栏只填写"妻子"二字。1999 年,赵某与前妻崔某离婚,2000 年 1 月,赵某又与蔡某结婚。2000 年 6 月,赵某回家探亲途中遇车祸死亡。事故发生后,蔡某与崔某都以自己是受益人"妻子"为由,向保险公司提出保险金的申请。保险公司认为,在事故发生时,赵某与崔某已经离婚,因此崔某不具有法律上认可的保险利益,所以将保金给了现任妻子蔡某。保险公司的做法是否正确?

案例 5-2

1998 年 6 月,高某向保险公司购买了一份终身寿险,保险金额为 56 万,被保险人指定其母为受益人。同年 8 月,高某与王某结婚,11 月高母病故,1999 年 4 月,高某患心肌梗死死亡。高某死后,高父与王某为保险金应该由谁领取发生了争执。保险公司认为,因为受益人高母先于被保险人高某死亡,受益人丧失收益权,所以这些保险金作为高某的遗产进行分配。这笔保险金应该如何分配?

(三)按保障期限划分

按照人身保险保障期限划分,人身保险可以分为短期业务、一年期业务和长期业务。

1.短期业务

短期业务是指保险期间不足一年的业务,主要是意外伤害险或短期健康保险,也有一些综合的定期寿险。

2.一年期业务

一年期业务是指保险期间为一年的业务,主要以意外伤害保险、短期健康保险和定期寿险居多。

3.长期业务

长期业务是指保险期间超过一年的业务,以人寿保险和长期健康保险居多。

(四)按有无分红划分

按照能否分红划分,人身保险可以分为分红保险和不分红保险。

1.分红保险

分红保险是指保险人将其经营成果的一部分每隔一定时期以一定方式分配给保单持有人的一类保险。这类保险不但有保险功能,还具有投资功能,其得利益的多少取决于保险公司投资业务的盈亏情况。

2.不分红保险

不分红保险是指投保人只享受保险保障,不参加保险公司红利分配的一类保险。这类保险不具有投资的功能,仅在保险责任事故发生后进行保险赔付,保单持有人所得与保险人投资效益无关。

(五)按风险程度划分

按风险程度划分其实就是按照被保险人的危险程度进行判定,身体状况往往在考虑因素中占有较大比例。

1.标准体保险

标准体保险是指被保险人的风险程度与正常的保险费率相适应的人身保险。因为被保险人的身体强健、收入具有投保能力、道德没有缺陷等可以用正常费率来承保被保险人。大部分人都是标准体保险。

2.非标准体保险

非标准体保险又称弱体保险或次健体保险,此类保险不能用标准费率来承保。因为此类被保险人的风险发生的可能性更高,所以通常用年龄增加法、保额削减法和附加保费法等收取高于正常费率保费或降低保额。

(六)按保险功能划分

按照保险功能的不同,可以分为保障型人身保险、储蓄型人身保险和投资型人身保险。

1.保障型人身保险

保障型人身保险是指保险人纯粹为被保险人提供风险保障的人身保险。只有在保险期内发生约定保险事故时,保险人才承担给付责任。

2. 储蓄型人身保险

储蓄型人身保险是一种把保险功能和储蓄功能相结合的人身保险,如目前常见的两全寿险、养老金、教育金保险,除了基本的保障功能外,还有储蓄功能,如果在保险期内不出事故,在约定时间,保险公司会返还一笔钱给保险受益人,就好像逐年零存保费,到期后进行整取,与银行的零存整取类似。

3. 投资型人身保险

投资型人身保险是一种新型保险,它既能为保险人提供风险保障,又具有投资功能。投资型保险分为三类:分红险、万能寿险、投资连结险。其中,分红险投资策略较保守,收益相对其他投资险为最低,但风险也最低;万能寿险设置保底收益,保险公司投资策略为中长期增长,主要投资工具为国债、企业债券、大额银行协议存款、证券投资基金,存取灵活,收益可观;投资连结险主要投资工具和万能险相同,不过投资策略相对先进,无保底收益,所以存在较大风险,但潜在增值性也最大。

第二节　人寿保险

一、人寿保险的概念与特征

(一)人寿保险的概念

人寿保险(简称寿险)是人身保险的一种,是指以被保险人的生命为保险标的,且以被保险人的生存或死亡为给付条件的人身保险。和所有其他保险业务一样,被保险人将风险转嫁给保险人,接受保险人的条款并支付保险费。与其他保险不同的是,人寿保险转嫁的是被保险人的生存或者死亡的风险。

(二)人寿保险的特征

1. 生命风险相对稳定性

虽然造成生命死亡的因素很多,诸如疾病、天灾、职业因素等,这些因素都具有很大的偶然性,但是在漫长的人类发展过程中,死亡率的预测相对于其他的非寿险发生概率更趋于稳定,再加上医疗水平的提高,稳定性更好。所以在寿险经营过程中,人寿保险的再保险运用得较少。

2. 保险期限长期性

人们普遍对人寿保险具有长期性要求,并且人寿保险费用的缴纳也需要较长的时间,所以人寿保险的保单短则三五年,长达十几年甚至终身。

3. 实行均衡保费制

所谓均衡保费制,即投保人每期缴纳相同的保险费,而不随被保险人死亡率的变化逐年变化。保险前期的均衡费率会高于自然费率,前期的保费利息常常用来弥补后期保费,使每期的保费负担均衡,所以不会存在超额保险、重复保险、代位求偿的问题。

4. 保单具有储蓄性

人寿保险在提供风险发生时的经济保障同时还兼具储蓄性特点。正如上文所说,人寿保险是实行均衡保费制,所以早期缴纳的保费会高于死亡成本,而这些多出来的保费用于利率积累,再以红利和储蓄收益形式返还给投保人。

二、传统型人寿保险

(一)死亡保险

1. 定期寿险

定期寿险也称为定期死亡保险,是以被保险人的死亡为保险事故,在保险事故发生时,由保险人给付一定保险金额的保险。

定期寿险一般具有以下特点:一是可续保。所谓续保权就是允许一年期以上的保单持有者在保单到期时,不经可保性检查便可以续保,通常续保期限有一定限制,被保险人续保时的年龄也有一定限制,随着年龄增长均衡保费会相应提高。二是灵活性。很多定期寿险可以在没有可保证明的情况下转换为其他同等价值的寿险,增加了寿险灵活性。三是选择性。其保险期限分为 5 年、10 年、15 年、20 年、25 年不等。因此,被保险人可以根据自己的年龄、身体状况等因素灵活选择。同时在寿险公司的竞争中开发经验生命表、选择生命表、终极生命表和综合生命表。不同的生命表测算的费率不同,寿险价格的竞争力不同,所以在生命表的选择上也具有选择性。四是具有一定的道德风险。定期寿险的低价位高保障使得被保险人的逆向选择增加,也易诱发道德风险。

定期寿险低价位高保障的高性价比受到人们的重视。它能满足收入较低人群的高额投保需要,同时作为信用保证手段之一,可以避免债务人死亡使自己的债权受到影响。但是当保户对保障的需求超过了普通寿险的期限,那么当可保期限届满时,被保险人可能因为身体状况变为不可保,以致无法购买新保单获得继续保障。同时,定期寿险保单不具有现金价值,因而保险人无法在获取死亡保障的同时拥有储蓄的好处。

2. 终身寿险

终身寿险是保险期间不确定,保险人向被保险人提供终身死亡保险的一种保险。它只有在被保险人死亡的时候才给付保险金,保费比定期寿险高,储蓄性也比定期寿险好。

终身寿险一般有如下特点:一是给付必然性。人终有一死,终身寿险以被保人死亡为给付条件,所以支付是必然发生的。二是利他性。终身寿险的生命表终端为一百岁,如果活不到一百岁,那么利益只能由其受益人领取。三是费率较高。因为长期性以及必然给付性,所以终身寿险的保险费高于定期寿险。

(二)生存保险

生存保险是以被保险人与保险期满或达到某一年龄时仍然生存为给付条件的一种人寿保险。与死亡保险的保险目的不同,生存保险是为老年人提供的养老保障,或是为子女提供的教育支持。生存保险又分为单纯生存保险和年金保险两大类。

1. 单纯生存保险

单纯生存保险是以被保险人在保险期满或达到某一年龄的时候仍然生存为给付条

件,并以此给付保险金的保险。若被保险人在约定生存的时间内死亡,就得不到保险金,且缴费不予退还。因为这一险种对死亡者有失公平,人们的接受度较低,所以一般将其与其他险种相结合出售。

2. 年金保险

年金保险又称生存年金保险,属于广义的寿险,是指以生存为给付保险金条件,保险金以年金方式支付的保险。只要被保险人生存,被保险人就能在一定时期内定期领取一笔保险金,获得因长寿而带来的收入损失保障,因而又称为养老保险。

年金保险有很多种类:

(1)按缴费方式不同,分为趸缴年金和分期缴费年金。

趸缴年金一次性缴清保险年金,投保人一次性缴清全部保费,从约定的给付日开始,受益人按期领取年金。分期缴费年金是指投保人在保险金开始给付之前分期缴纳保费,从约定的给付开始日起,受益人按期领取年金。

(2)按年金给付开始时间不同,分为即期年金和延期年金。

即期年金是指缴纳所有保费且合同生效以后,保险人立刻按期给付保险金的年金保险。通常即期年金采用趸缴方式缴纳保费。延期年金是指保险合同生效后,经过一段时间或被保险人达到一定年龄后,保险人才开始给付年金的年金保险。这类年金通常在延期期间缴费。

(3)按被保险人不同,分为个人生存年金、联合生存年金和最后生存年金。

个人生存年金的被保险人为独立一人,是以其生存为给付条件的年金。联合生存年金的被保险人为两个或两个以上,以两个或两个以上的被保险人同时生存作为给付条件。最后生存年金是指两个或者两个以上的被保险人中,在约定的给付开始日,至少有一个生存即给付保险年金,直至最后一个生存者死亡为止的年金。但通常此类年金数额在一个被保险人死亡后按约定比例减少金额。

(4)按给付期限不同,分为定期年金、终身年金和最低保证年金。

定期年金是指保险人与被保险人有预定的给付期限的年金。终身年金是指保险人以被保险人死亡为终止给付保险金的时间,只要被保险人生存,被保险人就可以一直领取的保险金。最低保证年金是为了防止被保险人过早死亡而丧失领取年金的权利而产生的年金形式,它具有两种给付方式:一种是按给付年数来保证被保险人及其受益人的利益,若在规定的最少年限内被保险人死亡,被保险人指定的受益人将继续领取年金到期限结束;另一种是退还年金,当年金受领人死亡而其年金领取总额低于年金购买价格时,保险人以现金形式一次或分期退还其差额。

(5)按保险年金给付额是否变动,分为定额年金和变额年金。

定额年金的保险金给付额是固定的,不因市场通货膨胀的存在而变换。因此,定额年金与银行储蓄性质类似。变额年金属于创新型寿险产品,设有投资账户。变额年金的保险年金给付额随投资账户的资产收益变化而不同。通过投资,可以缓解一定的通货膨胀风险。

（三）两全保险

1.两全保险的概念

两全保险是指无论被保险人在保险期内死亡或保险期满时生存,都能获得保险人的保险金给付的保险。它既为被保险人提供死亡保障,又提供生存保障。如果在保险有效期内,被保险人死亡,保险人给付受益人约定数额的死亡保险金;若被保险人生存至保险期满,被保险人得到约定数额的生存保险金。

2.两全保险的特点

(1)责任最全面。两全保险的承保责任最为全面,因为是死亡保险和生存保险的结合,所以被保险人无论是生存还是死亡都可以得到给付。

(2)必然给付保险金。人非生即死,所以保险金的给付是必然的。正因为如此,保险费率也较高。

(3)保单具有现金价值。两全保险与终身寿险类似,保单具有现金价值,保单所有人享有各种由保单的现金价值所带来的权益。

三、特种型人寿保险

（一）家庭收入保险

家庭收入保险的保险责任是在被保险人死亡后向其受益人给付年金,直至保险期满。通常是由有家庭负担的年轻夫妇购买,在被保险人过早死亡的时候能由保险公司负担子女的生活费用,并为被保险人今后购买长期寿险做好准备。如果保险人在保险期满时仍生存,在被保险人以后死亡时,保险公司也会给付相当于保险金额的保险金,甚至给付被保险人临终时的医疗费用和丧葬费用,但保单所有人要继续缴纳保险费。因此,家庭收入保险实际上是终身寿险和保险金额递减的定期寿险的混合。

（二）家庭抚养保险

家庭抚养保险与家庭收入保险不同的是,无论被保险人在保险期内什么时候死亡,保险人都会向其受益人给付相当于保险期年数的年金。

（三）家庭保险

家庭保险向家庭的所有成员提供保障,向作为被保险人的户主提供终身寿险,向其配偶和子女提供定期寿险。子女一般以18岁或21岁为期限,对新生儿自动承保。

（四）多倍保障保险

如果被保险人在约定期内死亡,保险公司向其受益人给付多倍于保险金额的保险金,如果被保险人在约定期满后死亡,保险公司只给付相当于保险金额的保险金。

（五）最后生存者保险

最后生存者保险是一种联合人寿保险,有两个或者两个以上的被保险人,当最后一个被保险人死亡时,保险公司向受益人给付保险金。

（六）简易人寿保险

简易人寿保险是一种保险金额低、不要求体检、保险代理人上门收取保险费的终寿保险。保险费率比普通终身寿险要高。

(七)信用人寿保险

信用人寿保险是以债务人(借款人)为被保险人,以债权人(放款人)或债权人指定的人为受益人的人寿保险。当在债务人清偿贷款之前死亡或完全丧失工作能力时,保险公司负责偿还贷款余额。

四、新型人寿保险

(一)分红保险

分红保险本质上属于传统保险业务。

1.分红保险的概念

分红保险是指保险公司将其实际经营成果优于定价假设的盈余,按照一定比例向保单持有人进行分配的人寿保险产品。这里的保单持有人指的是按照合同约定,享有保险合同利益及红利请求权的人。分红保险、非分红保险以及分红保险产品与其附加的非分红保险产品必须分设账户,独立核算。分红保险采用固定费用率的,其相应的附加保费收入、佣金、管理费用支出等不列入分红保险账户;采用固定死亡率的,其相应的死亡保费收入和风险保额给付等不列入分红保险账户。

2.分红保险产品的主要特征

分红保险产品的主要特征体现在以下几个方面:

(1)保单持有人享受经营成果。分红保险不仅提供合同规定的各种保障,而且保险公司每年要将经营分红险种产生的部分盈余以红利的形式分配给保单持有人。目前,中国保监会规定,保险公司必须将分红保险业务当年可分配盈余的70%分配给客户。这样投保人就可以与保险公司共享经营成果,与非分红保险相比,增加了投保人获利的机会。

(2)客户承担一定的投资风险。由于每年保险公司的经营状况不一样,客户所能得到的红利也不一样。在保险公司经营状况良好的年份,客户会分到较多的红利;如果保险公司的经营状况不佳,客户能分到的红利就会比较少,甚至没有。因此,分红保险使保险公司和客户在一定程度上共同承担了投资风险。

(3)定价的精算假设比较保守。寿险产品在定价时主要以预定死亡率、预定利率、预定费用率三个因素为依据,这三个预定因素与实际情况的差距直接影响寿险公司的经营成果。对于分红保险,由于寿险公司要将部分盈余以红利的形式分配给客户,所以在定价时对精算假设估计较为保守,即保单价格较高,以便在实际经营中产生更多的可分配余额。

(4)保险给付、退保金中含有红利。分红保险的被保险人身故后,受益人在获得投保时约定保额的保险金同时,还可以得到未领取的累积红利和利息。在满期给付时,被保险人在获得保险金额的同时,还可以得到未领取的累积红利和利息。分红保险的保单持有人在退保时得到的退保金也包括保单红利和利息。

3.分红保险保单的红利

分红保险从本质上说是一种保户享有保单余额分配权的产品,即将寿险公司的盈余,如死差益、利差益、费差益等,按一定比例分配给保单持有人。分配给保户的保单盈余,就是通常所说的保单红利。

(1)利源。分红保险的红利实质上是保险公司的盈余。盈余就是保单资产份额高于未来负债的那部分价值。保险公司的精算等相关部门每年都要计算从盈余中可作为红利分配的数额,并由公司基于商业判断决定分配的数额,此决定分配的数额称为可分配盈余。盈余(或红利)的产生是由很多因素决定的,但最为主要的因素是利差益(损)、死差益(损)和费差益(损)。对于以死亡作为给付责任的寿险,死差益(损)是由于实际死亡率小于(大于)预定死亡率而产生的利益(损失);当保险公司的实际投资收益率大于(小于)预定利率时,则产生利差益(损);当保险公司的实际营业费用少于(大于)预计营业费用所产生的利益(损失)时,则产生费差益(损)。

(2)红利分配。中国保监会《个人分红保险精算规定》中关于红利分配的规定具体内容包括:第一,红利分配原则。红利的分配应当满足公平性原则和可持续原则。第二,红利分配的比例。保险公司每一会计年度向保单持有人实际分配盈余的比例不低于当年可分配盈余的70%。第三,红利分配方式。红利分配方式有现金红利分配和增额红利分配两种方式。现金红利分配是指直接以现金的形式将盈余分配给保单持有人的方式。保险公司可以提供多种红利领取的方式,比如现金、抵交保费、累积生息以及购买交清增额等。增额红利分配是整个保险期限内,每年以增加保额的方式分配红利。增加的保额作为红利一旦公布,则不得取消。采用增额红利分配方式的保险公司在合同终止时以现金方式给付终了红利。

(二)投资连结保险

投资连结保险是一种寿险与投资相结合的新型寿险产品。

1.投资连结保险的概念

根据中国保险监管机构的规定,投资连结保险是指包含保险保障功能并至少在一个投资账户拥有一定资产价值的人身保险产品。投资连结保险的投资账户必须是资产单独管理的资金账户。投资账户划分为等额单位,单位价值由单位数量以及投资账户中资产或资产组合的市场价值决定。投保人可以选择其投资账户,投资风险完全由投保人承担。除了有特殊规定外,保险公司投资连结保险的投资账户与其管理的其他资产或其他投资账户之间不得存在债权、债务关系,也不得承担连带责任。

投资连结保险产品的保单现金价值与单独投资账户资产相匹配,现金价值直接与独立账户资产投资业绩相连,一般没有最低保证。大体而言,投资账户的资产免受保险公司其余负债的影响,资产利得或者损失一旦发生,无论其是否实现,都会直接反映到保单的现金价值上。不同的投资账户,可以投资在不同的投资工具上,比如股票、债券等。投资账户可以是外部现有的,也可以是公司自己设立的。除了各种专类基金以供投保人选择外,由寿险公司确立原则,组合投资的平衡式或管理式基金也非常流行。在约定条件外,保单持有人可以在基金间自由转换,而无须支付额外的费用。

2. 投资连结保险的特征

(1)投资账户设置。投资连结保险均设置单独的投资账户。保险公司收到保险费后,按照事先的约定,将保费的部分或全部配进入投资账户,并转换为投资单位。投资单位是为了方便计算投资账户的价值而设计的计量单位。投资单位有一定的价格,保险公司根据保单项下的投资单位数和相应的投资单位价格计算其账户价值。

(2)保险责任和保险金额。投资连结保险作为保险产品,其保险责任与传统保险相似,不仅有死亡、残疾给付,生存保险领取等基本保险责任,一些保险还加入了豁免保险费、失能保险金、重大疾病等保险责任。中国保监会规定投资连结保险必须包括一项或多项保险责任。

投资连结保险的死亡保险金额设计有两种方法:一是选取给付保险金额和投资账户价值两者较大者(方法 A);二是给付保险金额和投资账户价值之和(方法 B)。方法 A 的死亡保险金额在保单年度前期不变,当投资账户价值超过保险金额后,随投资账户价值波动。方法 B 的死亡保险金额随投资账户价值不断波动,但净风险保额(死亡保险金额与投资账户价值之差)保持不变。中国保监会在 2007 年新修改的《投资连结保险精算规定》中规定:"个人投资连结保险在保单签发时的死亡风险保额不低于保单价值的 5%;团体投资连结保险的死亡风险保额不可为零;有年金选择权的投资连结保险的风险保额可以为零。"

(3)保险费。投资连结保险的交费机制具有一定的灵活性。在设计方式上,投资连结保险的交费机制有两种:一种方式是在固定交费的基础上增加保险费限期,即允许投保人不必按约定的日期交费,而保单照样有效,从而避免了超过 60 天宽限期而导致的保险合同的失效。另外,还允许投保人除缴纳约定的保险费外,可以随时再支付额外的保险费,增加了产品的灵活性。另一种方式是取消了交费期限、交费频率、交费数额的概念,投保人可以随时支付任意数额(有最低限额的规定)的保险费,并按约定的计算方式进入投资账户。这种方式对客户的灵活性最高,但是降低了保险公司对保费支付的可控性和可预测性,同时提高了对内部操作系统的要求。

(4)保费的收取。与传统非分红保险及分红保险相比,投资连结保险在费用收取上相当透明。保险公司详细列明了扣除费用的性质和方法,投保人在任何时候都可以通过电脑终端查询。在我国,投资连结保险的费用包括:初始费用,即保险费进入个人投资连结账户之前所扣除的费用;买入卖出差价,即投保人买入和卖出投资单位的价格之间的差价;风险保险费,即保单风险保额的保障成本;保单管理费,即维持保险合同有效向投保人收取的服务管理费用;资产管理费,即按账户资产净值的一定比例收取的费用;手续费,即保险公司在提供部分领取和账户转换等服务时收取的费用;退保费用,即在保单中途退保或部分领取时收取的用于弥补尚未摊销的保单成本费用。2007 年新修订的《投资连结保险精算规定》下调了投资连结保险保单的初始费用,确定了买卖差价,降低了投连险的购买成本。

3.我国投资连结保险产品的特点

我国投资连结保险产品具有以下特点:该产品必须包含一项或多项保险责任;该账户至少连结到一个投资账户上;投资账户的资产单独管理;保险保障风险和费用风险由保险公司承担;保单价值应当根据该保单在每一投资账户中占有的单位数及其单位价值确定;投资账户中对应某张保单的资产产生的所有投资净收益(损失),都应当划归该保单;每年至少应当确定一次保单的保险保障;每月至少应当确定一次保单价值。

(三)万能保险

万能保险是一种交费灵活、保额可调整、非约束性的寿险。

1.万能保险的概念

万能保险保单持有人在缴纳一定量的首期保费后,可以按照自己的意愿选择任何时候缴纳任意数额的保费。只要保单的现金价值足以支付保单的相关费用,有时候甚至可以不再交费。而且,保单持有人可以在具备可保性的前提下提高保额,也可以根据自己的需要降低保额。

万能保险的经营透明度高。保单持有人可以了解到该保单的内部经营情况,可以得到保单的相关因素,如保费、死亡给付、利率、死亡率、费用率、现金价值之间相互作用的各种预期结果的说明。然而,保单经营的透明度高并不意味着保单持有人能对保单价值做出精算估计,只是可以了解保单基金的支配情况。万能保险具有透明度高的一个重要因素是其保单的现金价值与净风险保额是分别计算的,即具有非约束性。保单现金价值每年随保单缴纳情况、费用估计、死亡率及利率的变化而变化。净风险保额与现金价值之和就是全部的死亡给付额。

2.万能保险经营的流程

首先,保单持有人首先缴纳一笔首期保费。首期保费有一个最低限额,首期的各种费用支付首先从保费中扣除。其次,根据被保险人的年龄,按照保险金额计算的死亡给付分摊额以及一些附加优惠条件(如可变保费)等费用,要从保费中扣除。死亡给付分摊额是不确定的,而且常常低于保单预计的最高水平。扣除这些项目以后,剩余部分就是保单最初的现金价值。这部分价值通常是按新投资利率计息累计到期末,成为期末的现金价值。许多万能保险收取较高的首年退保费用以避免保单过早终止。在保单的第二个周期(通常一个月为一个周期),期初的保单现金价值为上一周期期末的保单现金价值额。在这一周期,保单持有人可以根据自己的情况缴纳保费。如果首期保费足以支付第二个周期的费用以及死亡给付分摊额,在第二个周期内保单持有人就可以不缴纳保费。如果前期的现金价值不足,保单就会由于保费缴纳不足而失效。本期的死亡给付分摊及费用分摊也要从上期期末现金价值余额和本期保费中扣除,余额就是第二期期初的现金价值余额。这部分余额按照新投资利率累计到期末,成为第二个周期的期末现金价值余额。这一过程不再重复，一旦现金价值不足以支付死亡给付分摊额及费用，又没有新的保费缴纳，该保单就失效了。

3. 万能保险产品的特征

(1)死亡给付方式

万能保险主要提供两种死亡给付方式，投保人可以选择其中一种。这两种方式习惯上称为 A 方式和 B 方式。A 方式是一种均衡给付方式；B 方式是直接随保单现金价值的变化而改变的方式。在 A 方式中，死亡给付额固定，净风险保额每期都进行调整，是将净风险保额与现金价值之和作为均衡的死亡给付额。这样，如果现金价值增加了，则净风险保额就会等额减少；反之，若现金价值减少了，则净风险保额会等额增加。这种方式与其他传统的具有现金价值给付的保单较为类似。在方式 B 中，规定了死亡给付额为均衡的净风险保额与现金价值之和。这样，如果现金价值增加了，则死亡给付额会等额增加。

在 A 方式中，为避免由于现金价值太高而超过规定的保额，一些保险公司规定了最低净风险保额，从而使总的死亡给付额增加。中国保监会《万能保险精算规定》中规定，在万能保险合同有效期内，若被保险人身故，保险公司可按照身故时该保险年度的保险金额给予保险金，也可以以保单金额与当时个人账户价值之和作为身故给付。在保险合同有效期内，其风险保额应大于零。

(2)保费缴纳

万能保险的投保人可以采用灵活的方式来缴纳保费。保险公司一般会对每次交费的最高和最低限额做出规定，只要符合保单规定，投保人可以在任何时间不定额地缴纳保费。大多数保险公司仅规定第一次保费必须足以涵盖第一个月的费用和死亡成本，但实际上大多数投保人支付的首次保费会远远高于规定的最低金额。这种灵活的交费方式也带来了万能保险容易失效的缺点，这是由于万能保险保单无法强迫投保人缴纳固定保费。为了解决这一问题，保险公司的一般做法是根据保单计划所选择的目标保费，向投保人寄送保费催缴通知书，以提醒其缴费。投保人一般也会同意签发其银行账户每月预先授权提款单据。另一种做法是保险公司按投保人规划的保费金额向投保人寄送保费账单，投保人按账单金额缴纳保费。

(3)结算利率

保险公司为万能保险设立单独账户。首先，万能保险的保单可以提供一个最低保证利率。其次，保险公司为万能保险账户设立平滑准备金，用于平滑不同结算期的结算利率。当万能账户的实际收益率低于最低保证利率时，万能保险的结算利率应当是最低保证利率。最后，保险公司可以自行决定结算利率的频率。

(4)费用收取

万能保险保单可以收取的费用如下：初始费用，即保费进入个人账户之前所扣除的费用；风险保险费，即保单风险保额的保障成本；保单管理费，即为了维持保险合同有效向投保人收取的服务管理费；手续费，即保险公司在提供部分领取等服务时收取的相关管理费用;退保费用,即在保单中途退保或部分领取时保险公司收取的用于弥补尚未摊销的保单成本费用。

第三节　人身意外伤害保险

一、人身意外伤害保险的概念与特征

(一)人身意外伤害保险的概念

人身意外伤害保险是指以意外伤害而致身故或残疾作为给付保险金条件的人身保险。投保人向保险人缴纳一定的保险费,如果被保险人在保险期限内遭受意外伤害,并在自遭受意外伤害之日起的一定时期内造成死亡、残疾时,保险人应该按照合同的约定给付被保险人或其受益人保险金。人身意外伤害保险的含义至少包含以下三层意思:

1.必须有客观的意外事故发生,且事故原因是意外的、偶然的、不可预见的。

2.被保险人必须有因客观事故造成死亡或残疾的结果。

3.意外事故的发生和被保险人遭受人身伤亡的结果之间存在着内在的、必然的联系,即意外事故的发生是被保险人遭受伤害的原因,而被保险人遭受伤害是意外事故发生的后果。

案例 5-3

康先生是一名外地来京的打工人员。2002 年 10 月康先生经介绍,为自己投保了某保险公司人身意外伤害保险,保额为 10 万元。2003 年 7 月 15 日,康先生和一位同乡在回龙观附近的铁轨上坐着聊天,恰在此时,4433 次列车途经此地,司机发现前方铁轨上有两个人,鸣笛示警并采取紧急减速制动措施,但制动距离过长,高速行驶的火车还是将二人刮倒,列车工作人员将二人抬上列车送往附近的南口铁路医院抢救,但在前往医院途中康先生因头部伤势过重死亡。保险公司在接到被保险人康先生家属的报案后迅速展开了事故调查取证工作,证实了此次事故确实属于意外事故,不存在保险条款规定的责任免除事项,及时向受益人支付了意外身故保险金 10 万元。

资料来源:希财官网保险频道

(二)人身意外伤害保险的特征

1. 人身意外伤害保险的保险责任

意外死亡给付和意外伤残给付是人身意外伤害保险的基本保险责任。疾病导致被保险人的死亡和残疾不属于人身意外伤害保险的保险责任。

2. 人身意外伤害保险的保险费率厘定

人身意外伤害保险的纯保险费率是根据保险金额损失率计算的。与人寿保险的被保险人的死亡概率取决于年龄不同,人身意外伤害保险的被保险人遭受意外伤害的概率取决于其职业、工种或所从事的活动,一般与被保险人的年龄、性别、健康状况无必然的

内在联系。在其他条件都相同的情况下,被保险人的职业、工种、所从事活动的危险程度越高,应交的保险费就越多。因此,人身意外伤害保险的费率厘定不以被保险人的年龄为依据,而被保险人的职业、工种是人身意外伤害保险费率厘定的重要因素。另外,人身意外伤害保险属于短期保险,保险期限一般不超过1年,因此,人身意外伤害保险的保险费计算一般也不考虑预定利率的因素。基于这一特点,人身意外伤害保险保险费的计算原理近似于非寿险,即在计算人身意外伤害保险费率时,应根据意外事故发生频率及其对被保险人造成的伤害程度,对被保险人的危险程度进行分类,对不同类别的被保险人分别厘定不同的保费费率。

3. 人身意外伤害保险的承保条件

相对于其他业务,人身意外伤害保险的承保条件一般较宽,高龄者也可以投保,而且对被保险人不必进行体格检查。

4. 人身意外伤害保险的保险期限

人身意外伤害保险的保险期较短,一般不超过1年,最多3年或5年。但是,有些意外伤害造成的后果却需要一定时期以后才能确定。因此,人身意外伤害保险有一个关于责任期限的规定,即只要被保险人遭受意外伤害的事件发生在保险期限内,自遭受意外伤害之日起的一定时期内即责任期限内(通常为90天、180天或1年)造成死亡或残疾的后果,保险人就要承担给付保险金的责任。即使在死亡或者被确定为残疾时保险期限已经结束,只要未超过责任期限,保险人就要承担给付保险金的责任。

5. 人身意外伤害保险金的给付

人身意外伤害保险属于定额给付保险。在人身意外伤害保险中,死亡保险金的数额是保险合同中约定的,当被保险人死亡时如数给付;残疾保险金的数额多按保险金额的一定百分比给付,一般由保险金额和残疾程度两个因素确定。

6. 人身意外伤害责任准备金的计算

人身意外伤害保险在责任准备金的提存和核算方面,往往采取非寿险责任准备金的计算原理,即按当年保险费收入的一定百分比(如40％、50％)计算。

二、人身意外伤害保险的可保风险分析

人身意外伤害保险承保的风险是意外伤害,但是并非一切意外伤害都是人身意外伤害保险所能承保的。按照是否可保划分,人身意外伤害可以分为不可保意外伤害、特约承保意外伤害和一般可保意外伤害三种。

(一)不可保意外伤害

不可保意外伤害也可理解为意外伤害保险的除外责任,即从保险原理上讲,保险人不应该承保的意外伤害。如果承保,则违反法律的规定或违反社会公共利益。不可保意外伤害一般包括:

1. 被保险人在犯罪活动中所受的意外伤害

意外伤害保险不可承保被保险人在犯罪活动中所受到意外伤害的原因：第一，保险只能为合法的行为提供经济保障，只有这样，保险合同才是合法的，才具有法律效力。一切犯罪行为都是违法的，所以对被保险人在犯罪活动中所受的意外伤害不予承保。第二，犯罪活动具有社会危害性，如果承保被保险人在犯罪活动中所受的意外伤害，即使意外伤害不是由犯罪行为直接造成的，也违反社会公共利益。

2. 被保险人在寻衅斗殴中所受的意外伤害

寻衅斗殴是指被保险人故意制造事端挑起的斗殴。寻衅斗殴不一定构成犯罪，但具有社会危害性，属于违法行为，因而不能承保，其道理与不承保被保险人在犯罪活动中所受的意外伤害相同。

3. 被保险人故意行为造成的意外伤害

醉酒、吸食（或注射）毒品（如海洛因、鸦片、大麻、吗啡等麻醉剂、兴奋剂、致幻剂）后发生的意外伤害。醉酒或吸食（或注射）毒品对被保险人身体的损害是被保险人的故意行为所致，不属于意外伤害。

4. 被保险人的自杀行为造成的伤害

由于被保险人的自杀行为造成的伤害，在意外伤害保险条款中应明确列为除外责任。

(二)特约承保意外伤害

特约承保意外伤害，从保险原理上讲可以承保，但保险人考虑到保险责任不易区分或限于承保能力，只有经过投保人与被保险人特别约定，有时还要另外加收保险费后才予以承保。特约承保意外伤害包括：

1. 战争造成的意外伤害

由于战争使被保险人遭受意外伤害的风险过大，保险公司一般没有能力承保。战争是否爆发、何时爆发、会造成多大范围的人身伤害，往往难以预估，保险公司一般难以拟定保险费率。所以，对于战争使被保险人遭受的意外伤害，保险公司一般不予承保，只有经过特别约定并另外加收保险费后才能承保。

2. 剧烈活动造成的意外伤害

被保险人从事体育活动或比赛时，会使其遭受意外伤害的概率大大增加，因而保险公司一般不予承保，只有经过特别约定并另外加收保险费后才能承保。

3. 核辐射、医疗事故造成的意外伤害

如果发生大的核爆炸，往往会造成较大范围的人身伤害。从技术上和承保能力上考虑，保险公司一般不承保核辐射造成的意外伤害。

医疗事故造成的意外伤害包括如医生误诊、药剂师发错药品、检查时造成的损伤、手术切错部位等。意外伤害保险的保险费率是根据大多数被保险人的情况制定的,而大多数被保险人身体是健康的,只有少数患有疾病的被保险人才存在因医疗事故遭受意外伤害的风险。为了使保险费的确定公平合理,保险公司一般不承保医疗事故造成的意外伤害。

对于上述特约承保意外伤害在保险条款中一般列为除外责任,经投保人与保险人特别约定承保后,由保险公司在原保单上加批注或附贴批单,对该项除外责任予以剔除。

(三)一般可保意外伤害

一般可保意外伤害,即在一般情况下可承保的意外伤害。除不可保意外伤害、特约承保意外伤害以外,均属于一般可保意外伤害。

第四节　健康保险

一、健康保险的概念与特征

(一)健康保险的概念

健康保险是以被保险人的身体为保险标的,使被保险人在疾病或意外事故所致伤害时发生的费用或损失获得补偿的一种保险。健康保险并不是保障人的身体不受疾病困扰,它所承保的疾病风险必须是非明显外来原因造成、非先天原因造成、非长期存在原因造成的。其承保内容广泛而复杂,通常情况下,凡不属于人寿保险和意外伤害保险的人身保险,都可以归类其中。

案例 5-4

柯女士在其小孩贝贝读初中的时候为其投保了一份寿险附加住院医疗险。最近贝贝在跑步时突然晕倒,到医院详细检查后发现其得的是先天性心脏病,必须住院治疗。但是保险公司以柯女士"没有如实告知"为由拒绝理赔,甚至还退还所缴保费并拒保。那么保险公司到底应不应该赔付呢?

经了解后得知,先天性疾病的理赔问题大致可分为以下两种:一是保户在投保前,并不知道自己患有先天性疾病,因此在投保时也不可能告知,但投保后却因先天性疾病住院,其产生的医疗费用,保险公司不理赔;另一种情况是被保险人的医疗与死亡原因是否是由先天性疾病引起。保险公司如果不理赔先天性疾病,必须在健康保险合同条款上,将不承保的先天性疾病的具体名称列明,这样才能避免理赔问题的发生。像贝贝的情况,保险公司必须证明在订立合同前,曾经有就诊记录或发病事实,否则保险公司必须理赔,消费者可以据理力争。

专家提醒投保人在购买健康险时一定要注意如实告知自己的健康状况,以及以前发生过的疾病,以免遭遇拒赔的情况。

（二）健康保险的特征

1. 保险期限短

除重大疾病等保险以外,绝大多数健康保险尤其是医疗费用保险常为一年期的短期合同。

2. 精算复杂

健康保险产品的定价主要考虑疾病率、伤残率和疾病（伤残）持续时间。健康保险费率的计算以保险金额损失率为基础,年末未到期责任准备金一般按当年保费收入的一定比例提存。此外,等待期、免责期、免赔额、共付比例和给付方式、给付限额也会影响最终的费率。

3. 健康保险的给付

关于"健康保险是否适用补偿原则"问题,不能一概而论,费用型健康保险适用该原则,是补偿性的给付;而定额给付型健康保险则不适用,保险金的给付与实际损失无关。

4. 经营风险的特殊性

健康保险经营的是伤病发生的风险,其影响因素远比人寿保险复杂,逆向选择和道德风险都更严重。此外,健康保险的风险还来源于医疗服务提供者,医疗服务的数量和价格在很大程度上由他们决定,作为支付方的保险公司很难加以控制。

5. 成本分摊

由于健康保险具有风险大、不易控制和难以预测的特性,因此,在健康保险中,保险人对所承担的疾病医疗保险金的给付责任往往带有很多限制或制约性条款。

6. 合同条款的特殊性

健康保险无须指定受益人,且被保险人和受益人常为同一个人。

健康保险合同中,除适用一般寿险的不可抗辩条款、宽限期条款、不丧失价值条款等外,还适用一些特有的条款,如既存状况条款、转换条款、协调给付条款、体检条款、免赔额条款、等待期条款等。

7. 健康保险的除外责任

健康保险的除外责任一般包括战争或军事行动,故意自杀或企图自杀造成的疾病、残废、死亡,堕胎导致的疾病、残废、死亡等。

二、健康保险的特定条款

（一）责任期限

责任期限是意外伤害保险和健康保险的特有概念,是指被保险人遭受意外伤害之日起一定时期内（90 天或 180 天）。在此期间,被保险人因意外伤害导致的死亡、残疾、医疗费用或收入损失由保险人承担。

（二）观察期条款

观察期条款也称试保期条款,是指健康保险合同成立之后到正式开始生效之前的一段时间。由于保险人仅凭过去的病例无法获知被保险人是否还有隐性疾病,这无形增加了承保人的承保风险。所以为了保证承保人的利益,一般在首次投保后有一个观察期

(90 天或 180 天)。在观察期内所确定的疾病都推定为以前就患有,其所支出的医疗费或所致收入损失保险人不负责,只有观察期结束后保险单才正式生效。及时续保的健康保险合同不再设置观察期。

(三)等待期条款

等待期条款也称待赔期条款,是指健康保险中因疾病、生育及其导致的疾病、全残、死亡发生后到保险金给付之前的一段时间。等待期的时间长短视健康保险种类及其规定而有所不同。

(四)冷静期

冷静期是指投保人签单之日起 10 日内的一段时间,投保人可以无条件地要求保险公司退还保险费,保险公司可最多收取 10 元成本费。

(五)免赔额条款

在健康保险合同中通常对医疗费用保险有免赔额条款的规定,在规定的免赔额以内的医疗费用支出由被保险人自己负担,保险人不予赔付。

(六)共保比例条款

共保比例条款也称共同分担条款,类似于保险人与被保险人的共同保险,它是指按照医疗保险合同约定的一定比例,由保险人与被保险人共同分摊被保险人医疗费用的保险赔偿方式。

(七)给付限额条款

由于健康保险的个体差异很大,所以医疗费用支出差异也很大。为了保证双方利益,补偿性的健康保险合同通常实行补偿性原则,即对于医疗保险金的给付一般有最高给付限额的规定。

(八)连续有效条款

为方便客户获得保险保障,对于有些希望长期投保健康保险的客户,保险人一般可以在保险单中设定保单连续有效的条款。

三、健康保险的种类

(一)医疗保险

医疗保险是提供医疗费用保障的保险,它是健康保险的主要内容之一。常见的医疗保险有:

1.普通医疗保险

普通医疗保险是给被保险人提供治疗疾病相关的一般性费用的保险。该险种面对社会大众,保费较低,在实际中存在医疗费用与检查费用支出难控制的问题,所以在保单中一般有免赔额与比例给付的规定。

2.住院保险

由于住院所发生的费用是相当大的,所以将住院费用单独划分为一项保险。比如床位费、设备费、手术费等。住院时长直接影响到费用的高低,所以这种保险金额根据病人平均住院费用情况而定。为了控制长期没必要的住院,这种保单一般规定保险人只负责所有费用的一定百分比(如 85%)。

3. 手术保险

手术保险承保必要手术发生的费用,一般负担所有手术费用。

4. 综合医疗保险

综合医疗保险是保险人为被保险人提供的一种全面的医疗费用保险,其费用范围包括医疗和住院、手术等一切费用。这种保单的保费一般较高。一般确定一个较低的免赔额连同适当的分担比例(如80%)。

> **案例 5-5**
>
> 周小姐念大学的时候母亲为她买了一份A公司的寿险附加住院保险,其中医疗险每次最高限额为2 000元,根据实际损失赔付。前两年,经过B公司代理人建议,周小姐选择了另一份住院保险,保障额度为5 000元,同样根据实际损失赔付。最近,周小姐生病住院,一共花费了1 800元,在A公司处得到顺利理赔,B公司却以"重复保险"为由拒绝理赔。周小姐不明白为何只能得到一份赔付。
>
> 其实,医疗费用类的保险是为了弥补伤害,如果想要靠多份保险获得多份赔付,甚至超过损失金额是不可能的。在实际理赔中,通常会先扣除社会保险金额,对余下部分进行理赔,受益人在申请时必须提供收据正本,而非复印件。周小姐因为无法出具证明,所以无法在B公司获得理赔。
>
> 如果周小姐想要提高保险金额,可以选择补贴型住院保险,这样不会产生不正当收益,也不会重复投保。

(二)收入补偿保险

收入补偿保险是指以因意外伤害、疾病导致收入中断或减少为给付保险金条件的保险,具体是指当被保险人由于疾病或意外伤害导致残疾,丧失劳动能力不能工作以致失去收入或减少收入时,由保险人在一定期限内分期给付保险金的一种健康保险。收入补偿的方式一般有以下几种:

1. 按月或周给付

按月或周给付根据被保险人的选择而定,每月或每周可提供金额一致的收入补偿。

2. 按给付期限给付

给付期限为收入补偿保单支付保险金最长的时间,可以是短期或长期的,因此有短期失能及长期失能两种形态。短期补偿是为了补偿在身体恢复前不能工作的收入损失,而长期补偿则规定较长的给付期限,这种一般是补偿完全残废而不能恢复工作的被保险人的收入。

3. 按推迟期给付

推迟期也称免责期,是指在残疾失能开始后无保险金可领取的一段时间,即残废后的前一段时间,类似于医疗费用保险中的免责期或自负额,在这期间不给付任何补偿。推迟期一般为3个月或6个月,由于时间短,被保险人还可以维持生活,同时也可以起到减少保险成本的作用。

（三）护理保险

护理保险是指为那些因年老、疾病或伤残需要被长期照顾的被保险人提供护理服务费用补偿的保险。中国老龄化问题严重,同时因为独生子女政策所带来的后遗症使老年护理在我国越来越受到重视。目前,我国保险市场上也推出了部分护理保险产品,如"太平盛世附加护理健康保险""安安长期护理健康保险""中意附加老年重大疾病长期护理健康保险"等。但这些险种基本上都是针对老年人的护理问题,并且是作为其他人身险的附加险出现,其运作方式与养老类保险大同小异,和真正意义上的护理保险还有较大的差距。

长期护理保险的保险范围包括医护人员看护、中级看护、照顾式看护和家中看护四个等级,但是早期的长期护理保险产品不包括家中看护。不同等级的保单之间给付水平存在很大差别,但是多数没有防范通货膨胀的条款,随着通货膨胀水平的提高,保险金给付水平也应相应提高。

本章小结

1.人身保险是商业保险的重要组成部分。由于人身保险的保险标的是人的寿命和身体,具有其特殊性,因此,人身保险具有区别于其他险种的特点。人身保险的特点可以从人身保险事故、人身保险产品和人身保险业务等方面来比较。按照不同的标准,人身保险可以划分为不同的类型。

2.人寿保险是人身保险的主要部分。人寿保险以人的生命为保险标的,具有生命风险相对稳定性、保险期限长期性、实行均衡保费制、保单具有储蓄性等特点,主要包括传统型人寿保险、创新型人寿保险等。

3.人身意外伤害保险是以人的身体为保险标的,是以意外伤害而致身故或残疾为给付保险金条件的人身保险。判定意外伤害须遵从三重规定。人身意外伤害保险与财产保险在多方面有类似之处。

4.健康保险是以人的身体为对象,保证被保险人在疾病或意外事故所致伤害时的费用或损失获得补偿的一种保险。与其他人身保险相比较,健康保险具有自身的特点,健康保险的种类主要有医疗保险和收入补偿保险。

关键术语

人身保险　人寿保险　人身意外伤害保险　健康保险　死亡保险　定期寿险　终身寿险　生存保险　年金保险

复习思考题

1.人身保险的特殊性主要表现为哪些方面?
2.简述人身意外伤害保险的内涵及其特点。
3.健康保险与人身意外伤害保险的区别?
4.请从保险人的角度分析团体保险的优点。

案例讨论1

寿险保单"击退"债主,零岁小孩能否顺利继承百万遗产

重庆市一对做家电生意的年轻夫妻,在一次进货途中,遭遇车祸双双身亡,消息传出后,债主纷纷上门,一时间,家里值钱的物品被一搬而空,稍晚赶到的银行只能空手而归。后银行获悉这对夫妻生前曾各自投保过人寿保险,保额各为50万元人民币,合计100万元,均指定他们未满周岁的唯一儿子为受益人。为讨回80万元的贷款,银行将其告上了法院。

问:未满周岁的唯一受益人能否享有百万保险金额赔款?

案例讨论2

被保险人因病猝死是否属于意外伤害

2009年12月26日,投保人黄某以自己为被保险人向某保险公司投保了人身意外伤害保险,保险金额分别为意外伤害50 000元和意外医疗10 000元,保险期间自2009年12月27日起至2010年12月26日。2010年8月9日凌晨,黄某到其亲友家串门时突然死亡。经当地公安局现场勘查并由法医对黄某进行体表检查,未发现有明显机械性损伤和中毒迹象,由此认定黄某的死亡原因为突发疾病猝死。后被保险人家属向保险公司提出索赔,双方就被保险人黄某某身故是否属于保险责任范围产生争议而成诉。

问:被保险人因病猝死能否认定为意外伤害?

第六章

财产保险

　　财产保险是以财产、经济收益和损害赔偿为保险标的的保险,与人身保险大不相同。它是现代保险业的两大种类之一,起源于共同海损分摊制度,经过海上保险、火灾保险时代;18世纪,因工业保险与汽车保险的出现和普遍发展而跨入现代保险阶段;19世纪末产生的责任保险和20世纪下半叶出现的科技保险使现代财产保险实现了新的飞跃。随着我国经济的发展,财产保险的范围也越来越广泛,已经涉及经济领域的各个行业中,为稳定经济发展起到了保驾护航的作用。

　　通过本章节学习,应了解财产保险的概念、业务分类,掌握企业财产保险、家庭财产保险、运输工具保险、工程保险、责任保险、信用保证保险等不同财产保险业务的内容和条款约定,包括标的、保险金额、保障范围、赔偿方法等。

第一节　财产保险概述

　　财产保险又称为损害保险。按照标的来分,广义的财产保险是人身保险之外一切的保险业务的统称,通常被分为三类:第一类是以有形物质财产为标的的财产保险;第二类是以物质财产有关的利益为标的的财产保险;第三类是以损害赔偿责任为标的的财产保险。

一、财产保险的概念

　　对于财产保险的概念界定,不同的学者有着不同的阐述,总的来说分为两种:一种是根据经营业务的范围把财产保险分为广义财产保险与狭义财产保险。其中,广义财产保险是指包括各种财产损失保险、责任保险、信用保证险等业务在内的一切非人身保险业务;而狭义财产保险则仅指各种财产损失保险,它强调保险标的是各种具体的财产物资,如火灾保险、运输工具保险、货物运输保险、工程保险等。另一种是根据标的的实虚把财产保险分为有形财产保险和无形财产保险。其中,有形财产保险是指以有形物质为保险标的的财产保险,保险标的即包括各种有形的物质财产(如厂房、机械设备、运输工具、产成品等)。无形财产保险则是指以各种没有实体但属于投保人或被保险人的合法利益为保险标的的保险,如责任保险、信用保险、利润损失保险业务等。

　　在国际上,财产保险及相关保险业务在不同国家被称为产物保险(新加坡等)、损害保险(美国,日本等)或非寿险(欧洲),这些概念与中国的财产保险概念存在着一些差别。如产物保险强调以各种财产物资为保险标的,经营业务范围较窄;而非寿险则将各种短期性的人身保险业务包括在内,范围最广。不过,根据各种保险业务的性质和经营规则将整个保险业划分为非寿险和寿险,是一种国际惯例。

我国的《保险法》将保险业直接业务划分为财产保险与人身保险两大类,显然与国际流行的划分即寿险与非寿险两大类存在着差异。不过,这种差异主要表现在业务经营范围的大小方面,而不会造成对财产保险性质等方面认识的偏差。按照我国《保险法》的规定,经营财产保险业务的保险公司经国务院保险监督管理机构批准,可以经营短期健康保险业务和意外伤害保险业务。

二、财产保险的分类

(一)按实施形式划分

按照实施形式划分,财产保险可以分为强制保险和自愿保险。强制保险是指以国家法律、法规或行政命令为依据建立的保险关系,如我国的机动车辆第三者责任保险;自愿保险是指投保人与保险人在平等自愿的基础上协商建立的保险关系,我国绝大部分的险种都是自愿保险。

(二)按承保方式划分

按照承保方式划分,财产保险分为原保险、再保险、共同保险和重复保险。原保险是投保人与保险人直接建立保险关系的保险;再保险是保险人之间建立保险关系的保险,即保险人将其承担的保险业务,以投保方式部分转移给其他保险人承担,以达到分散风险、稳定经营的目的;共同保险是指保险标的的风险由两个或两个以上的风险责任者共同承担;重复保险是投保人就同一保险标的、同一保险利益、同一保险事故与两个以上保险人订立保险合同,且保险金额总和超过保险价值的保险。

(三)按保险价值划分

按照保险价值划分,财产保险可以分为定值保险和不定值保险。定值保险是指保险合同双方当事人事先确定保险标的的价值,并在合同中载明,以确定保险金最高限额的财产保险合同。不定值保险是指双方当事人在订立保险合同时只列明保险金额,不预先确定保险标的的价值,须至危险事故发生后,再行估计其价值而确定其损失的保险合同。我国《保险法》第五十五条规定:"投保人和保险人约定保险标的的保险价值并在合同中载明的,保险标的发生损失时,以内定的保险价值为赔偿计算标准。投保人和保险人未约定保险标的的保险价值的,保险标的发生损失时,以保险事故发生时保险标的的实际价值为赔偿计算标准。"业内人士把上述规定中的前者称为定值保险,后者称为不定值保险。

(四)按保险标的划分

按照保险标的划分,财产保险包括财产损失保险、责任保险、信用保证保险。财产损失保险是以各种有形物质财产及与财产相关的经济利益为保险标的的财产保险;责任保险是以被保险人对第三者依法应负的赔偿责任为保险标的的保险;信用保证保险以各种商业信用作为保险标的。其中,财产损失保险包括:各种火灾保险,如团体火灾保险、家庭财产保险等;各种运输保险,如机动车辆保险、飞机保险、船舶保险、货物运输保险等;各种工程保险,如建筑工程保险、安装工程保险、科技工程保险等。

三、财产保险的特征

财产保险的特征主要体现在以下几个方面：

(一)保险标的的特殊性

广义财产保险按保险标的具体存在的形态通常可划分为有形财产、无形财产或有关利益。有形财产是指厂房、机器设备、机动车辆、船舶、货物、家用电器等；无形财产或有关利益是指各种费用、产权、预期利润、信用责任等。狭义财产保险的标的仅指有形财产中的一部分普通财产，例如，企业财产保险的保险标的等。财产保险的标的必须是可以用货币衡量价值的财产或利益，而无法用货币衡量价值的财产或利益不能作为财产保险的标的，如空气、江河、国有土地等。

(二)经营内容的复杂性

财产保险所要处理的风险是多种多样的，各种自然灾害、意外事故、法律责任以及信用均可作为财产保险承保的风险和保险责任。在财产保险中，由于保险标的的复杂性和多样性，风险事故的发生也表现出不同的形态，既包括暴风、泥石流、滑坡、洪水等自然灾害，也包括火灾、爆炸、碰撞、盗窃、违约等意外事故。风险事故所造成的损失，包括直接的物质损失、赔偿责任，也包括间接的费用损失、利润损失等。在经营内容方面具有复杂性，具体而言体现在以下三个方面：(1)投保对象与承保标的复杂。(2)承保过程与承保技术复杂。如在承保前危险检查、保时严格核保、保险期间内需要防灾防损和保险事故发生后的理赔查勘等，需要掌握汽车、工程方面的技术和法律规范方面的知识。(3)危险管理复杂。通常要进行严格的风险评估和量化，并通过再保险来分散风险。

(三)保险利益的特殊性

财产保险的保险利益产生于人与物间的关系，即投保人与保险标的之间的关系；在财产保险中，保险利益有量的规定性，不仅要考虑投保人对标的有没有保险利益，还要考虑保险利益的额度。投保人对保险标的的保险利益仅限于保险标的的实际价值，因此保险金额须以财产的实际价值为限，保险金额超过财产的实际价值部分将因投保人无保险利益而无效。另外，财产保险的保险利益要求在保险事故发生时必须具有，如果在保险事故发生时被保险人对保险标的不具有保险利益，被保险人不得向保险人请求赔偿保险金。

(四)保险金额确定的特殊性

财产保险的保险金额的确定一般参照保险标的的实际价值，或者根据投保人的实际需要参照最大可能损失、最大可预期损失确定其所购买的财产保险的保险金额。确定保险金额的依据即保险价值，保险人和投保人在保险价值限度以内，按照投保人对该保险标的存在的保险利益程度来确定保险金额，作为保险人承担赔偿责任的最高限额。由于各种财产都可依据客观存在的质量和数量来计算或估计其实际价值的大小，因此，在理论上，财产保险保险金额的确定具有客观依据。

(五)保险期限的特殊性

大部分财产保险的保险期限较短。通常，普通财产保险的保险期限为1年或者1年之内，并且保险期限就是保险人实际承担保险责任的期限。不过也有一些特殊的情况。

例如,在工程保险中,尽管在保单上也有一个列明的保险期限,但保险人实际承担保险责任的起止点往往要根据工程的具体情况,保险责任的起止点可以向前追溯至运输期和制造期,向后延至试车期、保证期和潜在缺陷保证期,即工程保险的保险期限实际上包括制造期、运输期、主工期、试车期、保证期和潜在缺陷保证期。在货物运输保险和船舶保险中,保险期限实际是一个空间范围。我国海上货物运输保险保险期限的确定依据是"仓至仓条款",即保险人对被保险货物所承担责任的空间范围是从货物运离至保险单所载明的目的港收货人的仓库时为止;在远洋船舶航程保险中,保险期限以保单上载明的航程为准,即自起运港到目的港为保险责任的起讫期限。

(六)保险合同的特殊性

财产保险合同属于经济补偿合同,保险人只有在合同约定的保险事故发生并造成被保险人的财产损失时才承担经济补偿责任,而且补偿的额度以被保险人在经济利益上恢复到损失以前的状况为限,不允许被保险人额外获利。因此,在财产保险合同中,尽管可能出现超额保险、不足额保险,也可能出现重复保险的现象,但是保险人在赔付过程中都会按照损失补偿原则进行处理。例如,对于重复保险对损失进行分摊;对于不足额保险实行比例赔付;对由于第三者的行为导致被保险人遭受保险责任范围内的损失时,保险人先行赔偿,再依法行使代位求偿权。

第二节 火灾保险

火灾保险制度起源于14~15世纪德国陆上的火灾"基尔特"制度。1666年的伦敦大火是火灾保险发展史上的第一个重大事件,这场火灾几乎烧毁了伦敦城,它不仅给人们带来了火灾危害的惨烈教训,更促使人们通过建立火灾保险制度,提供灾后经济补偿来化解火灾危险。18世纪以后的机器大生产而引出的工业保险则使火灾保险迈入了新的发展阶段。经过了几百年的发展,火灾保险作为最基本的承保业务,不仅是保险人立足市场的基础,而且一直是保险客户转嫁危险损失的首选险种。

一、火灾保险的概念和特点

(一)火灾保险的含义

火灾保险已经经过几百年的发展,在不同国家衍生出不同的保险概念和范畴,狭义的财产保险是以存放在固定地点的各种财产作为保险标的,对其因火灾以及其他所保风险引起的损失由保险人给予经济补偿的保险。由于此类保险最早是以火灾为主要承保风险,因此又被称为火灾保险。最初的火灾保险,又称为火险,是指以存放在固定场所并处于相对静止状态的财产物资为保险标的的一种财产保险。它因只承保陆上财产的火灾危险而得名,但后来却发展到了承保各种自然灾害与意外事故,因此,就保险责任而言早已超出了当初火灾保险的范围,但保险界仍然保留着对此类业务的传统叫法。

(二)火灾保险的特点

火灾保险是一种传统的、独立的保险业务,其独立存在并发展至今的事实即该业务具有不同于其他保险业务的特点并无法用其他保险险种来替代的具体体现。根据火灾

保险的实践,我们可以总结出火灾保险具有如下特征:

1.火灾保险的保险标的是陆上处于相对静止状态条件下的各种财产物资,动态条件下或处于运输状态中的财产物资不能作为火灾保险的投保标的投保;

2.火灾保险承保财产的存放地址是固定的,被保险人不得随意变动,如果被保险人随意变动被保险财产的存放地址或处所,将直接损害保险合同的效力,保险人可以因此对保险损失拒绝赔偿;

3.保险危险相当广泛,不仅包括各种自然灾害与多种意外事故,而且可以附加有关责任保险或信用保证保险,企业还可以投保附加利润损失保险,而家庭更是普遍需要投保或附加盗窃危险保险等。由此可见,火灾保险的承保危险通过基本险和附加险的组合,实际上覆盖了绝大部分可保危险。

二、火灾保险的内容

(一)火灾保险的适用范围

从保险业务来源角度看,火灾保险是适用范围最广泛的一种保险业务,因为任何组织或家庭、个人均有着自己的财产物资或代替他人管理的财产物资,并均会遇到各种风险,从而需要向保险公司转嫁自己的风险。因此,各种企业、团体机关单位均可以投保团体火灾保险;所有的城乡居民家庭和个人都可以投保家庭财产保险。

就保险标的范围而言,火灾保险的可保财产包括:房屋及其他建筑物和附属装修设备,各种机器设备、工具、仪器及生产用具,管理用具及低值易耗品、原材料、半成品、在产品、产成品或库存商品和特种储备商品,以及各种生活消费资料等。对于某些市场价格变化大、保险金额难以确定、风险较特别的财产物资,如古物、艺术品等,则需要经过特别约定的程序保险人才能承保。对不能用货币衡量其价值的财产或利益、非实际的物资(如货币等)、非法财产以及应当投保其他险种的财产物资,均不在火灾保险的承保范围内,如生长期农作物只能投保农业保险,各种交通运输工具则通常投保专门的运输工具保险等。

(二)火灾保险的责任范围

我国火灾保险的保险责任包括:(1)火灾、爆炸、雷电。(2)其他灾害事故,如洪水、台风、暴风、暴雨、泥石流、海啸、雪灾、冰雹、冰凌、崖崩、滑坡等。地震是可以承保的风险,但是许多国家保险公司往往将其单独列出来承保,以便控制这类特殊风险。(3)合理必要的措施而造成保险财产损失和施救、保护、整理措施而支付的合理费用。(4)列明承保的各种意外事故,如飞行物体及空中运行物体的坠落、被保险人的电气设备因火灾发生的意外等。

火灾保险的保险责任范围一般分为基本责任、特约责任和责任免除。不同国家划分不同,我国火灾保险分为火灾保险基本险和火灾保险综合险。一般标准火灾保险单的保险责任分为:标准火灾保险单项下直接承保的责任,如火灾、爆炸、雷击;标准火灾保险单项下扩展承保的责任,如飓风、台风、龙卷风、风暴、暴雨、洪水、冰雹、地崩、雪崩、火山爆发、地面下沉、水箱或水管爆裂、盗窃。责任免除分为基本免除与特定免除。如我国财产保险基本险条款和财产保险综合险条款对下列基本的责任免除原因所导致的保险标的损失不予赔偿:战争、敌对行为、军事行动、武装冲突、罢工、暴动;被保险人及其代表的故意行为或纵容行为;保险标的自身的缺陷、保管不善而致的损失,以及变质、霉烂、受潮及自然磨损等;核污染和放射性污染。

(三)火灾保险的费率

火灾保险的费率,通常以每千元保额为计算单位,费率的表达形式为千分率。

火灾保险费率由以下因素决定:(1)建筑结构及建筑等级。根据建筑行业的有关规章,按其质量与抗风险能力从高到低,建筑物通常被划分为一等、二等、三等;(2)占用性质。建筑物的使用性质不同,风险也不同;(3)防护。防护包括消防设备和人员的培训;(4)地理位置。建筑物的地点和周围环境,建筑物因四周环境燃烧的可能性越大,则引起火灾的可能性就越大;(5)承保风险的种类。承保风险的种类越多,则保险人承担的责任越大,反之亦然。此外,对保险人而言,以往承保业务的损失记录亦是确定现时费率的重要参考依据。

火灾保险业务的费率分类可分为团体火灾保险费率与家庭财产保险费率,它们均采取固定差级费率制度。团体火灾保险的费率,还需要根据具体的业务归类为工业费率、分储险费率和普通险费率三类,每一类费率又根据上述因素的不同而分为若干等级,在承保时依具体的业务选择使用的费率标准。同时,火灾保险的费率通常以一年期的费率为标准费率,对不足一年的业务则制定专门的短期费率标准,短期费率标准一般按照一年期费率标准的一定百分比确定。

(四)火灾保险的保险金额

保险金额是保险人对被保险人的保险财产遭受损失时,负责赔偿的最高限额,也是投保人缴纳保费的依据。法人团体投保标的的保险金额,一般都以账面价值为基础确定,但因财产种类不同,其计算方式也有所不同。在实务中按固定资产与流动资产分别加以确定。

1. 固定资产的保险金额

固定资产是法人单位尤其是企业生产经营的物质基础,从而是团体火灾保险中的主要内容。团体火灾保险中保险金额确定可以采取如下三种不同方式进行:

(1)按账面原值投保,即固定资产的账面原值就是该固定资产的保险金额。

(2)按重置重建价值投保,即按照投保时重新购建同样的财产所需支出确定保险金额。

(3)按投保时实际价值协议投保,即根据投保时投保标的所具有的实际价值由保险双方协商确定保险金额。

2. 流动资产的保险金额

流动资产的保险金额既可以按照最近账面 12 个月的平均余额确定,也可以由被保险人自行确定。

在家庭财产保险中,对家庭财产保险的保险金额,一般由投保人自己确定,且通常以千元为计算单位。

(五)火灾保险的赔偿金额

发生火灾保险赔案时,保险人得依循财产保险一般理赔程序和赔偿原则开展赔偿工作。同时注意下列事项：

（1）对固定资产分项计赔，每项固定资产仅适用于自身的赔偿限额。

（2）注意扣除残值和免赔额。火灾保险中的赔案，往往存在着损余物资，保险人在赔偿时当作价抵充赔款，同时扣除免赔额，以维护保险人的合法权益。

（3）对团体火灾保险一般采用比例赔偿方式处理赔案，对家庭财产保险一般采取第一危险赔偿方式处理赔案。但在某些业务中亦交互使用。

三、火灾保险的主要险种

（一）企业财产保险

1.企业财产基本险

（1）保险责任

在保险期间内，由于下列原因造成保险标的的损失，保险人按照保险合同的约定负责赔偿：①火灾；②爆炸；③雷击；④飞行物体及其他空中运行物体坠落。前述原因造成的保险事故发生时，为抢救保险标的或防止灾害蔓延，采取必要的、合理的措施而造成保险标的的损失，保险人按照保险合同的约定也负责赔偿。保险事故发生后，被保险人为防止或减少保险标的的损失所支付的必要的、合理的费用，保险人按照保险合同的约定也负责赔偿。

（2）保险标的

保险合同载明地址内的下列财产可作为保险标的：①属于被保险人所有或与他人共有而由被保险人负责的财产；②由被保险人经营管理或替他人保管的财产；③其他具有法律上承认的与被保险人有经济利害关系的财产。

保险合同载明地址内的下列财产未经保险合同双方特别约定并在保险合同中载明保险价值的不属于保险合同的保险标的：①金银、珠宝、钻石、玉器、首饰、古币、古玩、古书、古画、邮票、字面、艺术品、稀有金属等珍贵财物；②堤堰、水闸、铁路、道路、涵洞、隧道、桥梁、码头；③矿井（坑）内的设备和物资；④便携式通信装置、便携式计算机设备、便携式照相摄像器材以及其他便携式装置、设备；⑤尚未交付使用或验收的工程。

除此之外，下列财产不属于保险合同的保险标的：①土地、矿藏、水资源及其他自然资源；②矿井、矿坑；③货币、票证、有价证券以及有现金价值的磁卡、集成电路（IC）卡等卡类；④文件、账册、图表、技术资料、计算机软件、计算机数据资料等无法鉴定价值的财产；⑤枪支弹药；⑥违章建筑、危险建筑、非法占用的财产；⑦领取公共行驶执照的机动车辆；⑧动物、植物、农作物。

（3）责任免除

下列原因造成的损失、费用，保险人不负责赔偿：①投保人、被保险人及其代表的故意行为或纵火过失行为；②行政行为或司法行为；③战争、类似战争行为、敌对行动、军事行动、武装冲突、罢工、骚乱、暴动、政变、谋反、恐怖活动；④地震、海啸及其次生灾害；⑤核辐射、核裂变、核聚变、核污染及其他放射性污染；⑥大气污染、土地污染、水污染及其他非放射性污染，但因保险事故造成的非放射性污染不在此限；⑦保险标的的内在或潜在缺陷、自然磨损、自然损耗、大气（气候或气温）变化、正常水位变化或其他渐变原因，物质本身变化、霉烂、受潮、鼠咬、虫蛀、鸟啄、氧化、锈蚀、渗漏、自燃、烘焙;⑧暴雨、洪水、暴风、龙卷风、冰雹、台风、飓风、暴雪、冰凌、沙尘暴、突发性滑坡、崩塌、泥石流、地面突然下陷下沉;⑨水箱、水管爆裂;⑩盗窃、抢劫。

另外,下列损失、费用,保险人也不负责赔偿:①保险标的遭受保险事故引起的各种间接损失;②广告牌、天线、霓虹灯、太阳能装置等建筑物外部附属设施,存放于露天或简易建筑物内部的保险标的以及简易建筑物本身,由于雷击造成的损失;③锅炉及压力容器爆炸造成其本身的损失;④任何原因导致供电、供水、供气及其他能源供应中断造成的损失和费用;⑤保险合同中载明的免赔额或按保险合同中载明的免赔率计算的免赔额。⑥其他不属于保险合同责任范围内的损失和费用。

(4)保险价值、保险金额与免赔额(率)

保险标的的保险价值可以为出险时的重置价值、出险时的账面余额、出险时的市场价值或其他价值,由投保人与保险人协商确定,并在保险合同中载明。保险金额由投保人参照保险价值自行确定,并在保险合同中载明。保险金额不得超过保险价值。超过保险价值的,超过部分无效,保险人应当退还相应的保险费。免赔额(率)由投保人与保险人在订立保险合同时协商确定,并在保险合同中载明。除另有约定外,保险期间为一年,以保险单载明的起讫时间为准。

2. 企业财产综合险

(1)保险责任

在保险期间内,由于下列原因造成保险标的的损失,保险人按照保险合同的约定负责赔偿:①火灾、爆炸;②雷击、暴雨、洪水、暴风、龙卷风、冰雹、台风、飓风、暴雪、冰凌、突发性滑坡、崩塌、泥石流、地面突然下陷下沉;③飞行物体及其他空中运行物体坠落。

以上原因造成的保险事故发生时,为抢救保险标的或防止灾害蔓延,采取必要的、合理的措施而造成保险标的的损失,保险人按照保险合同的约定也负责赔偿。被保险人拥有财产所有权的自用的供电、供水、供气设备因保险事故遭受损坏,引起停电、停水、停气以致造成保险标的的直接损失,保险人按照保险合同的约定也负责赔偿。保险事故发生后,被保险人为防止或减少保险标的的损失所支付的必要的、合理的费用,保险人按照保险合同的约定也负责赔偿。

(2)保险标的

保险合同载明地址内的下列财产可作为保险标的:①属于被保险人所有或与他人共有而由被保险人负责的财产;②由被保险人经营管理或替他人保管的财产;③其他具有法律上承认的与被保险人有经济利害关系的财产。

不能承保的保险标的、责任免除、保险价值、保险金额与免赔额(率)以及保险期间相关注意事项与财产基本险基本一致,不同的是在范围上可能要相对广泛一些。

3. 企业财产一切险

企业财产一切险的保险责任是:在保险期间内,由于自然灾害或意外事故造成保险标的直接物质损坏或灭失(以下简称"损失"),保险人按照保险合同的约定负责赔偿。在上述原因造成的保险事故发生时,为抢救保险标的

微课7

的或防止灾害蔓延,采取必要的、合理的措施而造成保险标的的损失,保险人按照保险合同的约定也负责赔偿。保险事故发生后,被保险人为防止或减少保险标的的损失所支付的必要的、合理的费用,保险人按照保险合同的约定也负责赔偿。

保险标的、责任免除、保险价值、保险金额与免赔额(率)以及保险期间的相关规定与财产基本险基本一致,如涉及不同之处,个别的险种会在保险合同中另行添加约定。

(二)家庭财产保险

家庭财产保险是以城乡居民为保险对象的一种火灾保险。由于其服务对象是千家万户,且完全属于私人自愿投保,因此家庭财产保险的承保率往往从一个侧面反映了财产保险的普及程度与发展水平,同时,也显示着公众的保险意识及对危险保障选择的偏好。家庭财产保险属于火灾保险业务,包括以下一些具体的险种:

1. 普通家庭财产保险

普通家庭财产保险是面向城乡居民家庭的基本险种,它承保城乡居民存放在固定地址范围且处于相对静止状态下的各种财产物资,凡属于被保险人所有的房屋及其附属设备、家具、家用电器、非机动交通工具及其他生活资料均可以投保家庭财产保险,农村居民的农具、工具、已收获的农副产品及个体劳动者的营业用器具、工具、原材料、商品等亦可以投保家庭财产保险。经被保险人与保险人特别约定,并且在保单上写明属于被保险人代管和共管的上述财产,也属可保范围。但下列财产一般除外:(1)金银、首饰、珠宝、货币、有价证券、票证、邮票、古玩、字画、文件、账册、技术资料、图标、家畜、花、树、鱼、鸟、盆景以及其他无法鉴定价值的财产;(2)正处于紧急危险状态的财产;(3)用于生产经营的财产。普通家庭财产保险的保险期限为一年,保险费率采用千分率,由投保人根据保险财产实际价值确定保险金额作为保险人赔偿的最高限额。

2. 家庭财产两全保险

家庭财产两全保险结合储蓄的部分功能,将每千元单位保险金额的保险费设计为储金的方式,在规定的保险期限内,无论是否发生保险事故,保险期限结束时,投保人都可以领取以保险费形式交付给保险人的储金。即使在保险期限内发生了保险事故,保险人已经支付了相当于保险金额的赔款,投保人仍然可得到所交付的保险费形式的储金。但领取这笔储金的时间必须在已经生效的保险单规定的保险期限结束的时间,因为保险人经营该种保险业务所获得的实际保费是储金运用所产生的利息收入。

3. 专项家庭财产保险

根据保险客户的需要,保险人还通常开办若干专项家庭财产保险,如家用液化气罐保险、家用电器保险、摩托车保险等,投保人可以根据需要选择投保。

4. 安居类综合保险

安居类综合保险是集房屋、室内财产和责任保险为一体的,具有组合特征的综合性保险。保险客户可以根据自身需要而选择投保,即保险客户既可投保包括房屋在内的一般家庭财产保险,又可投保现金、珠宝、有价证券,还可以投保民事赔偿风险。该险种可以最大限度地满足保险消费者的需求和个性化选择。

5.附加盗抢保险

为满足投保人的各种需要,家庭财产保险开办了多种普通附加险,最普通的是附加盗抢保险。其保险责任是:凡存放于保单所载明的保险地址室内的保险财产,因遭受外来的、有明显痕迹的盗抢行为所致损失;对存放保险地址室内、院内、楼道内的自行车遭到全车失窃或部分被盗损失,保险人均负赔偿责任。责任免除为:被保险人及其家庭成员、服务人员、寄居人员盗窃或纵容他人盗窃或被外来人员顺手偷摸,或窗外挂钩物所致的损失,保险人均不负赔偿责任。对附加险的保险费率另外附加。

第三节 运输保险

运输保险是随着运输业的不断发展而产生并不断发展起来的一种财产保险业务。在国际上,最早的运输保险是海上保险,它也是整个保险业的真正起源。随着机动车辆的出现并走向大众化、普及化,催生了机动车辆保险的普及,并逐渐使之成为整个财产保险业务中举足轻重的业务来源。20世纪初,飞机的诞生与航空事业在全球的迅速发展,更使财产保险在海上保险阶段经过陆上保险阶段后,迈向了空中领域。在经济与贸易的全球化发展下,则使传统的货物运输保险得到了进一步拓展。

一、运输保险概述

(一)运输保险的概念

运输保险是以处于流动状态下的财产为保险标的的一种保险,包括货物运输保险和运输工具保险。运输保险和火灾保险不同的是,运输保险的保险标的处于运输状态或经常处于运行状态,而火灾保险的保险标的要求存放在固定场所和处于相对静止的状态。运输保险业务包括:机动车辆保险、货物运输保险、船舶保险、航空保险等,在整个财产保险业中占有十分重要的地位。

(二)运输保险的特点

运输保险主要有以下几个基本特征:

第一,保险标的并非存放在固定处所而是处于运行状态,这一特征决定了运输保险的危险结构也是动态、广泛而复杂的,包括陆地上的各种危险、内河及海洋中的各种危险以及各种空中危险,均可能带来运输保险的索赔。

第二,保险标的的出事地点多在异地,从而相对增加了保险人的理赔难度。如飞机出事往往远离机场或在异地机场、船舶碰撞多发生在异地水域、运输货物出现事故更是多发生在运输过程中。

第三,第三者责任大。货物运输保险中,由于货物直接受承运人控制,一旦受损,首先被追究责任的往往是保险人与被保险人之外的第三方——承运人,如果承运人确有责任,则保险人通常要行使代位追偿权;另外,各种运输工具在运行中一旦发生事故,往往损害第三者或公众的利益,如果受害人索赔属于保险责任范围,则保险人需要承担起对第三者的赔偿。

二、机动车辆保险

（一）机动车辆保险的概念

机动车辆保险是以机动车辆本身及机动车辆对第三者责任为保险标的的一种运输工具保险。国外称为汽车保险。机动车辆保险的保险对象为经公安交通管理部门检验合格，具有其合法、有效的行驶证和号牌的机动车辆。在我国，机动车辆保险所承保的机动车辆是指汽车、电车、电瓶车、摩托车、拖拉机、各种专用机械车、特种车。

（二）机动车辆保险的特点

机动车辆保险具有以下几个方面的特点：

1. 机动车辆保险属于不定值保险

由于机动车的价格在不断变化之中，并且随着车龄的增加不断折旧，所以对车辆损失保险，一般采用不定值保险的方式；对第三者责任险，则采用责任限额内赔偿的方式。

2. 机动车辆保险的赔偿方式主要采用修复方式

由于大部分车辆的损失属于部分损失，故一般采用修复方式，保险业根据修复的金额进行赔偿。

3. 机动车辆保险赔偿中采用绝对免赔方式

为了减少保险事故，增强被保险人的风险防范意识，一般根据被保险人在交通事故中的责任轻重，规定一定的绝对免赔率，对负全责或单方肇事的，免赔率最高；对负次要责任的，免赔率最低；对无责的，则无免赔。

4. 机动车辆保险采用无赔款优待方式

为了减少保险事故，在机动车辆保险实务中，常对续保且在上年未发生保险事故的车辆，采用无赔款优待方式，以激励未发生保险事故的被保险人，促使从整体上减少车险事故。

5. 机动车辆保险中对第三者应承担的责任部分一般采用强制责任保险的方式

为了保护无辜的受害者的基本权益，机动车辆对第三者的基本赔偿责任，常采用强制险的方式。

（三）机动车辆保险的基本险别

1. 车辆损失保险

（1）保险责任

机动车损失保险的保险责任包括意外事故或自然灾害以及因被盗窃、抢劫、抢夺受到损坏造成的直接损失和合理的施救费用。其中，碰撞责任在意外事故中占绝大部分，因此，以下将碰撞责任在保险责任中单列。机动车损失保险的保险责任包括如下几个方面：①碰撞责任。碰撞是指被保险机动车或其符合装载规定的货物与外界固态物体之间发生的、产生撞击痕迹的意外撞击。它包括两种情况：一是保险车辆与外界物体的意外撞击造成的本车损失；二是保险车辆按《中华人民共和国道路交通安全法实施条例》(2017 年修正)关于车辆装载的规定载运货物,则车与货物视为一体,所装货物与外界物体的意外撞击造成的本车损失。②非碰撞责任。包括：雷击、暴风、暴雨、洪水、龙卷风、冰雹、台风、热带风暴、地陷、崖崩、滑坡、泥石流、雪崩、冰陷、暴雪、冰凌、沙尘暴、地震及其次生灾害等。③被保险机动车被盗窃、抢劫、抢夺,经出险地县级以上公安刑侦部门立案证明,满 60 天未查明下落的全车损失,以及因被盗窃、抢劫、抢夺受到损坏造成的直接损失,且不属于免除保险人责任的范围,保险人依照保险合同的约定负责赔偿。④发生保险事故时,被保险人或驾驶人为防止或者减少被保险机动车的损失所支付的必要的、合理的施救费用,由保险人承担；施救费用数额在被保险机动车损失赔偿金额以外另行计算,最高不超过保险金额。

（2）责任免除

在上述保险责任范围内,下列情况下不论任何原因造成被保险机动车的任何损失和费用,保险人均不负责赔偿。

①事故发生后,被保险人或驾驶人故意破坏、伪造现场,毁灭证据。

②驾驶人有下列情形之一者：交通肇事逃逸；饮酒、吸食或注射毒品、服用国家管制的精神药品或者麻醉药品；无驾驶证,驾驶证被依法扣留、暂扣、吊销、注销期间；驾驶与驾驶证载明的准驾车型不相符合的机动车。

③被保险机动车有下列情形之一者：发生保险事故时被保险机动车行驶证、号牌被注销；被扣留、收缴、没收期间；竞赛、测试期间,在营业性场所维修、保养、改装期间；被保险人或驾驶人故意或重大过失,导致被保险机动车被利用从事犯罪行为。

④下列原因导致的被保险机动车的损失和费用,保险人不负责赔偿：

战争、军事冲突、恐怖活动、暴乱、污染(含放射性污染)、核反应、核辐射；违反安全装载规定；被保险机动车被转让、改装、加装或改变使用性质等,导致被保险机动车危险程度显著增加,且未及时通知保险人,因危险程度显著增加而发生保险事故的；投保人、被保险人或驾驶人故意制造保险事故。

⑤下列损失和费用,保险人不负责赔偿：因市场价格变动造成的贬值、修理后因价值降低引起的减值损失；自然磨损、朽蚀、腐蚀、故障、本身质量缺陷；投保人、被保险人或驾驶人知道保险事故发生后,故意或者因重大过失未及时通知,致使保险事故的性质、原因、损失程度等难以确定的,保险人对无法确定的部分,不承担赔偿责任,但保险人通过其他途径已经知道或者应当及时知道保险事故发生的除外；车轮单独损失,无明显碰撞痕迹的车身划痕,以及新增加设备的损失；非全车盗抢、仅车上零部件或附属设备被盗窃。

（3）保险金额

保险金额按投保时被保险机动车的实际价值确定。投保时被保险机动车的实际价值由投保人与保险人根据投保时的新车购置价减去折旧金额后的价格协商确定或其他市场公允价值协商确定。折旧金额可参考折旧系数表确定如表 6-1 所示。

表 6-1　　　　　　　　　　　　　　折旧系数表

车辆种类	月折旧系数			
	家庭自用	非营业	营业	
			出租	其他
9 座以下客车	0.60%	0.60%	1.10%	0.90%
10 座以上客车	0.90%	0.90%	1.10%	0.90%
微型载货汽车	/	0.90%	1.10%	1.10%
带拖挂的载货汽车	/	0.90%	1.10%	1.10%
低速货车和三轮汽车	/	1.10%	1.40%	1.40%
其他车辆	/	0.90%	1.10%	0.90%

折旧按月计算，不足一个月的部分，不计折旧。最高折旧金额不超过投保时被保险机动车新车购置价的 80%。

折旧金额＝新车购置价×被保险机动车已使用月数×月折旧系数

（4）保险赔偿

发生保险事故后，保险人依据保险责任范围内承担赔偿责任。赔偿方式由保险人与被保险人协商确定。因保险事故损坏的被保险机动车，修理前被保险人应当会同保险人检验，协商确定维修机构、修理项目、方式和费用。无法协商确定的，双方委托共同认可的有资质的第三方进行评估。被保险机动车遭受损失后的残余部分由保险人、被保险人协商处理。如归被保险人的，由双方协商确定其价值并在赔款中扣除。因第三方对被保险机动车的损害而造成保险事故，被保险人向第三方索赔的，保险人应积极协助；被保险人也可以直接向保险人索赔，保险人在保险金额内先行赔付被保险人，并在赔偿金额内代位行使被保险人对第三方请求赔偿的权利。被保险人已经从第三方取得损害赔偿的，保险人进行赔偿时，相应扣减被保险人从第三方已取得的赔偿金额。保险人未赔偿之前，被保险人放弃对第三方请求赔偿的权利的，保险人不承担赔偿责任。被保险人故意或者因重大过失致使保险人不能行使代位请求赔偿的权利的，保险人可以扣减或者要求返还相应的赔款。保险人向被保险人先行赔付的，保险人向第三方行使代位请求赔偿的权利时，被保险人应当向保险人提供必要的文件和所知道的有关情况。

机动车损失赔款按以下方法计算：

①全部损失

赔款＝保险金额－被保险人已从第三方获得的赔偿金额－绝对免赔额

②部分损失。

赔款＝实际修复费用－被保险人已从第三方获得的赔偿金额－绝对免赔额

③施救费

施救的财产中，含有保险合同之外的财产，应按保险合同保险财产的实际价值占总施救财产的实际价值比例分摊施救费用。

2. 机动车第三者责任保险

（1）保险责任

保险期间内,被保险人或其允许的驾驶人在使用被保险机动车过程中发生意外事故,致使第三者遭受人身伤亡或财产直接损毁,依法应当对第三者承担的损害赔偿责任,且不属于免除保险人责任的范围,保险人依照保险合同的约定,对于超过机动车交通事故责任强制保险各分项赔偿限额的部分负责赔偿。保险人依据被保险机动车一方在事故中所负的事故责任比例,承担相应的赔偿责任。被保险人或被保险机动车一方根据有关法律法规选择自行协商或由公安机关交通管理部门处理事故,但未确定事故责任比例的,按照下列规定确定事故责任比例:被保险机动车一方负主要事故责任的,事故责任比例为70%;被保险机动车一方负同等事故责任的,事故责任比例为50%;被保险机动车一方负次要事故责任的,事故责任比例为30%。涉及司法或仲裁程序的,以法院或仲裁机构最终生效的法律文书为准。

（2）免除责任

在上述保险责任范围内,下列情况下,不论任何原因造成的人身伤亡、财产损失和费用,保险人均不负责赔偿:

①事故发生后,被保险人或驾驶人故意破坏、伪造现场,毁灭证据;

②驾驶人有下列情形之一者:交通肇事逃逸;饮酒、吸食或注射毒品、服用国家管制的精神药品或者麻醉药品;无驾驶证,驾驶证被依法扣留、暂扣、吊销、注销期间;驾驶与驾驶证载明的准驾车型不相符合的机动车;非被保险人允许的驾驶人。

③被保险机动车有下列情形之一者:发生保险事故时被保险机动车行驶证、号牌被注销的;被扣留、收缴、没收期间;竞赛、测试期间,在营业性场所维修、保养、改装期间;全车被盗窃、被抢劫、被抢夺、下落不明期间。

④下列原因导致的人身伤亡、财产损失和费用,保险人不负责赔偿:战争、军事冲突、恐怖活动、暴乱、污染(含放射性污染)、核反应、核辐射;第三者、被保险人或驾驶人故意制造保险事故、犯罪行为,第三者与被保险人或其他致害人恶意串通的行为;被保险机动车被转让、改装、加装或改变使用性质等,导致被保险机动车危险程度显著增加,且未及时通知保险人,因危险程度显著增加而发生保险事故的。

⑤下列人身伤亡、财产损失和费用,保险人不负责赔偿:被保险机动车发生意外事故,致使任何单位或个人停业、停驶、停电、停水、停气、停产、通信或网络中断、电压变化、数据丢失造成的损失以及其他各种间接损失;第三者财产因市场价格变动造成的贬值,修理后因价值降低引起的减值损失;被保险人及其家庭成员、驾驶人及其家庭成员所有、承租、使用、管理、运输或代管的财产的损失,以及本车上财产的损失;被保险人、驾驶人、本车车上人员的人身伤亡;停车费、保管费、扣车费、罚款、罚金或惩罚性赔款;超出《道路交通事故受伤人员临床诊疗指南》和国家基本医疗保险同类医疗费用标准的费用部分;律师费,未经保险人事先书面同意的诉讼费、仲裁费;投保人、被保险人或驾驶人知道保险事故发生后,故意或者因重大过失未及时通知,致使保险事故的性质、原因、损失程度等难以确定的,保险人对无法确定的部分,不承担赔偿责任,但保险人通过其他途径已经知道或者应当及时知道保险事故发生的除外;因被保险人违反本条款第二十八条约定,

导致无法确定的损失;精神损害抚慰金;应当由机动车交通事故责任强制保险赔偿的损失和费用。

保险事故发生时,被保险机动车未投保机动车交通事故责任强制保险或机动车交通事故责任强制保险合同已经失效的,对于机动车交通事故责任强制保险责任限额以内的损失和费用,保险人不负责赔偿。

(3)责任限额

每次事故的责任限额,由投保人和保险人在签订保险合同时协商确定。主车和挂车连接使用时视为一体,发生保险事故时,由主车保险人和挂车保险人按照保险单上载明的机动车第三者责任保险责任限额的比例,在各自的责任限额内承担赔偿责任。

(4)赔偿处理

保险人对被保险人或其允许的驾驶人给第三者造成的损害,可以直接向该第三者赔偿。被保险人或其允许的驾驶人给第三者造成损害,对第三者应负的赔偿责任确定的,根据被保险人的请求,保险人应当直接向该第三者赔偿。被保险人怠于请求的,第三者就其应获赔偿部分直接向保险人请求赔偿的,保险人可以直接向该第三者赔偿。被保险人或其允许的驾驶人给第三者造成损害,未向该第三者赔偿的,保险人不得向被保险人赔偿。

发生保险事故后,保险人依据条款约定在保险责任范围内承担赔偿责任。赔偿方式由保险人与被保险人协商确定。因保险事故损坏的第三者财产,修理前被保险人应当会同保险人检验,协商确定维修机构、修理项目、方式和费用。无法协商确定的,双方委托共同认可的有资质的第三方进行评估。

机动车第三者责任保险赔款计算方法:

①当(依合同约定核定的第三者损失金额－机动车交通事故责任强制保险的分项赔偿限额)×事故责任比例等于或高于每次事故责任限额时,赔款＝每次事故责任限额。

②当(依合同约定核定的第三者损失金额－机动车交通事故责任强制保险的分项赔偿限额)×事故责任比例低于每次事故责任限额时,赔款＝(依合同约定核定的第三者损失金额－机动车交通事故责任强制保险的分项赔偿限额)×事故责任比例。

保险人按照《道路交通事故受伤人员临床诊疗指南》和国家基本医疗保险的同类医疗费用标准核定医疗费用的赔偿金额。

未经保险人书面同意,被保险人自行承诺或支付的赔偿金额,保险人有权重新核定。不属于保险人赔偿范围或超出保险人应赔偿金额的,保险人不承担赔偿责任。

3. 附加险

(1)附加绝对免赔率特约条款

绝对免赔率为 5%、10%、15%、20%,由投保人和保险人在投保时协商确定,具体以保险单载明为准。被保险机动车发生主险约定的保险事故,保险人按照主险的约定计算赔款后,扣减本特约条款约定的免赔。即:主险实际赔款＝按主险约定计算的赔款×(1－绝对免赔率)。

(2)附加车轮单独损失险

保险期间内,被保险人或被保险机动车驾驶人在使用被保险机动车过程中,因自然灾害、意外事故,导致被保险机动车未发生其他部位的损失,仅有车轮(含轮胎、轮毂、轮毂罩)单独的直接损失,且不属于免除保险人责任的范围,保险人依照附加险合同的约定负责赔偿。

附加车轮单独损失险责任免除包括:车轮(含轮胎、轮毂、轮毂罩)的自然磨损、朽蚀、腐蚀、故障、本身质量缺陷;未发生全车盗抢,仅车轮单独丢失。投保了机动车损失保险的机动车,可投保本附加险。

(3)附加新增加设备损失险

保险期间内,被保险机动车因发生机动车损失保险责任范围内的事故,造成车上新增加设备的直接损毁,保险人在保险单载明的保险金额内,按照实际损失计算赔偿。投保了机动车损失保险的机动车,可投保本附加险。

(4)附加车身划痕损失险

保险期间内,被保险机动车在被保险人或被保险机动车驾驶人使用过程中,发生无明显碰撞痕迹的车身划痕损失,保险人按照保险合同约定负责赔偿。附加车身划痕损失险责任免除包括:被保险人及其家庭成员、驾驶人及其家庭成员的故意行为造成的损失;因投保人、被保险人与他人的民事、经济纠纷导致的任何损失;车身表面自然老化、损坏,腐蚀造成的任何损失。保险金额为2 000元、5 000元、10 000元或20 000元,由投保人和保险人在投保时协商确定。投保了机动车损失保险的机动车,可投保本附加险。

(5)附加修理期间费用补偿险

保险期间内,机动车在使用过程中,发生机动车损失保险责任范围内的事故,造成车身损毁,致使被保险机动车停驶,保险人按保险合同约定,在保险金额内向被保险人补偿修理期间费用,作为代步车费用或弥补停驶损失。投保了机动车损失保险的机动车,可投保本附加险。

(6)附加发动机进水损坏除外特约条款

保险期间内,被保险机动车在使用过程中,因发动机进水后导致的发动机的直接损毁,保险人不负责赔偿。投保了机动车损失保险的机动车,可投保本附加险。

(7)附加车上货物责任险

保险期间内,发生意外事故致使被保险机动车所载货物遭受直接损毁,依法应由被保险人承担的损害赔偿责任,保险人负责赔偿。

投保了机动车第三者责任保险的营业货车(含挂车),可投保本附加险。

(8)附加精神损害抚慰金责任险

保险期间内,被保险人或其允许的驾驶人在使用被保险机动车的过程中,发生投保的主险约定的保险责任内的事故,造成第三者或车上人员的人身伤亡,受害人据此提出精神损害赔偿请求,保险人依据法院判决及保险合同约定,对应由被保险人或被保险机动车驾驶人支付的精神损害抚慰金,在扣除机动车交通事故责任强制保险应当支付的赔款后,在保险赔偿限额内负责赔偿。

投保了机动车第三者责任保险或机动车车上人员责任保险的机动车,可投保本附加险。在投保人仅投保机动车第三者责任保险的基础上附加本附加险时,保险人只负责赔偿第三者的精神损害抚慰金;在投保人仅投保机动车车上人员责任保险的基础上附加本附加险时,保险人只负责赔偿车上人员的精神损害抚慰金。

(9)附加法定节假日限额翻倍险

保险期间内,被保险人或其允许的驾驶人在法定节假日期间使用被保险机动车发生机动车第三者责任保险范围内的事故,并经公安部门或保险人查勘确认的,被保险机动车第三者责任保险所适用的责任限额在保险单载明的基础上增加一倍。投保了机动车第三者责任保险的家庭自用汽车,可投保本附加险。

(10)附加医保外医疗费用责任险

保险期间内,被保险人或其允许的驾驶人在使用被保险机动车的过程中,发生主险保险事故,对于被保险人依照中华人民共和国法律(不含港澳台地区法律)应对第三者或车上人员承担的医疗费用,保险人对超出《道路交通事故受伤人员临床诊疗指南》和国家基本医疗保险同类医疗费用标准的部分负责赔偿。投保了机动车第三者责任保险或机动车车上人员责任保险的机动车,可投保本附加险。

(11)附加机动车增值服务特约条款

特约条款包括道路救援服务特约条款、车辆安全检测特约条款、代为驾驶服务特约条款、代为送检服务特约条款共四个独立的特约条款,投保人可以选择投保全部特约条款,也可以选择投保其中部分特约条款。保险人依照保险合同的约定,按照承保特约条款分别提供增值服务。投保了机动车保险后,可投保本特约条款。

三、船舶保险

(一)船舶保险的概念

船舶保险起源于海上保险,是以各类船舶及其附属设备为保险标的的运输工具保险,各种水上装置如海洋石油开发中的钻井平台等也可以作为船舶保险业务承保,但建造或修理的船舶一般不在船舶保险中承保。与其他运输工具保险相比,船舶保险不仅承保船舶在保险期间整个过程的危险,而且保险人同时承担着船舶损失、碰撞责任和有关费用三类保障责任。船舶保险采用定期保险单或航程保险单,其特点是保险责任仅以水上为限,这与货物运输保险可将责任扩展至内陆的某一仓库不同。

(二)船舶保险的责任范围

船舶保险的责任范围较广,保险人承担的责任包括以下几类:

1. 自然灾害和意外事故

因八级以上(含八级)大风、洪水、地震、海啸、雷击、崖崩、滑坡、泥石流、冰凌、火灾、爆炸、碰撞而搁浅、触礁、倾覆、沉没、船舶航行中失踪 6 个月以上仍下落不明的,保险人根据保险合同规定负责赔偿。

2. 碰撞责任

船舶在水上与其他船舶或物体猛烈接触而发生的意外事故。包括被保险机动船舶或其拖带的保险船舶与其他船舶、固定物体发生直接碰撞责任事故,致使被保险的船舶及所载货物,或者被碰撞码头、港口设备、航标、桥墩等固定建筑物遭受损失以及被碰撞船舶上有人员伤亡,依法应当由被保险人承担赔偿责任,保险人按照保险合同规定给予赔偿。

3.有关费用

有关费用包括海难中的救助费用、海损事故中发生的施救费用和共同海损分摊费用等其他费用。我国船舶一切险规定,当承保风险造成船舶损失或船舶处于危险中,被保险人为防止或减少损失而采取的各种措施所产生的合理费用,保险人予以赔偿。如果保险船舶发生共同海损牺牲,被保险人可获得对这种损失的全部赔偿,无须先行使向其他各方索取分摊额的权利。由船舶碰撞或第三者过失造成被保险船舶受损,被保险人或保险人为此而进行合理诉讼或抗辩所引起的法律诉讼等各种费用,以及为确定保险责任范围的损失而进行检验、查勘等的合理费用,均由保险人负责赔偿。

(三)船舶保险的除外责任

船舶承保人为了控制船舶损失的赔偿责任,在保险条款中明确地列出不承保的责任,即除外责任。船舶保险的除外责任主要包括:

1.船舶不适航。我国船舶保险条款规定的不适航包括人员配备不当、装备或装载不妥,但以被保险人在船舶开航时知道或应该知道此种不适航为限。例如,船舶开航前缺少大副,船东明知此事而同意开航,则由此发生的损失,保险人不予负责。

2.被保险人或其代表的疏忽或故意行为。被保险人或其代表的疏忽不同于船长、船员的疏忽。被保险人一般都是指船东或经营船舶航运的公司,包括对船舶实际上有调动和使用权的法人代表。例如,航运、调度、船技部门的负责人,由于他们的疏忽,造成船舶损失,保险人不负赔偿责任。属于船东故意行为所致的损失,保险人在证据确凿的情况下,不承担任何赔偿责任。

3.被保险人没有恪尽职守,没有对发现的正常磨损、锈蚀、腐烂或保养不周或材料缺陷,包括不良状态部件进行更换和修理。由于船舶在营运过程中船壳、机件磨损、朽蚀、腐烂是必然现象,为了维护船舶安全,按计划及时进行保养、更换或修理不良状态部件是被保险人应尽的职责,因此保险人不予负责。

4.战争、罢工的保险责任和除外责任。由于政治原因造成的损失排除在外,船东如有需要可以加投船舶战争险及罢工险。

5.清除障碍物、残骸及清除航道费用。被保险船舶沉没在航道上,政府有关部门为了保持航道畅通,按照法律采取强制手段,命令船东清理航道、打捞沉船或设置等,此类法律责任不在船舶保险范围内,一般由船东保赔协会承保。

(四)船舶保险的保险金额和保险费率

1.保险金额

(1)按照新船的市场价格或出厂价格

除新船外,使用年限不久的船舶(如5年以内的钢质船舶和3年以内的木质船舶)也可以按此方式确定保险金额。

(2)按照旧船的实际价值

船舶的使用年限、船舶的新旧程度、船舶结构和用途均对保险金额的确定有影响。

2.保险费率

船舶保险费率的厘定原则与团体火灾保险有某些相似之处,即采用类别级差费率制。保险人一般根据航行水域的危险大小及损失率高低分类确定。如中国保险界就将所有水域划分为沿海和内河两部分分别制定相应的费率,再将内河分为急流、半急流和平流制定不同等级的费率标准。概括起来,船舶保险费率的制定一般应考虑以下因素:船舶的种类与结构、船舶的新旧程度、船舶航行区域、船舶的使用性质、船舶所有人的经营管理素质和技术水平等,同时适当参照国际船舶保险市场的费率标准。

(五)船舶保险的保险期限

1.定期保险

定期保险是以保险单上载明的日期作为保险责任起始时间的保险,期限最长为1年,保险期限届满时,如果被保险船舶尚在航行中,或处于危险中,或在避难港或中途港停靠,经被保险人事先通知保险人并按日比例加缴保费后,保险责任可持续到船舶抵达目的港为止,保险船舶在延长时期发生全损,需要缴6个月保险费。

2.航程保险

航程保险是指船舶自启运港到目的港为保险责任起讫期的保险。其责任期限是以保险单上载明的航程为准。航程的起止时间按照不载货船舶和载货船舶来分别办理。不载货船舶是从起运港解缆或起锚时开始至目的港抛锚或系缆完毕时终止。载货船舶是从起运港出发或起锚时开始至目的地港卸货完毕时终止。但自船舶抵达目的港当日午夜零时起最多不得超过30天。

四、飞机保险

(一)飞机保险概述

飞机保险是一个综合性的险种,它是以飞机及其有关的法律责任危险等为保险标的的一种运输保险。飞机保险分为基本险和附加险。基本险主要有飞机机身保险、第三者责任保险、旅客法定责任保险;附加险主要有战争劫持险和承运人责任险。

飞机保险的基本特点表现在以下两个方面:第一,危险分布具有时效性,航空危险发生率最高的是在起飞和着陆阶段,其中又有75%以上的航空事故是因为飞行员的错误判断引起的。第二,飞机保险的标的价值高,空难一旦发生,损失金额巨大,即使发生部分损失,其修理费用也比较高,这决定了保险公司对飞机保险业务需要采用集团共保的方式或再保险的方式来分散危险、稳定经营。

(二)飞机机身保险

飞机机身保险是航空保险领域的主要险种,保险责任非常广泛,基本上保障飞机在飞行或滑行中以及在地面上,不论任何原因(不包括除外责任)造成飞机及其附件的意外损失或损坏,如飞机坠落、爆炸、失火、失踪、碰撞等造成飞机的全部损失或部分损失。此外,还负责因意外事故引起的飞机拆卸、重装和清除残骸的费用;飞机起飞后超过规定时间(一般为15天)尚未得到行踪消息所构成的失踪损失。例如,飞机在滑行时滑出跑道陷入泥地,需要把飞机拆卸后搬运和重装,由此产生的费用,保险公司也负责赔偿。

保险人在承保机身险时,对因战争、敌对行为或武装冲突、被劫持或被第三者破坏等原因造成的飞机机身损失,以及飞机不符合适航条件而飞行、被保险人故意行为导致的损失和飞机任何部件的自然磨损、制造及机械缺陷、飞机受损后的各种间接损失和费用，保险人不负赔偿责任。

在保险金额方面，机身险采用定值保险方式。为控制危险，保险人在实务经营中往往采取两种办法：一是采用分摊条款，对部分损失的赔偿加以限制。如损失外壳的赔偿不超过保额的 40％ 等；二是对费率进行调整。机身险的保险费率主要是根据历年的损失率，不同型号的飞机使用不同的费率，如中国国内航线飞行的机身险费率：喷气式飞机为 1.5％，螺旋桨式飞机为 2.5％，直升机为 5％。此外，由于飞行中的危险要大于在地面时的危险，若飞机进行正常修理或连续停航超过规定时间时，还有退费的规定。如果所保飞机全年未发生赔款，可退回全年保费的 25％；如果虽发生赔款，但赔款低于保险费的 30％，可退回全年保险费的 15％；如果赔款已逾（已达到）保险费的 30％，则不退费。

（三）飞机第三者责任险

飞机第三者责任险主要承保飞机在营运中由于坠落或因机上坠人、坠物而造成第三者的人身伤亡或财产损失，应由被保险人承担的赔偿责任。但属于由被保险人支付工资的机内、机场工作人员，以及被保险飞机上的旅客的人身伤亡或财产损失，保险人不负赔偿或者不能在此险种内赔偿。由于航空事故对第三者造成的人身伤亡或财产损失往往无法预料，如飞机坠毁在油库所在地时就可能造成数以亿元的直接经济损失，而保险人又不能承担无限责任，因此，保险人一般对此规定一个赔偿限额作为承担第三者责任的最高赔偿限额。

飞机第三者责任保险的赔偿限额是根据不同飞机类型而制定的。以中国人民保险公司经营的现行规定为例：各类型喷气式飞机的赔偿限额为 5 000 万元，各类型螺旋式飞机的赔偿限额为 2 000 万元，直升机的赔偿限额为 1 000 万元。

（四）旅客责任险

旅客责任险承保旅客在乘坐或上下保险飞机时发生意外，致使旅客受到人身伤亡，或随身携带和已经交运登记的行李、物件的损失，以及对旅客行李或物件在运输过程中因延迟而造成的损失，根据法律或合同规定应由被保险人负担的赔偿责任。其中，旅客是指购买飞机机票的旅客或被保险人同意免费搭乘的旅客，但不包括为完成被保险人的任务而免费搭载的人员。旅客责任险的赔偿限额应在保险单中列明每个人、每次事故或每架飞机的赔偿限额。对赔偿限额的规定，应按国内航线和国际航线区别对待。

五、货物运输保险

微课10

（一）货物运输保险概述

货物运输保险是指以在运输过程中的货物为保险标的，承保货物在运输过程中由于自然灾害或意外事故遭受的损失的保险。货物运输保险承保的货物，通常指的是具有贸易性质的贸易货物，一般不包括个人行李以及运输过程中所耗费的各种供应和储备物品。

货物运输保险的特点主要表现在以下几个方面：

1. 承保标的具有流动性

承保标的具有流动性即货物运输保险所承保的货物是处于流动或运行状态下的货

物,它不受一个固定地点的限制,出险也往往在保险合同签订地之外,保险人通常需要建立异地代理检验或理赔制度才能经营此类保险业务。

2.保险合同可以背书转让

货物运输保险合同可以随着货物所有权的转移而自由转移,即它在实践中往往被看成提货单的附属物,随着提货单的转移而转移,不需要保险人事先同意。这种现象是货物运输保险中特有的现象。

3.保险期限具有航程性

保险期限具有航程性即货物运输保险通常不是采取一年期的定期制,而是采用航程保险单,即通常所说的"仓至仓条款"。它是确定货物运输保险责任期限的依据,它一般规定保险人的责任起讫以约定的运输途程为准,从起运地的仓库到目的地的仓库整个运输过程即一个保险责任期。

4.承保风险的广泛性

货物运输保险承保海上、陆上和空中风险,自然灾害和意外事故风险,动态与静态风险等。

5.承保价值的定值性

承保货物在各个不同的地点可能出现价格差异,因此货物的保险金额可由保险双方按照约定的保险价值来确定。

(二)货物运输保险分类

货物运输保险的分类根据不同的依据,大致包括以下几种:

1.按照运输范围划分

根据运输货物是否超越国境,分为国际或涉外货物运输保险和国内货物运输保险,国际货物运输是指货物运输的起运地或目的地有一方在国外,甚至两者均是在国外的业务,它属于国际贸易与国际运输的范围;涉外货物运输保险属于中华人民共和国境外业务,经营中除了要遵循国内有关的法律法规外,还要遵循有关的国际公约和惯例。国内货物运输是指货物运输的区域没有超过国境,属于国内贸易范围。国内货物运输保险属于中华人民共和国境内业务,适用的是中华人民共和国的法律、法规。

2.按照运输工具划分

货物运输保险根据运输工具划分,可以分为航空货物运输保险、水路货物运输保险和陆上货物运输保险及联运险。其中联运险是指需要使用两种及两种以上的主要运输工具的货物运输保险。

3.按照保险承保责任划分

货物运输保险按照承保责任可以分为货物运输基本险、综合险、一切险,以及附加险。其中,基本险、综合险、一切险可以单独承保,而附加险则必须附加在基本险、综合险或一切险之上。

(三)保险责任范围

货物运输保险的责任范围大体上可以分为基本险、综合险、一切险和附加险四大类。

1. 基本险

货物运输基本险,保险人承担的保险责任范围包括保险单上列明的各种自然灾害、火灾、爆炸,运输工具发生意外事故,装卸或转载过程中因包装不善或装卸人违反操作规则导致的损失,以及共同海损分摊费用、合理的施救费用等。保险人根据上述的损失来承担保险金额限度内的赔偿责任。

2. 综合险

在货物运输综合险下,保险人承担的基本责任范围比基本险要大,除了承担基本险中的责任外,还承担以下一些保险责任:(1)因受震动、碰撞、挤压而造成破碎、弯曲、凹瘪、折断、开裂或包装破裂致使货物散失的损失。(2)液体货物因受震动、碰撞或挤压致使所用容器(包括封口)损坏而渗漏的损失,或用液体保藏的货物因液体渗漏而造成保藏货物腐烂变质的损失。(3)遭受盗窃或因承运人责任造成的整件提货不着的损失。(4)符合安全运输规定而遭受雨淋所致的损失。(5)因铁路承运人责任致使保险货物发生灭失、短少、污染、变质、损坏的损失。

货物运输综合险除外责任包括:战争、军事行动、核爆炸、保险货物本身的缺陷或自然磨损、包装不善、被保险人故意行为、公路运输货物被盗、整件提货不着的损失以及其他不属于保险责任范围内的损失,保险人不负赔偿责任。

3. 一切险

一切险是货物运输保险中保险人承担责任范围最广泛的一种保险,保险人不仅对基本险中的保险责任完全负责,而且对被保险货物在海、陆、空运输过程中因各种外来原因造成的损失,不论全部或部分损失,都负责赔偿。包括偷窃及提货不着险、淡水雨淋险、短量险、混杂玷污险、渗漏险、碰撞破碎险、串味险、受潮受热险、钩损险、包装破裂险、锈损险 11 种附加险,即只要投保一切险,上述 11 种附加险就全部投保了,但投保人也可根据货物性质和运输特点单独选择一种或数种附加险投保。

4. 附加险

由于货物种类繁多,性质各异,基本险与综合险均不可能完全满足各种保险客户对危险损失转嫁的需要。因此保险人通常设立多种附加险供投保人选择,每一份货物运输保险合同的签发,几乎都是一个基本险或综合险与若干附加险的组合。因此,货物运输保险中的附加险十分发达,附加险构成了货物运输保险承保责任的重要组成部分。

(四)保险金额与保险费率

1. 保险金额

货物运输保险的保险金额,通常采用定值保险的方式。通常按照以下三种价格来进行计算:

(1)离岸价(FOB)

离岸价(FOB)即以货物起运地的销售价,即发货人的卖出价作为保险金额,买方为投保人,一旦出险,保险人按投保人在起运地的买入价即离岸价为保险货物的实际价值负责赔偿。

（2）到岸价（CIF）

到岸价（CIF）即以货物起运地的销售价（发货人的卖出价）加上到达目的地的各种运杂费（如包装费、运费等），再加上保险价，一起作为保险金额。由卖方投保。

（3）成本加运费价

成本加运费价即起运地货物本身的价格加运杂费用作为保险金额。与离岸价相比增加了运费。

2. 保险费率

货物运输保险在厘定费率时通常会考虑下列因素：

（1）运输方式

不同的运输方式保险费率有所不同，我们可以把运输方式分为直达运输、联运、集装箱运输等方式。其中，联运是指同一种标的需要采取两种或两种以上的主要运输工具才能从起运地运到目的地的运输方式。

（2）运输工具的选择

运输工具的选择包括船舶、火车、汽车、飞机等，不同的运输工具客观上存在不同的运输危险。

（3）货物的性质与包装

货物性质的差异决定了货物自身的危险大小，如玻璃易碎、烟花爆竹易爆等；同时，包装得好坏也影响着运输中的防灾防损。保险人一般将各种货物按易损程度分为一般货物、一般易损货物、易损货物、特别易损货物四大类，并据此制定相应的级差费率。易损程度越高，保险费率就越高。

第四节　工程保险

工程保险也是一种财产与责任综合保险，最早起源于英国的锅炉保险。现代的锅炉保险和机器保险已经把保险对象扩大到几乎包括所有种类的机器和设备，比较典型的工程保险是建筑工程一切险和安装工程一切险。因为工程保险面临的风险较为特殊，除了自然灾害和意外事故，还涉及与工程相关技术有关的风险，例如，相关人员的一些人为因素、原材料缺陷和工艺不善等。随着科学技术的发展，工程保险的承保范围和面临的风险也在不断增加，不断产生一些新的险种，如海洋石油开发险等。

一、工程保险概述

（一）工程保险概念

工程保险是以各类工程项目为主要承保对象，对在建设过程中因自然灾害和意外事故造成工程项目的物质财产损失，以及对第三者造成的人身伤害或财产损失依法应当承担赔偿责任的保险。传统的工程保险仅指建筑、安装、机器以及船舶建造工程项目的保险，进入 20 世纪以来，尤其是第二次世界大战之后，科技工程活动获得了迅速的发展，又逐渐形成了科技工程技术保险，两者既有相同之处又有一定的差异性。

（二）工程保险的特点

1. 承保范围宽

传统的财产保险只承保保险财产的意外损失赔偿责任，对与保险财产有关的财产物资和利益却不予承保；而工程保险不仅承保工程项目本身，而且承保与此有关的建筑、安装机器设备、原材料及责任损失和人身伤亡等。因此，投保人投保工程保险，即能获得全面的危险保障。

2. 保险危险大

普通财产保险一般只承保保险单中列明的少数危险，保险人对于保险责任之外的一切危险是不负赔偿责任的；而工程保险大多承保被保险人的一切意外损失，许多险种被冠以"一切险"，保险人承担的危险责任基本上是除保单列明的除外责任以外的一切危险责任。

3. 扩展了投保人或被保险人

在其他财产保险中，投保人是单个的法人或自然人，并在保险人签发保险单后即成为被保险人；而在工程保险中，对同一个项目具有经济利害关系的各方均具有可保利益，均具备该工程项目的投保人资格，并且均能成为该工程保险中的被保险人，均受保险合同及交叉责任条款的规范和制约。

4. 不同工程保险的内容有交叉性

在建筑工程保险中，通常包含着安装项目，如房屋建筑中的供电、供水设备安装等；在安装工程保险中也往往包含着建筑工程项目，如安装大型机器设备就需要进行土木建筑，如打好座基等；在科技工程保险中，往往包含着建筑、安装工程项目。因此，这类业务虽有险种差异、相互独立，但内容多有交叉，经营上也有相通性。

5. 采用工期保险单或分阶段承保

建筑安装工程保险采用的是工期保险单，其保险责任期限均是从工程动工之日起，到工程竣工验收合格止；科技工程保险则多是采取分阶段承保的办法。这与其他财产保险业务采用一年期定期保险单或一次性航程保险单有明显的差异。

二、建筑工程保险

（一）建筑工程保险的适用范围

建筑工程保险承保的是各类建筑工程，即各种民用、工业用和公共事业用的建筑工程，如房屋、道路、桥梁、港口、机场、水坝、娱乐场所、管道以及各种市政工程项目等，均可以投保建筑工程保险。建筑工程保险的被保险人大致包括以下几个类别：一是工程所有人，即建筑工程的最后所有者；二是工程承包人，即负责该建筑工程项目施工的单位，它又可以分为主承包人和分承包人；三是技术顾问，即由工程所有人聘请的建筑师、设计师、工程师和其他专业技术顾问等。当存在多个被保险人时，一般由一方出面投保，并负责支付保险费，根据申报保险期间的风险变化情况，提出原始索赔等。因此，建筑工程保险区别于其他保险的重要特点就是可以在一张保单上对所有与保险项目有关的各方均给予所需的危险保障。

(二)建筑工程保险的标的

1. 建筑施工合同中规定的建筑工程

建筑施工合同中规定的建筑工程包括永久工程、临时工程以及工地上的物料。

2. 建筑施工合同中规定的建筑机器设备

建筑施工合同中规定的建筑机器设备包括施工用的各种机器,如起重机、打桩机、铲车、推土机、汽车,各种设备如水泥搅拌设备、临时供水及供电设备、传送装置、脚手架等,均可投保。

3. 工地上原有的财产物资

工地上原有的财产物资包括工程所有人或承包人在工地上的房屋建筑物及其他财产物资,由于施工过程中的意外而造成损失的危险,保险人亦可承保。

4. 安装工程项目

建筑工程项目中需要进行机器设备或其他设施安装的项目,如酒店大楼内的电梯及发电、取暖、空调等机器设备的安装,亦存在着安装危险,保险人可一并在建筑工程保险单项目下予以承保。

5. 损害赔偿责任

损害赔偿责任即建筑施工过程中因意外事故导致他人损害并依法应承担的损害赔偿责任,它虽然是责任保险中的承保对象,但是也可以作为建筑工程保险项目之一加以承保。

(三)建筑工程保险的责任范围

建筑工程保险的保险责任可以分为物质部分的保险责任和第三者责任两大部分。其中,物质部分的保险责任主要有保险单上列明的各种自然灾害和意外事故,如洪水、风暴、水灾、暴雨、地陷、冰雹、雷电、火灾、爆炸等多项,同时还承保盗窃、工人或技术人员过失等人为风险,并可以在基本保险责任项下附加特别保险条款,以利被保险人全面转嫁自己的风险。不过,对于错误设计引起的损失、费用或责任,换置、修理或矫正,标的本身原材料缺陷或工艺不善所支付的费用、引起的机械或电器装置的损坏或建筑用机器、设备损坏,以及停工引起的损失等,保险人不负责任。对于被保险人所有或使用的车辆、船舶、飞机、摩托车等交通运输工具,亦需要另行投保相关运输工具保险。

保险人承担的赔偿责任则根据受损项目分项处理,并适用于各项目的保险金额或赔偿限额。如保险损失为第三者引起的,适用权益转让原则,保险人可依法行使代位追偿权。

三、安装工程保险

(一)安装工程保险的概念及特点

1. 安装工程保险的概念

安装工程保险是指以各种大型机器、设备的安装工程项目为保险标的的工程保险,保险人承保安装期间因自然灾害或意外事故造成的物质损失及有关法律赔偿责任。安装工程保险是同建筑工程保险一起发展起来的保险业务,与建筑工程保险不仅存在着业务内容上的交叉,而且在业务经营方式上亦具有相通性。

安装工程保险的适用范围亦包括安装工程项目的所有人、承包人、分承包人、供货人、制造商等,即上述各方均可成为安装工程保险的投保人,但实际情形往往是一方投保,其他各方可以通过交叉责任条款获得相应的保险保障。

2. 安装工程保险的特点

安装工程保险的主要特点,可以概括为以下几点:

(1)以安装项目为主要承保对象。其中亦可包括附属建筑项目。

(2)安装工程的风险分布具有明显的阶段性。即安装工程在试车、考核和保证阶段的风险最集中,造成损失的可能性更大。在安装工程保险中,危险并非平均分布,而是集中在最后阶段,即机器设备只要未正式运转,许多危险就不容易发生,虽然危险事故的发生与整个安装过程有关,但是只有到安装结束后的试车、考核和保证阶段,各种问题及施工中的缺陷才会充分暴露出来,因此,安装工程事故也大多发生在安装完毕后的试车、考核和保证阶段,这是承保人应当充分注意的。

(3)承保风险主要是人为风险。在安装施工过程中,机器设备本身的质量,安装技术水平,安装人员的责任心;安装中的电、水、气供应以及施工设备、施工方式方法等均是影响施工安全的主要因素。因此,虽然安装工程保险面临着自然灾害,保险人也承保着多项自然风险,但是与人的因素有关的风险却是该险种中的主要风险。

(二)安装工程保险的保险标的与费率

1. 安装工程保险的保险标的

安装工程保险的保险标的,通常也包括物质损失、特种危险赔偿和第三者责任三个部分,其中,物质损失部分分为安装项目、土木建筑工程项目、场地清理费、承包人的机器设备、所有人或承包人在安装工地上的其他财产等五项,各项标的均需明确保险金额;特种危险赔偿和第三者责任保险项目与建筑工程保险相似。

2. 安装工程保险的费率

安装工程保险的费率,主要由以下几项组成:(1)安装项目费率。以土木建筑工程、所有人或承包人在工地的其他财产及清理费为一个总的费率,整个工期实行一次性费率;(2)试车为一个单独费率,是一次性费率;(3)保证期费率,实行整个保证期一次性费率;(4)各种附加保障增收费率,实行整个工期一次性费率;(5)安装、建筑用机器、装置及设备,实行单独的年费率;(6)第三者责任保险,实行整个工期一次性费率。

四、科技工程保险

科技工程保险业务,主要有海洋石油开发保险、卫星保险和核电站保险等。海洋石油开发保险面向的是现代海洋石油工业,它承保从勘探到建成、生产整个开发过程中的风险,海洋石油开发工程的所有人或承包人均可投保该险种。该险种一般被划分为四个阶段:普查勘探阶段、钻探阶段、建设阶段、生产阶段。每一阶段均有若干具体的险种供投保人选择。每一阶段均以工期为保险责任起讫期。当前一阶段完成,并证明有石油或有开采价值时,后一阶段才得以延续,被保险人亦需要投保后一阶段的保险。因此,海洋石油开发保险作为一项工程保险业务,是分阶段进行的。其主要的险种有勘探作业工具保险、钻探设备保险、费用保险、责任保险、建筑安装工程保险。在承保、防损和理赔方面,均与其他工程保险业务具有相通性。

卫星保险是以卫星为保险标的的科技工程保险,它属于航天工程保险范畴,包括发射前保险、发射保险和寿命保险,主要业务是卫星发射保险,即保险人承保卫星发射阶段的各种风险。卫星保险的投保与承保手续与其他工程保险并无区别。

核电站保险以核电站及其责任风险为保险对象,是核能民用工业发展的必要风险保障措施,也是对其他各种保险均将核风险除外不保的一种补充。作为一类新兴的科技工程保险业务,核电站保险起源于 20 世纪 50 年代,其特点是因其风险具有特殊性而需要有政府作为后盾。核电站保险的险种主要有财产损毁保险、核电站安装工程保险、核责任保险和核原料运输保险等,其中财产损毁保险与核责任保险是主要业务。在保险经营方面,保险人一般按照核电站的选址勘测、建设、生产等不同阶段提供相应的保险,从而在总体上仍然具有工期性。当核电站正常运转后,则可以采用定期保险单承保。

第五节　责任保险

一、责任保险概念

责任保险是一种以被保险人对第三者依法应承担的民事赔偿责任为保险标的的保险。责任保险的保险标的是被保险人在法律上应负的民事损害赔偿责任,以第三人请求被保险人赔偿为保险事故,被保险人向第三人所赔偿的损失价值在责任保险的赔偿限额之内。

二、责任保险的特点

责任保险属于广义财产保险的范畴,经营中遵循财产保险的一般理论和原则。责任保险的保险标的是被保险人的侵权赔偿责任或违约赔偿责任,不是有形的物质财产,因此仍然存在一些区别于物质损失财产保险业务的特点。

(一)以无形的民事责任为保险标的

责任保险的承保标的是被保险人在法律上应负的民事损害赔偿责任,是无形的。民事责任是指公民或法人因不履行自己的民事义务或侵犯他人的民事权利而按照民法的规定所承担的法律责任。

(二)具有双重补偿性

物质财产损失保险的保险赔偿对象通常是被保险人,一般不涉及第三人。责任保险对被保险人因侵权或者违约需要承担的对受害人的经济赔偿责任而遭受的损失给予补偿。换句话说,责任保险的直接补偿对象是被保险人,间接补偿对象是受害人。如果法律规定或者责任保险合同中约定保险金应直接赔偿给受害人,则受害人就变成了责任保险的直接补偿对象。我国《保险法》第 65 条第 1 款规定:"保险人对责任保险的被保险人给第三者造成的损害,可以依照法律的规定或者合同的约定,直接向该第三者赔偿保险金。"

(三)只有赔偿限额而无保险金额

物质财产损失保险合同中,保险人承担的最高赔偿限度是保险金额,一般根据投保时保险标的的实际价值来确定。责任保险承保的是被保险人依照法律规定或者合同约定应对第三者承担的经济赔偿责任和由此引发的法律费用,而第三者及被保险人应该承担的赔偿金额和法律费用事先都不能确定,就会造成保险人承担保险赔偿责任的高度不确定性,使保险人面临巨大的经营风险。因此,为了有效控制这种经营风险,稳定经营,保险人一般会在责任保险合同中约定赔偿限额作为其承担赔偿责任的最高限度。当然,并不是所有责任保险合同都约定赔偿限额。英国的保险公司很多时候在责任保险合同中不约定任何赔偿限额,而是按被保险人的实际损失来承担赔偿责任。

(四)承保基础比较特殊

物质财产损失保险一般采用事故发生制保单承保,即保险人对任何发生在保险期限内属于保险责任范围内的事故负责赔偿,而不论事故被发现和索赔提出是在什么时候,只要索赔在法律上有效的就可以。但是责任保险中有相当一部分业务经常采用索赔发生制保单承保,即保险人对发生在保单追溯期内和保单有效期内,且受害人在保险有效期内和延长报告期内首次向被保险人提出索赔的事故负责赔偿。追溯期是保险人利用附加条款向被保险人提供的从保险期限开始时间向前追溯到一定日期的前溯期间;延长报告期也称扩展报告期,是保险人利用附加条款为不再续保的被保险人提供的向保险人报告并索赔发生在追溯期开始之后且保险期限结束之前的保险事故的额外期间(通常为1 年或者 2 年,也可以更长)。保险人通常对受害人在保险期限或者延长报告期内向被保险人报告并索赔发生在追溯期或者保险期限内的保险事故都负责赔偿。对于那些具有较长潜伏期的责任风险(例如医疗责任风险、环境责任风险等)而言,采用期内索赔制保单承保对保险人和被保险人双方都是有利的。

(五)保险费同赔偿限额呈非线性关系

由于责任保险没有保险价值一说,保险费率的表现形式也就不同。在物质财产损失保险中,由于保险标的的保险价值可以事先确定,保险人可以在相当长的时间内或者在相当多的同类标的、同类风险中,统计物质损失情况并与其价值进行比较得到损失率,用损失率同物质财产的价值相乘得到其在特定风险条件下的损失期望值,也就是风险保费。物质财产损失保险的保险费与物质财产的价值呈线性比例关系。在责任保险中,虽然也可以统计损失情况,但是没有保险价值可以比较,无法得到损失率,只能得到不同损失期望值的概率分布。最后的结果是某特定限额内的损失期望值(风险保险费)与赔偿限额的大小呈正向变动关系,但非线性关系。

三、责任保险的主要险种

(一)雇主责任保险

雇主责任保险是指以雇主的雇主责任为承保对象的责任保险。它为

微课 12

作为雇主的被保险人因其雇员在受雇期间受到人身伤害而依法或根据雇用合同应承担经济赔偿责任的风险提供保障。若雇主向保险人投保了雇主责任保险,就把自己有可能承担的雇员损害赔偿责任风险转移给了保险人,一旦其雇员在受雇期间因发生意外事故或因职业病而造成人身伤残或死亡时,他们依法应承担的经济赔偿责任由保险人承担。

雇主责任保险的基本责任包括两方面内容:一是被保险人雇用的人员(包括长期固定工、临时工、季节工、学徒工),在保单有效期间,在受雇过程中,在保单列明的地点,从事保单列明的被保险人的业务活动时,遭受意外而受伤、致残、死亡或患有与业务有关的职业性疾病所致伤残或死亡的经济赔偿责任;二是被保险人的有关诉讼费用。

雇主责任保险大多采用"期内索赔式"作为承保基础,索赔程序是受害雇员或其家属先向雇主索赔,雇主再作为被保险人向保险人索赔。索赔期限一般规定从损失发生之日起,不得超过一年或两年。

(二)职业责任保险

职业责任保险是承保各种专业技术人员因工作疏忽或过失造成第三者损害的赔偿责任的保险。它为作为专业技术人员的被保险人因其在职业服务过程中的疏忽或过失而造成服务对象或他人人身伤害或财产损失依法应承担经济赔偿责任的风险提供保障。专业技术人员向保险人投保了职业责任保险,也就把自己有可能承担的赔偿风险转移给了保险人,一旦因职业责任给服务对象或他人造成人身伤害或财产损失,他们依法应负的赔偿责任转而由保险人承担。

任何从事技术职业的人都面临职业责任风险,可以通过投保职业责任保险获得保障。目前职业责任保主要有:医疗职业责任保险、药剂师职业责任保险、美容师职业责任保险、会计师职业责任保险、律师职业责任保险、设计师职业责任保险、建设工程监理职业责任保险、保险代理人或保险经纪人职业责任保险等。

职业责任保险的保险责任为两项:一是承保被保险人在任何时候、任何地方为其服务对象提供专业技术服务时,由于其职业上的疏忽行为、错误或失职造成服务对象或其他人的人身伤害或财产损失依法应承担的经济赔偿责任;二是承保被保险人为处理保险责任范围内的索赔纠纷或诉讼案件所支出的法律费用,以及其他经保险人同意的有关费用。

职业责任保险通常采用"期内索赔式",但一般在保单上规定有责任追溯期限,以控制保险人承保责任的实际期限。

(三)产品责任保险

微课13

产品责任保险是指承保产品制造者、销售者因产品缺陷致他人人身伤害或财产损失而依法应由其承担的经济赔偿责任的责任保险。

产品责任保险主要承保两项保险责任:①保险有效期内被保险人生产、销售的产品或商品在承保区域内发生事故,造成用户、消费者或其他任何人的人身伤害(包括疾病、伤残和死亡)或财产损失,依法应由被保险人负责赔偿时,保险人在保单规定的赔偿限额内予以赔偿;②有关法律费用。被保险人为产品责任所支付的诉讼、抗辩费用及其他经保险人事先同意支付的费用,保险人也予以赔付。

产品责任保险可采用"期内发生式"或"期内索赔式"作为承保基础。选择哪一种方式,一般取决产品事故发生后是否能够马上得知或发现来确定。若产品事故发生后,受害人立即能够得知或发现其损害后果的,一般采用"期内发生式";若产品事故发生后,受害人要过一段时间方能得知或发现损害后果的,则一般采用"期内索赔式"。

产品责任保险通常规定每次事故的赔偿限额和保险期内累计赔偿限额两项。每项赔偿限额又可分为人身伤害和财产损失两项,当因产品事故同时造成消费者人身伤害和财产损失时,保险人按各自的限额处理赔偿。

(四)公众责任保险

公众责任保险又称普通责任保险或综合责任保险,它指以损害公众利益的民事赔偿责任为保险标的的责任保险。公众责任保险承保的民事赔偿责任可以是侵权责任,也可以是合同责任。公众责任保险承保的合同责任通常需要特别约定。主要承保被保险人在各个固定场所或地点、运输途中进行生产、经营或其他活动时,因发生意外事故而造成的他人人身伤亡或财产损失,依法应由被保险人承担的经济赔偿责任。投保人可就工厂、办公楼、旅馆、住宅、商店、医院、学校、影剧院、展览馆等各种公众活动的场所投保公众责任保险。不同场所的责任保险,可以有不同的内容和条件。保险人在公众责任保险中主要承担两部分责任:一是在被保险人造成他人人身伤害或财产损失时,依法应承担的经济赔偿责任;二是在责任事故发生后,如果引起法律诉讼,由被保险人承担相关的诉讼费支付责任。但保险人的最高赔偿责任不超过保单上所规定的每次事故的赔偿限额或累计赔偿的限额。

公众责任保险的适用范围极为广泛,业务复杂、险种众多。为了满足不同的保障需求,公众责任保险的种类主要有场所责任保险、承包人责任保险、承运人责任保险、个人责任保险等。

第六节 信用保证保险

一、信用保险

微课14

(一)信用保险概念

信用保险是指由权利人(投保人)向保险人投保的,当义务人未按约定履行其义务给权利人造成经济损失时,由保险人按照保险合同约定对权利人(被保险人)给予赔偿的保险。

(二)信用保险种类

信用保险的险种有一般商业信用保险、出口信用保险与投资保险。

1. 商业信用保险

商业信用保险,是承保权利人(商业活动的一方当事人)因被保证人(另一方当事人)不履行商业信用而使权利人遭受商业利益损失的信用保险。商业信用保险的保险标的是被保证人的商业信用,由权利人投保。商业信用保险一般承保批发业务,不承保零售业务;承保3~6个月短期业务,不承保长期商业信用风险。商业信用保险又具体分为赊销信用保险、贷款信用保险和个人贷款信用保险等险种。

2. 出口信用保险

出口信用保险是承保出口商在出口过程中因进口商的商业风险或进口国的政治风险而遭受损失的一种信用保险。

出口信用保险不同于国内信用保险,具有以下几个特点:①不以营利为经营的主要目标。出口信用保险产生的直接原因是出口贸易发展的需要。因此,在政府的支持下,各开办出口信用保险业务的机构其经营目的是保护本国出口商的利益,为出口商扩大出口提供安全保障,以实现国家整体经济利益的要求。②风险高,控制难度大。出口信用保险承保的是出口商的收汇风险。造成出口商不能安全收汇的风险主要是政治风险和商业风险。政治风险一般包括:买方所在国实行外汇管制,禁止或限制汇兑;买方所在国实行进口管制,买方的许可证被撤销;买方所在国或有关的第三国发生颁布延期支付命令;买方国发生战争、骚乱、暴动或非常事件等。商业风险通常包括:买方无力偿还债务或买方破产;买方收货后拖欠货款;货物出运后买方违约拒绝收货或拒绝付款等。③政府参与的程度高。出口信用保险是由政府支持和参与的一项政策性很强的险种。

3. 投资保险

投资保险又称政治风险保险,它是承保被保险人因投资引进国政局动荡或政府法令变动所引起的投资损失的保险。本国投资者是投保人,也是权利人,要求保险人保障的是他们在国外的投资利益。投资保险承保的风险包括战争风险、征用风险和外汇风险。投资保险一般规定有赔偿等待期。

二、保证保险

(一)保证保险概念

保证保险指的是由义务人(投保人)向保险人投保的,当义务人不履行其义务或履行义务不适当给权利人造成经济损失时,由保险人按照合同约定对权利人(被保险人)给予赔偿的保险。

(二)保证保险种类

1. 忠诚保证保险

忠诚保证保险是一种权利人因被保证人的不诚实行为而遭受经济损失时,保险人作为保证人承担赔偿责任的保险。例如,当雇员由于偷盗、侵占、伪造、私用、非法挪用、故意误用等不诚实行为造成雇主受损时,保险人负责赔偿。忠诚保证保险主要包括个人忠诚保证保险、指名忠诚保证保险、职位忠诚保证保险和总括忠诚保证保险等。

(1)个人忠诚保证保险

个人忠诚保证保险是以某一特定雇员为被保证人的忠诚保证保险。该雇员的名字列在保单上。如果该雇员离开公司,保险将终止。它不适用任何接替该雇员的人,除非保单上做了特定的说明。

(2)指名忠诚保证保险

指名忠诚保证保险是以特定的正式雇员为被保证人的忠诚保险。在雇主遭受由被保证人所造成的损失时,由保险人负责赔偿。它与个人忠诚保证保险的不同之处在于,它是对几个而不是某一个雇员保险。同个人保证保险一样,每一个雇员的名字都必须列在保单上,并做出相应的保证金额规定。

（3）职位忠诚保证保险

职位忠诚保证保险是以各种职位及其人数作为被保证人的忠诚保险。它与指名忠诚保证保险的不同之处在于,它不列出被保证人的姓名,而只是列出各级职位及其人数。每一职位都有规定的保证金额。

（4）总括忠诚保证保险

总括忠诚保证保险是以全部在册正式雇员为被保证人,保证合同中不列姓名、职位,而是分别按人数的多少来计算保费的忠诚保证保险。

2. 履约保证保险

履约保证保险是在被保证人不按约定履行义务,从而造成权利方受损时,由保险人负责赔偿的一种保险。在实践中,履约保证保险主要有以下四种形式:

（1）合同履约保证保险

合同履约保证保险是为了保证被保证人能够履行他与权利人签订的合同。如建筑工程合同的一种保证保险。如果承包人没有按照合同规定完成工程,应由保证人(保险人)会同招标人的一种保证保险。如果承包人没有按照合同规定完成工程,应由保证人(保险人)会同招标人安排其他承包人继续完成,或由保证人承担因未履行合同而导致的损失的赔偿。

（2）司法履约保证保险

在司法程序中,原告或被告向司法部门提出某项要求时,司法部门根据具体情况,要求其提供保证。这时,法院面临原告或被告违约的风险。司法履约保证保险是指对这种风险进行承保的一种保证保险。如保险人保证经由法院命令为他人利益管理财产的人能够忠实尽责。如有违反,由保证人来承担责任。司法履约保证保险主要包括两大类:信托保证保险和诉讼保证保险。

（3）特许履约保证保险

特许履约保证保险是一种担保从事经营活动的领照人遵守法规或义务的保证保险。即保证人保证领照人(被保证人)能够按照规定履行其义务。要求从事某种经营活动的人在向政府申请执照或许可证时,必须提供这种保证。如果被保证人的行为违反政府法令或有损于国家利益和社会公共利益,由此造成损害时,由保证人承担其责任。

（4）公职人员履约保证保险

公职人员履约保证保险是一种保证人为政府公职人员提供的保证保险。其内容主要包括对由于公职人员的不诚实或欺诈等造成的损失,以及在职人员未能恪尽职守以致损害国家利益造成的损失承担赔偿责任。

本章小结

1. 财产保险承保了被保险人的各种财产物资和有关利益。对保险人而言,经营财产保险要承受风险损失的赔偿,同时可能带来利润;对于被保险人来说,投保财产保险可以把生活中各种不确定的损失危险转嫁给保险人,通过支付保险费,换来的是利益的安全和预期利益的实现;对社会而言,财产保险维护社会再生产的顺利进行和城乡居民的正常生活秩序,是化解社会危险的有效途径;对政府而言,财产保险减轻了政府救灾的负担,避免了灾害事故尤其是重大灾害事故对财政的冲击。因此,财产保险是当代社会重要的、不可或缺的经济补偿制度。

2.财产保险是以各种财产物资和有关利益为保险标的,以补偿投保人或被保险人的经济损失为基本目的的一种社会化经济补偿制度,是现代保险业的两大种类之一。

3.火灾保险是财产保险中最常见的一种保险,其主要特征是保险标的必须存放在固定处所并处于相对静止状态下,其业务包括团体火灾保险与家庭财产保险两部分,是财产保险的基础性业务。

4.家庭财产保险,简称为家财险,是以我国城乡居民的家庭财产为保险标的,由保险人承担火灾、自然灾害以及意外事故损失赔偿责任的财产损失保险。家庭财产保险一般由若干险种组成,我国的家庭财产保险基本险种有普通家庭财险、家庭财产两全保险、专项家庭财产保险、安居类综合保险、附加盗抢险。

5.企业财产保险是以企事业单位和机关团体的固定资产和流动资产等为保险标的,由保险人承担火灾及有关自然灾害、意外事故损失赔偿责任的财产损失保险。

6.机动车辆保险也称为汽车保险,我国机动车辆保险承保的对象包括汽车、电车、电瓶车、摩托车、拖拉机等各种专用机械车、特种车。机动车辆保险分为基本险和附加险。

7.船舶保险是以各种类型船舶为保险标的,承保其在海上航行或者在港内停泊时,遭到的自然灾害和意外事故所造成的全部或部分损失及可能引起的责任赔偿。船舶保险采用定期保险单或航程保险单形式。

8.飞机保险是以飞机机身与飞机有关的责任和利益为保险标的的一种运输工具保险。飞机保险具有保险金额高,风险集中,专业性、技术性强,涉及面较广的特点。随着航空技术的发展,飞机保险所设计的保险金额不断增加。

9.货物运输保险是以运输过程中的货物为保险标的,承保货物在运输过程中由于自然灾害或意外事故遭受的损失的保险。货物运输保险所承保的货物,主要是指具有商品性质的贸易货物,一般不包括个人行李以及运输过程中所耗费的各种供应和储备物品。

10.工程保险是以各种工程项目为主要承保对象的一种财产保险。一般而言,传统的工程保险仅指建筑工程保险和安装工程保险。工程保险的主要险种包括建筑工程保险、安装工程保险、科技工程保险。

11.责任保险是一种以被保险人对第三者依法应承担的民事赔偿责任为保险标的的保险。主要包括产品责任保险、雇主责任保险、职业责任保险和公众责任保险。

12.信用保险是指由权利人投保,保险人承担义务人信用风险的保险。信用保险的险种有国内信用保险、出口信用保险与投资保险。保证保险是被保证人根据权利人的要求,向保险人投保,要求保险人担保自己信用的保险。主要包括忠诚保证保险和履约保证保险。

关键术语

财产保险 火灾保险 财产损失保险 家庭财产保险 机动车辆保险 第三者责任保险 船舶保险 飞机保险 货物运输保险 工程保险 责任保险 信用保险 保证保险

复习思考题

1.财产保险具有哪些特征?

2.简述火灾保险的定义及特征。

3.简述家庭财产保险的承保范围。

4.比较强制性第三者责任保险与商业性第三者责任保险的区别。

5.解释对被保险船舶不适航的主要规定。

6.简述工程保险的概念与特征。

7.比较货物运输保险与火灾保险的异同。

8.信用保险与保证保险的区别有哪些?

案例讨论1

车撞大树晚报案 保险不赔惹官司

案情:2013年,车主梁某驾车在街角转弯时不慎撞上大树,造成自身车辆受损的交通事故,由于缺乏保险理赔经验,他第一反应是将车辆开到修理厂准备维修。经人提醒后才想起自己的车投保了车损险,于是将车开回事故现场,并打电话给交警部门以及保险公司报案出险。但此时距事故发生已过了三个小时,碰撞痕迹已经被清理干净,事故现场完全灭失,保险公司理赔工作人员到场后未能勘查现场。此后,车主梁某到保险公司理赔时,保险公司援引保险合同免责条款拒绝赔付。原来,车主投保的车损险保险单"明示告知"一栏打印的内容中有"请您详细阅读保险条款,特别是加黑突出标注的、免除保险人责任部分的条款内容"等字样,而保险单"特别约定"一栏有"若您的爱车不慎发生保险事故,请在事故现场拨打我们全天候24小时服务热线报案"等内容。保险公司指称投保人未在事故现场报案,存在事后伪造现场的可能。车主梁某当然不愿为高昂的修理费用自掏腰包,于是将保险公司告上法庭。

经法院审理查明,保险公司援引的免责条款中,"明示告知"具体内容的印刷字体的字号比前面"明示告知"四个字的字号还小。而"特别约定"具体内容的印刷字体的字号也比前面"特别约定"四个字的字号还小。并且都没有加黑、加粗。法院认为,保险公司要求车主在事故发生现场报案出险的条款,是加重被保险人义务、免除自身责任的免责条款,但保险公司却没有用足以引起投保人注意的文字、字体、符号或者其他明显标志做出提示,保险公司作为格式合同的提供方,不能认定其已经尽了合同法和保险法规定的特别告知义务。法院认定该免责条款无效,判决保险公司应当对车主的车损在保险限额内进行赔偿。

评析:保险合同纠纷频发,免责条款是关键。除明确标注的"责任免除""除外责任"条款外,还存在一些客观上减轻或免除保险人赔付责任的条款,以及有关免赔率、免赔额等部分或者全部免除保险人赔偿或者给付保险金责任的条款,这些都是免责条款。免责条款作为保险格式合同的一部分,其提供方保险公司有法定的特别提示和解释说明义务。实践中,虽然保险公司以文字载明提醒客户注意阅读保险条款的内容,但如果该部分内容的文字、符号、字体等不足以引起投保人注意,就不是合格的提示。而保险公司的保险代理人有时为了促使保险合同的顺利签订,也故意"忽略"向投保人提示免责条款的内容,或者虽做了说明但未能取得投保人的亲笔签名确认,无法留存相应证据,导致庭审时举证不能,也不能证明其尽到了提示说明义务。

第七章

再保险

再保险最早起源于欧洲海上贸易发展时期，从海上业务开始，经历了几百年商品经济和世界贸易的发展，世界各国相继成立了再保险公司，目前已形成了庞大的国际再保险市场。再保险作为"保险公司的保险"，是对风险的二次分散，对于保障保险市场安全，为直接保险公司分散赔付风险、扩大承保能力和增强巨灾保障功能，并辅助保险市场调控以及强化行业风险管理发挥了重要的作用。由于再保险业务与原保险业务具有完全不同的特征，在业务经营、合同条款等许多方面都与原保险不同。

通过本章的学习，要求掌握再保险的概念、再保险与共同保险的联系和区别、再保险与原保险的联系与区别、再保险的方式；理解再保险的职能与作用、再保险合同的特征与形式；了解再保险的分类和组织形式。

第一节 再保险概述

随着社会经济和科学技术的不断发展，风险不断增加，危险事故造成的损失也在不断增大。为了分散风险、扩大承保能力、稳定经营，保险公司需要通过一种机制来分散和转移风险，再保险由此而生。世界各个国家的保险业，不论规模大小，都需要根据自身经营情况，将其所承保的保险责任在国内或国际再保险市场中转移出去。再保险已经成为现代保险经营中必不可少的重要环节。

一、再保险的基本概念

再保险（Reinsurance），也称为分保，是原保险人在原保险合同的基础上，通过与保险人签订再保险合同，支付一定的保费，将其承担的部分风险和责任转嫁给其他保险人，以分散风险责任、保证其业务经营稳定性的保险。从法律的角度来看，我国《保险法》第二十八条规定："保险人将其承担的保险业务，以分保形式部分转移给其他保险人的，为再保险。"

在再保险业务中，分出保险业务的公司或转移风险责任的一方称为原保险人（Original Insurer）或分出公司（Ceding Company）；接受分保业务的公司称为再保险人（Reinsurer）或分入公司（Ceded Company）。

在再保险合同中，分出公司在分出部分风险责任的同时，也需要支付一定的保费给分入公司，这种保费叫作分保费或再保费（Reinsurance Premium）；同时，分入公司根据分保费付给分出公司一定费用，用来支付分出公司在展业和管理等方面产生的费用，这种由分入公司支付给分出公司的费用报酬称为分保佣金（Reinsurance Commission）或分保手续费。当再保险合同有盈余时,分入公司根据分保费付给分出公司的费用称为盈余佣金,也称为纯益手续费(Profit Commission)。

分出公司根据自身偿付能力所确定承担的责任限额叫自留额;经过分保转移出去由分入公司所承担的责任限额叫分保额。如果分入公司又将其接受的风险责任分给其他保险人,这种业务称为转分保(Retrocession),双方分别称为转分保分出人和转分保接受人。

二、再保险与原保险、共同保险的关系

(一)再保险与原保险

1. 再保险与原保险的联系

再保险与原保险存在密切的联系,二者相辅相成,相互促进。再保险是以原保险合同为基础的,是原保险人与再保险人之间签订保险合同的保险业务。再保险是保险人将其承保的直接保险业务分给其他保险人,通过缴纳分保保费给再保险人,再保险人在发生保单所规定的保险事故时承担分保责任。再保险合同只对原保险人和再保险人具有约束力,与原保险业务中的被保险人无关。即再保险的产生,是基于原保险人在经营中分散风险的需要。原保险是对风险的一次转嫁;再保险实质是对保险人的风险进行二次转嫁。

2. 再保险与原保险的区别

再保险是独立的保险业务,它是脱离原保险合同而独立存在的合同。虽然再保险和原保险都是为了分散风险、补偿损失,但是两者在保险经营过程中仍有明显的区别,主要体现在以下几个方面:

(1)保险主体不同

原保险合同主体是保险人和投保人或被保险人;而再保险合同的主体都是保险人,与原投保人无关。

(2)保险标的不同

原保险的保险标的包括被保险人的财产、人身、责任、信用及相关利益,涵盖财产保险、人身保险、责任保险和信用保证保险。再保险的保险标的是再保险分出人根据原保险合同所承担的契约责任,是从原保险转移过来的赔偿责任而不是某种具体的标的物。

(3)保险合同性质不同

在原保险业务中,财产保险合同具有损失补偿性,人身保险合同具有给付性。而再保险合同不论是人身保险合同还是财产保险合同,都只具有补偿性。因为再保险人是对原保险合同下的赔款进行分摊,不管是财产保险还是人身保险,都是对原保险人的风险损失进行补偿,所以再保险合同都是补偿性合同。

总之,再保险合同是在原保险合同基础上产生的一种独立合同。没有原保险合同的存在,也就没有再保险合同,再保险合同建立在原保险合同之上。对于原保险人来说,原保险人是否选择办理再保险业务,或者分出多少业务,完全取决于原保险人自身的资产及经营情况。原保险合同的投保人、被保险人与受益人都不与再保险人发生任何权利义务关系。

（二）再保险与共同保险

共同保险指的是两个或者两个以上的保险人共同承保同一个保险标的、同一个保险利益、同一个风险责任，但是总的保险金额不超过保险标的的总价值的保险。再保险与共同保险都是保险人选择分散风险的一种方式，都具有扩大承保能力、稳定保险经营的作用。但是二者又有明显的区别。

1. 当事人不同

共同保险的当事人是投保人与两个或者两个以上的保险人；再保险的双方当事人均为保险人，与投保人或被保险人没有关系。

2. 风险分散方式不同

共同保险是投保人就同一个保险标的、同一个保险利益、同一个风险事故与多家保险公司订立保险合同，各个保险人在各自承保金额限度内对被保险人负赔偿责任，这是对风险的第一次分散，为横向分摊；再保险则是在原保险基础上对风险进行二次分散，为纵向分摊。

三、再保险的职能与作用

再保险的产生与不断发展，与它具备的职能与作用是分不开的，再保险的职能与作用具体表现在以下几个方面：

（一）分散风险

在现实生活中，正因风险无处不在，所以人们产生了对保险的需求。保险的本质在于在面临同样危险的众多投保人之间分散风险。对于自身存在经营风险的保险公司来说，如果将所能得到的全部保险业务都独自承保起来，那么无形中又把风险聚集了，特别是针对一些可能造成巨大损失的危险事故来说，就有可能超出自身的偿付能力。保险公司通过再保险的方式将危险在同行业中进一步分散。例如，保险公司承保卫星发射的业务，此类业务保额通常非常巨大，而面临同样危险的标的又较少，承保这些业务与保险机制正常运营所遵循的大数定律不完全符合，如果保险人独自承担其保险责任，风险就过于集中。通过再保险，保险人可以将超出承保能力范围的保险责任分保出去，分散风险，保证经营的稳定性。分保接受人还可以通过转分保进一步分散风险。这样就可以把原本集中在一家保险人的风险分散到众多保险人之间。也就是说，通过再保险，可以将巨额风险转变为小额风险，分散给其他保险人，由多家保险人来共同承担。

（二）限制责任

在保险业务的经营过程中，赔款是主要的支出，而赔款的多少又取决于保险人对风险所承担的责任，保险人可以根据自身的技术、资金能力来确定自留额，从而控制好风险责任，使保险经营更稳定及安全。具体可以通过以下三个方面限制责任：一是限制每一风险单位的责任。保险人在制订分保计划的时候，确定每个风险单位的自留额，将未来可能超过自留额的部分责任分保出去，这种控制也称为险位控制。二是事故责任控制。通过这种方式，可以将每个风险单位的责任限制在一个固定的范围内。在一次巨灾事故中，如地震、飓风、洪水等可能造成许多个风险单位的同时损失，那么即使每一个风险单位的责任都被控制，也有可能因为累计责任造成保险人财务危机。因此，需要限定一次事故的最高赔偿限额,这种控制就叫事故责任控制。三是累计责任控制。累计责任控制是在一定时期内的控制,一般指控制一年内的赔款数量。

(三)扩大承保能力

保险公司的承保能力受到资本金和准备金等因素的限制。保险公司的自有资金是有限的,其自身承保能力自然也受到一定的限制。如果保险人承保的数量超过他实际承保能力,就会造成经营的不稳定,威胁保险人的生存状况。为了限制保险公司的承保能力,我国《保险法》第一百零二条就明确规定:"经营财产保险业务的保险公司当年自留保险费,不得超过其实有资本金加公积金总和的四倍。"换句话说,保险人必须满足监管部门规定的偿付能力的最低要求。由于保险公司业务量的计算不包括分保费,因此通过再保险,保险公司可以在不增加资本金的情况下增加业务量,扩大承保能力。

(四)提高偿付能力

分出公司通过再保险可以提取未到期赔付责任准备金、未决赔款准备金等资金并用于投资,以增加保险公司的收益。同时,分出公司在分保业务的过程中可以得到一笔分保佣金,用来增强分出公司的财务实力。另外,在再保险业务中,分出公司所分出业务的各类准备金,可以相应地扣除经营费用,准备金提留金额就减少了,公司负债也减少了。保险公司的偿付能力是用净资产来衡量的,通过办理再保险可以增加公司资产,降低负债,从而使保险公司的偿付能力有所提高。

(五)有利于拓展新业务,获取技术支持

保险公司在开展新的业务时,特别是那些保险业正处在发展中的国家及一些新成立的保险公司,由于经验不足、数据短缺等,定价方面都会较为保守,这便造成产品不具有竞争力,新业务难以迅速开展。但是,再保险公司通常具有丰富的经验以及充足的数据,通过再保险的方式,原保险公司可以获得再保险公司在业务、技术方面的指导,协助保险公司积极运作,降低风险,促使新业务得以发展起来。

(六)形成巨额联合保险基金

通过再保险,可以将保险公司聚集成更大的分散风险的网络,将各个独立的、为数较少的保险基金联合起来,形成同业性或国际性的联合保险基金。虽然这种联合并非以法律规范的形式来将多家保险公司的保险基金联合起来,但通过再保险的分出与分入业务,把超出自身能够承担的风险责任转移出去,实质上就起到了一种联合保险基金的作用。目前,随着科学技术的发展和广泛应用,风险不断增加。例如,核电站爆炸、人造卫星发射失败、轮船沉没、飞机失事、恐怖袭击等,危险一旦发生,造成的损失都是数以亿计。任何一个保险人,不论资金如何雄厚,都难以承受这种巨额损失。而通过再保险,各自独立的保险人就可以联合起来,使用联合保险基金来分摊巨额的损失。

(七)增加保险人的可用资金

各国的保险法都有相应规定,保险人必须提存未到期责任准备金和未决赔款准备金。如果保险人办理了比例再保险,未到期责任准备金和未决准备金则由再保险人提存。由于再保险人提存的准备金一般存放在保险人那里作为再保险人履约的保证金,再保险准备金从提存到支付有一段时间间隔,成为闲置资金,可以用来投资,使资金保值增值。另外,对于合约再保险来说,保险人收到投保人的保险费与支付再保险地再保费之间,具有一定时间差,保险人可以对这些资金加以利用。

第二节　再保险合同

再保险与原保险相同,都是通过合同来明确再保险人与原保险人之间的权利与义务关系。再保险合同的主要形式可以分为临时再保险合同、固定再保险合同、预约再保险合同。

一、再保险合同概述

(一)再保险合同的概念

再保险合同又称为分保合同,是分出公司和分入公司确定双方权利义务关系的协议。也是分出公司分出一定的保费给分入公司,分入公司对分出公司由原保险合同所引起的赔付成本及其他相关费用进行补偿的保险合同。

(二)再保险合同的特征

1. 再保险合同是保险人与保险人之间签订的合同

签订再保险合同的一方为再保险分出人,另一方为再保险分入人。再保险分出人根据再保险合同的规定,有义务向再保险分入人支付一定保费,同时有权利就其由原保险合同所引起的赔偿及其他相关费用从再保险分入人获取补偿;再保险分入人根据再保险合同,有权利向再保险分出人收取一定保费,同时有义务对再保险分出人由原保险合同所引起的赔偿及其他相关费用进行补偿。

2. 再保险合同是补偿性合同

不论原保险合同是寿险合同还是非寿险合同,再保险合同的标的都是再保险分出人所承担的保险责任。再保险合同不具有直接对原保险合同标的被保险人或受益人进行赔偿或给付的性质,而是以补偿再保险分出人对原保险合同所承担的保险责任为目的,即对于原保险合同标的发生保险事故所产生的损失,先由再保险分出人全额进行赔偿或给付,再将应由再保险分入人承担的部分摊回,由再保险分入人向再保险分出人进行补偿。

3. 再保险合同独立于原保险合同

再保险合同独立于原保险合同主要体现在再保险合同与原保险合同在法律上没有任何承继关系。一方面,再保险合同的再保险分入人与原保险合同的投保人和保险受益人之间不发生任何法律或业务关系,再保险合同的再保险分入人无权向原保险合同的投保人收取保费,原保险合同的保险受益人无权直接向再保险合同的再保险分入人提出索赔要求;另一方面,原保险合同的保险人也不得以再保险分入人不对其履行补偿义务为借口而拒绝、减少或延迟履行其对保险受益人的赔偿或给付义务。

二、再保险合同的形式

(一)临时再保险合同

临时再保险合同是最早的再保险合同形式,是原保险人根据业务需要,临时选择再保险接受人,经过双方协商达成协议而签订的再保险合同。对于临时分保业务,分出公司在出现承保风险超过自身自留的限额情况时,会自由选择是否要安排再保险以及再保险的金额。再保险人可以自由选择是否接受以及接受的条件及份额。总体来说,对于临时分保业务的分出公司以及分入公司来说,它们都具有自由的选择权,根据风险的性质及承保能力等因素来决定临时分保。

临时分保的优点在于具有灵活性、针对性、业务条件清楚、选择余地大。但是这类分保形式也具有一些明显的缺点:手续烦琐,因为业务必须逐笔办理,工作量大,营业费用也会增加。虽然这一形式依然被采用,但是随着固定再保险广泛被采用,临时再保险的运用范围受到了较大的限制。临时再保险一般适合于新开办或不稳定的业务、合同再保险不承保的业务与超过合同分保限额或需要超配保障的业务。

(二)固定再保险合同

固定再保险是再保险业务最主要的方式,也被称为合同再保险,原保险人和再保险人以事先签订合同的方式来明确双方的再保险权利和义务,包括约定分保业务范围、地区范围、除外责任、分保手续费、只留额、合同最高限额、付费方式等各种分保条件。合同签订就具有法律效力,双方必须遵守。

固定再保险合同与临时再保险合同的区别在于:只要是固定再保险合同规定范围内的业务,分出公司就必须按照事先规定的合同条件向分入公司办理分保,分出公司不必再向再保险人逐笔通知承保业务,分入公司必须接受分保,承担责任,具有"强制性";而临时再保险合同对双方均无强制性。固定再保险合同具有长期性、自动性和连续性的特点,与临时再保险合同相比,原保险人无须逐笔办理再保险,简化了分保手续,提高了分保效率。另外,通过固定再保险合同这种分保方式可以使得再保险人获得稳定的业务。因此,目前固定再保险合同在国际再保险市场上被广泛地采用。

(三)预约再保险合同

预约再保险合同是介于临时再保险合同与固定再保险合同之间的一种合同。分出人与分入人对再保险的业务范围有预先规定。分出公司对于合同内规定的业务种类和范围中的各项业务是否分出或是分出多少是可以自己决定的,这一点与临时再保险合同的性质相似。而分入公司有义务接受分出公司的业务,不能拒绝,这一点与临时再保险合同的性质完全不同,与固定再保险合同相似。

预约再保险的特点在于:对于约定的业务,原保险人可以自由选择是否分出,而原保险人一经决定分出,再保险人就必须接受。从这里也可以看出,预约再保险对于原保险人来说更有优势。预约再保险实际上是合同再保险的一种补充,主要适用于一些具有特殊性危险的业务,或是合同分保限额不能满足需要,需要将溢额另行安排分保的情况。

第三节 再保险方式

再保险是原保险人为了分散风险,稳定经营,将超出自身承保能力的责任转让出去,将自身承担的责任限制在一定范围内。再保险双方可以事先以总的保险金额和原保险人自留份额为基础确定一个责任分担比例,也可以是原保险人和再保险人以危险事故损失为基础来确定各自的保险责任。归纳起来,再保险可以分为比例再保险和非比例再保险。

一、比例再保险

比例再保险也称为保额再保险,是原保险人和再保险人事先以总保险金额和原保险人的自留份额为基础承担固定的责任分担比例,双方按照这个比例分配保险费,危险事故发生后,依据这个比例承担保险责任。比例再保险是以保险金额为基础确定双方各自责任的一种方式。因此,不管在保险期限内,具体产生多少赔款,再保险双方都是按照事先约定的这个比例来进行分担。正因如此,比例再保险充分显示了原保险人和再保险人利益的一致性,原保险人与再保险人共同分担风险。比例再保险通常包括一般性大额保险业务和巨灾保险业务等,应用范围十分广泛。比例再保险可以分为成数再保险、溢额再保险、成数溢额混合再保险三种形式。

(一)成数再保险

1.成数再保险的概念

成数再保险(Quota Share Reinsurance)是指原保险人按照事先约定的比例,将每一危险单位的保险金额按照比例分摊,将超过自留额的部分分保给再保险人的再保险方式。按照成数再保险方式,不论分出公司承保的每一危险单位的保额大小,只要是在合同规定的限额内,双方都按照事先约定的比例进行分配和分摊。例如,合同中约定的自留比例为40%,分保比例为60%,则称该合同为60%的成数再保险合同。总之,成数再保险最大的特征是按比例再保险,是最简便、最具有代表性的比例再保险方式。

由于成数再保险对每一危险单位都按固定的比例分配责任,因此,如果遇到巨额保险,分出人与分入人承担的责任依然会很大,再保险的作用会被削弱。为了把保险责任控制在一定范围内,每一个危险单位或每一份保单规定最高责任限额,责任限额以内或是等于责任限额的保险金额部分都按照事先约定的比例分担责任;超出责任限额的部分,需要寻求其他方式进行处理。例如,一份成数再保险合同规定每一危险单位的最高限额为200万元,自留比例为35%,分出比例为65%(65%的成数再保险合同),合同双方的责任分配如表7-1所示。

表 7-1   成数再保险责任分配表   单位:元

保险金额	自留部分(35%)	分出部分(65%)	其他方式
700 000	245 000	455 000	0
1 000 000	350 000	650 000	0
1 500 000	525 000	975 000	0
2 000 000	700 000	1 300 000	0
2 500 000	700 000	1 300 000	500 000

在表7-1中,保险金额不足或等于200万元时,双方按照比例分担责任;当保险金额为250万元时,原保险自留及再保险分入部分,与原金额为200万元时相同,超过的部分50万元需要通过其他方式处理,如果没有找到其他的处理方式,那么超出部分的责任依然归原保险人承担。

成数再保险双方对于保费和赔款都是按照合同约定的比例来计算。例如,一份保险金额为100万元,自留比例为35%,分出比例为65%。原保险人自留额为35万元,分出额为65万元。假设按照保险金额的2%收取保费,原保险人收取2万元的保险费,分保接受人需要缴纳的分保费也是按照分出比例 65％ 来计算,即 13 000 元,原保险人自留保费为 7 000 元。假设合同中所约定的危险事故发生,原保险人需要支付给被保险人赔款 80 万元,从再保险人那里可以获得分摊赔款 52 万元,原保险人实际承担的赔款为 28 万元。假设表中显示的是一份船舶险成数再保险责任分配表,每艘船限额为 1 000 万元,保险费率为 1％,原保险人自留 40％,分出 60％。成数再保险责任、保费和赔款的计算如表 7-2 所示。

表 7-2　　　　　　　　　　船舶险成数再保险责任分配表　　　　　　　　单位:万元

船名	总额			自留额(40％)			分保额(60％)		
	保额	保费	赔款	保额	保费	赔款	保额	保费	赔款
A	200	2	0	80	0.8	0	120	1.2	0
B	600	6	40	240	2.4	16	360	3.6	24
C	800	8	100	320	3.2	40	480	4.8	60
D	1 000	10	500	400	4	200	600	6	300

2. 成数再保险的优缺点

成数再保险的最大优点在于合同双方利益一致。由于成数再保险对于每一危险单位的责任都是按照保险金额由分出公司和分入公司按比例承担,因此合同双方存在真正的共同利益,不论业务的大小好坏,双方共同承担风险;不论经营结果是盈利还是亏损,双方利害关系一致。正因为成数再保险是唯一能使原保险人与再保险人双方利益完全一致的方式,因此,成数再保险合同双方很少发生争执。成数再保险的第二个优点在于手续简单,节省成本。采用成数再保险的方式,合同双方之间的保险责任、保费和赔款均按照约定的同一比例进行计算,业务操作程序简单,可以节省人力、物力和管理费用。

成数再保险除了上述优点之外,也有一些不足之处,具体表现在两个方面。一方面是缺乏弹性。对于分出公司来说,不论业务好坏,都必须按照合同约定的比例进行分出。这就意味着,优质的业务分出公司无法更多自留,对于质量差的业务分出公司又不能减少自留,相当于放弃了自留的决定权。总的来说,成数再保险通常无法满足分出公司获取准确再保险保障的需求。另一方面是风险责任无法均衡。由于成数再保险是按照保险金额的一定比例来划分双方的保险责任,所有业务的保险金额,每一笔都是按照再保险的比例变动。对于风险程度的高低、损失的大小并没有加以区别,也没有做适当的安排,因此无法使风险责任均衡化。例如,船舶保险,有些船只的保险金额较大,有些船只的保险金额较小,不同船只的保险金额不同,而原保险人都按照成数再保险合同的同一比例来确定自留额,这就使得原保险人对不同船只承担的保险责任不均衡,如果保额较高的船只受损,保险公司需要赔偿的金额通常都会较大。总的来说,原保险合同保险金额高低不齐的问题,在成数再保险合同中仍然存在。

成数再保险具有合伙性,通常适用于新公司、新业务。相对来讲,成立时间较长、经验丰富的保险公司一般较少采用成数再保险。新成立的保险公司因为缺乏对危险责任的分析经验,往往会采用成数再保险,再保险人会提供技术上的支持与帮助。新公司对于新业务的开展,通常会缺乏统计资料及实际操作的经验等,通常采用成数再保险进行分保。一些危险性较高,赔款频繁的业务,如汽车险,成数再保险可发挥其手续简便,双方利益一致的优势。属于同一资本系统的子公司和母公司之间,以及集团内部分保,为简化分保手续,一般也会采用成数再保险方式进行分保。另外,成数再保险与其他分保方式混合运用,使再保险的安排更为合理,可以达到分散风险的根本目的。

(二)溢额再保险

1. 溢额再保险的概念

溢额再保险(Surplus Reinsurance)是由原保险人与再保险人签订再保险合同,原保险人对每一危险单位确定自己承担的自留额,当保险金额超过自留额时,原保险人将溢额部分分给再保险人承担的一种分保方式。

溢额再保险也属于比例再保险,是以保险金额为基础来确定再保险双方的责任。对于每一笔业务原保险人事先确定好自留额,将自留额与保险金额进行比较,来确定分保额和分保比例。

溢额再保险与成数再保险最大的区别在于,原保险人无须将所有的原保险业务分保,当保险金额小于事先确定的自留额时,无须办理分保;只有当保险金额超过自留额时,才将超过部分分给溢额再保险人。溢额再保险的自留额是一个确定的数额,不论保险金额的大小,都不会随之变动。而成数再保险的自留额为保险金额的固定百分比,会随着保额的变化而变化。例如,溢额分保的自留额确定为 50 万元,现有两笔业务,保险金额分别为 50 万元和 70 万元,第一笔业务在自留额范围内,无须分保;第二笔业务自留50 万元,分出 20 万元。分保比例则按照溢额再保险金额的比例计算,如第二笔业务的分保比例约为 29%。溢额再保险责任、保费和赔款的计算如表 7-3 所示。

表 7-3　　　　　　　　　　　　　　溢额分保计算表　　　　　　　　　　　单位:万元

标的物	总额			自留额(300)			分保额		
	保额	保费	赔款	保额	保费	赔款	保额	保费	赔款
A	100	2	0	100	2	0	0	0	0
B	200	5	40	200	5	40	0	0	0
C	500	10	100	300	6	60	200	4	40
D	1 000	20	500	300	6	150	700	14	350

2. 溢额再保险的三要素

溢额再保险成立与否,取决于保险金额是否超过预定的自留额。超过自留额的部分由再保险人承担。但是这种承担并不是无限制的,再保险人会对溢额分保合同以自留额的一定倍数为限度,仅承担限度内的保险责任。这种自留额的一定倍数,称为线数。最高限额是自留额的几倍就称为几线。例如,再保险合同的线数为 1 线,意味着再保险人最高承担和原保险人一样的保险责任,如果该合同的自留额为 50 万元,1 线的金额为 50万元;如果再保险合同的限额为 5 线,表示再保险人承担的保险金额最高是原保险人的 5倍,这样的溢额再保险合同又称为 5 线合同。因此,危险单位、自留额和线数是溢额再保险的三要素。其中,危险单位是客观固定因素,自留额和线数是可以变动的。自留额决定了原保险人承担保险责任的大小,线数决定了再保险人的最大保险责任。

3. 多层溢额

一般来说,原保险人根据其承保业务的年保费收入来制定自留额和决定溢额分保合同的最高限额的线数。对于承保业务的保额增加等情况,溢额再保险可以设置不同层次的溢额,依次称为第一溢额、第二溢额、第三溢额等。当第一溢额的分保限额无法满足原保险人业务需要时,则可以使用第二溢额和第三溢额,直至所有的保险金额分配完毕。通过设置多层次的溢额,不仅可以将原保险人的承保责任控制在一定范围内,也可以对再保险人的危险责任进行有效控制,均衡各个保险人的风险责任,使自留额和再保险额度都保持一定的标准,危险也因此被平均化。

例如,保险费为保险金额的1‰,自留额为10万元,第一溢额合同限额为10线,第二溢额合同限额为15线。多层溢额再保险确定保险责任、保费和赔款如表7-4所示。

表 7-4　　　　　　分层溢额分保计算表　　　　　单位:万元

危险单位		A	B	C	共计
总额	保险金额	5	100	200	
	总保费	0.05	1	2	3.05
	总赔款	0	10	100	110
自留额	自留保额	5	10	10	
	自留比例	100%	10%	5%	
	保费	0.05	0.1	0.1	0.25
	赔款	0	1	5	6
第一溢额	分保额	0	90	100	
	分保比例	0	90%	50%	
	分保费	0	0.9	1	1.9
	分摊赔款	0	9	50	59
第二溢额	分保额	0	0	90	
	分保比例	0	0	45%	
	分保费	0	0	0.9	0.9
	分摊赔款	0	0	45	45

从表7-4中统计的保费收入与支付赔款来看,该合同亏损极度严重,整体的赔付率为3 142.9%。但是,原保险人,第一溢额再保险人和第二溢额再保险人的亏损程度各不相同。原保险人的赔付率为2 400%,第一溢额再保险人的赔付率为3 105.2%,第二溢额再保险人的赔付率为5 000%。这显示出高层次溢额再保险的危险程度比低层次大,这是由于进入高层次溢额的标的数量减少。与成数再保险双方利益一致不同的是,溢额再保险的分出人和分入人利益上存在差异,一般对于分出人较为有利,主要是因为分出人可以灵活地确定自留额,具有自主权。而成数再保险对所有的业务都是按照比例分配,因此双方利益一致。

4. 溢额再保险的优缺点

溢额再保险具有可灵活确定自留额的优点。可以根据不同业务种类、质量和性质确定不同的自留额,具有灵活性。只要是在自留额以内的,原保险人无须分出业务给再保险人,全部自留;超过自留额的业务,原保险人可以根据保险标的质量进行选择,质量好的标的,可以确定较大的自留额,反之,可以确定小一些的自留额。适当地确定自留额,不仅使原保险人保有较多数量的业务,而且可以节省分保费的支出,使保险金额均衡化,可以提高整体的业务质量,增强经营的稳定性等。

溢额再保险的缺点在于手续烦琐。对于不同的业务要确定不同的自留额,需要根据不同的分保比例来逐一计算分保费和摊回赔款,而且在编制分保账单和统计分析方面也比成数再保险复杂许多。因此溢额再保险的经营管理费用要高于成数再保险。

通常来说,对于危险小、利益较优并且风险分散的业务,原保险人往往较多采用溢额再保险方式来获取充足的保费收入。对于业务质量参差不齐,保险金额高低不均匀的业务,也常常采用溢额再保险的方式来均衡保险责任,主要包括火险和船舶保险。在国际分保业务中,溢额再保险也是较为常见和被考虑接受的分保业务之一,可用于分保交换。

(三)成数溢额混合再保险

成数溢额混合再保险是将成数再保险和溢额再保险相结合,组织在一个合同中,以成数再保险的限额作为溢额再保险的起点,再确定溢额再保险的限额。在安排上,既可以先安排成数分保,也可以先安排溢额分保。

1. 成数合同内的溢额合同

分出公司事先安排一个成数再保险合同,规定合同的最高限额,当保险金额超过合同中的最高限额时,再按照另外订立的溢额再保险合同处理。例如,假设原保险人规定成数分保的最高限额为 100 万元,100 万元以内的保险金额由原保险人自留 30%,剩余的 70% 分给若干家再保险公司;保险金额超出最高限额的部分通过溢额再保险处理,溢额分保的最高限额为 5 线,即 500 万元。

2. 溢额合同内的成数合同

分出公司先安排一个溢额再保险合同,确定自留额,并对自留部分通过成数分保处理。例如,假设原保险人确定溢额合同自留额为 100 万元,责任限额为 5 线,即责任限额为自留额的 5 倍。对于 100 万元自留的部分,分出公司可以另外签订一份成数分保合同,比如把其中的 50% 再进一步分出,实际自己只保留了 50 万元的保险责任。

假设成数分保的最高限额为 100 万元,溢额合同的限额为 5 线。成数溢额混合分保保险责任分配如表 7-5 所示。

表 7-5 　　　　　　　　　　成数溢额混合分保保险责任分配 　　　　　　　　单位:万元

保险金额	成数分保			溢额分保
	金额	自留 30%	分出 70%	
50	50	15	35	0
100	100	30	70	0
300	100	30	70	200

　　成数溢额混合分保合同并无固定的形式,可根据原保险人的业务好坏和公司的需求情况来决定。通常用于海上保险业务和转分保业务,在特殊情况下使用得较多。例如,在某个业务组织成数再保险合同要支付较多分保费,而组织溢额再保险合同时,保费和保险责任又无法平衡的情况下,就可以采用混合再保险的方式,来协调两种方法的弊端。

二、非比例再保险

　　非比例再保险又称为超额损失再保险,它是以赔款为基础,计算自赔限额和分保责任限额的再保险。在这一再保险业务形式中,保险费率不是按照原费率计算,而是按照协议费率计算。由于分出人的保险费、保险赔款与保险金额之间没有固定的比例,故称为非比例再保险。采用这种再保险方式,只有当原保险人对投保人的赔款超过一定标准时,再保险人才对原保险人进行补偿,所以又被称为第二风险再保险,以示责任的先后。

　　非比例再保险有以下几个作用:第一,扩大保险人对每一风险单位的承保能力;第二,限制保险人的自负责任,如在有些国家和地区,汽车第三者责任险是没有限额的,分出人可运用这种分保方式限制自己的责任,超出部分由分保接受人负责;第三,原保险人对每一风险单位或每一次事故所负的责任,特别是对巨灾自留额部分的累积责任获得保障,由此保证财务稳定;[①]第四,由于再保险免赔额以内大量的小额赔款由原保险人自负,它所支付的再保险费只占总保险费的很小部分,因此,非比例再保险能够使原保险人减少再保险的支出,增加实际收入。

　　非比例再保险主要有险位超赔再保险、事故超赔再保险、赔付率超赔再保险三种方式。

(一)险位超赔再保险

　　险位超赔再保险是指原保险人对每一风险单位的赔款确定一个自负责任额,如果总赔款金额低于自负责任额,由原保险人全部负担;如果总赔款金额超过自负责任额,多出部分由再保险分入公司承担,这个部分被称为再保险责任额。再保险责任额在合同中也是有一定限度的。

　　当发生一次危险事故后,可能有不止一个危险单位遭受损失,险位超赔再保险对赔款的偿付分两种情况。一种是按危险单位分别计算,对每一个危险单位赔款的超额部分都由再保险人承担,没有总额限制;另一种是设定事故限额,即对一次危险事故的赔偿规定一个最高额,如果在限额之内仍不能满足对各危险单位的赔款总和,多出部分由原保险人承担,一般事故限额为原保险人自负责任额即险位限额的 2~3 倍。例如,有一笔650 万元的险位超赔再保险合同,其险位限额为 100 万元,当危险事故发生后,无事故限额和有事故限额(假设为 200 万元)分别对应的赔款分摊如表 7-6、表 7-7 所示。

---

　　① 我国《保险法》第一百零四条规定,保险公司对风险单位的计算方法和巨灾风险安排方案,应当报金融监管部门备案。

表 7-6		（无限额）险位超赔赔款分摊表		单位：万元
危险单位	赔款	分出公司承担赔款	分入公司承担赔款	
A	150	100	50	
B	200	100	100	
C	300	100	200	
共计	650	300	350	

表 7-7		（有限额）险位超赔赔款分摊表		单位：万元
危险单位	赔款	分出公司承担赔款	分入公司承担赔款	
A	150	100	50	
B	200	100	100	
C	300	250	50	
共计	650	450	200	

由于事故限额为 200 万元，所以再保险人对危险单位 C 的赔款只承担 50 万元，余下的 250 万元全部由原保险人承担。

（二）事故超赔再保险

事故超赔再保险是以一次巨灾事故所发生的赔款总额为基础来计算原保险人的自负责任额和再保险人的再保险责任额。事故超赔再保险责任的划分，关键在于如何界定"一次巨灾事故"。当发生自然灾害后，如果总的划分为一次事故，那么全部赔款都按照事故超赔再保险合同约定的比例分摊，超过再保险人责任限额的部分由原保险人承担。如果划分为数次事故，针对每次事故的赔款分别按照合同约定的比例分摊，一次赔款超过再保险人责任限额的可能性较小，因此相对于总的划分为一次事故，赔款更多的由再保险人承担。

例如，有一份超过 1 000 万元的事故超赔分保合同，一次洪水持续了 6 天，共造成损失 5 000 万元。

如果按照一次事故计算，全部赔款 5 000 万元根据合同进行分摊，原保险人先负担 1 000 万元，再保险人负担 1 000 万元，剩下的 3 000 万元仍归原保险人承担，即原保险人共承担了 4 000 万元赔款，再保险人承担了 1 000 万元的赔款。

如果以 3 天为标准划分为两次事故计算，假定前后两次事故造成的损失分别为 2 000 万元、3000 万元，分别根据合同划分责任。对于第一次事故，原保险人承担赔款 1 000 万元，再保险人承担 1 000 万元；对于第二次事故，原保险人承担 2 000 万元，再保险人承担 1 000 万元。原保险人一共负担了 3 000 万元赔款，再保险人则承担了 2 000 万元赔款。

从上述例子可见，事故次数划分不同会造成责任分摊的不同，因此在合同中对如何划分事故次数有详细的规定。划分多以时间为标准，有时还受地区的限制。下面给出一些划分"一次事故"的标准：关于风暴、龙卷风、暴风雨、飓风、旋风、台风、暴雨或冰雹等由同一大气扰动造成的灾害持续达 72 小时；关于在同一震中的地震或海啸、潮汐或火山爆发持续达 72 小时;在一个城市、镇和村落关于暴动、民变和恶意破坏持续达 72 小时;关于森林和草原的大火持续达 72 小时;关于一个或同一个河流盆地形成一个地区的洪水持续达 72 小时,河流盆地是指受到影响的一条河流,包括支流。这些规定并不是一成不变的,在实际操作中要兼顾双方的利益来确定具体的时间限度。

在事故超赔再保险中,有类似于分层溢额再保险的安排方式,将总的赔款分为若干层,分别由不同的再保险人接受。例如,一笔 1 000 万元的事故超赔再保险业务分三层安排:

第一层为超过 100 万元赔付的 200 万元,表示发生事故后原保险人负担 100 万元赔款,赔款超过 100 万元的部分由第一层再保险人承担,但最多承担 200 万元。

第二层为超过 300 万元的 300 万元,表示总赔款超过 300 万元的部分由第二层再保险人承担,但最多承担 300 万元。

第三层为超过 600 万元的 400 万元,表示总赔款超过 600 万元的部分由第三层再保险人负担,但最多负担 400 万元。

如果发生赔款 1 000 万元,原保险人和第一、第二、第三层再保险人分摊的赔偿金额分别为 100 万元、200 万元、300 万元、400 万元。这就像多层盛水的容器,一层盛满了,流向下一层。

(三)赔付率超赔再保险

赔付率超赔再保险是按赔款与保费的比例确定自负责任和再保险责任的一种再保险方式。再保险当事人双方在合同中约定一个赔付率(赔款与保费的比例)的标准,在 1 年之内,当原保险人的赔付率超过这个标准时,由再保险人负担超出部分,再保险人负担的责任也有一定的限额,通常也是以赔付率或金额来表示。赔付率超赔再保险的赔付按年度进行,通过这种再保险方式,原保险人的年度赔付率被控制在一定限度内,因此该再保险又有停止损失再保险和损失中止再保险之称。

赔付率超赔再保险中,原保险人和再保险人的保险责任是根据赔付率标准划分的,因此合理制定赔付率标准是经营这种再保险业务的关键。合理的赔付率要满足的条件是:既要对原保险人起到保障作用,又不能使原保险人有机会从中获得不当利益。一般当营业费用率为 20% 的时候,再保险的起点赔付率规定为 80%。

例如,有一份赔付率超赔再保险合同规定,赔付率标准为 80%,再保险人的责任限额为 60%,同时规定再保险人赔付金额以 100 万元为限,并以较小者为准。这表示当赔付率在 80% 以下时,所有赔款由原保险人承担,当赔付率超过 80% 并小于 140% 的时候,超过 80% 的部分由再保险人承担,且赔付金额不超过 100 万元。如果总赔款金额经过再保险人分摊后仍不能全部偿付,剩余部分由原保险人负担。假设净保费收入为 100 万元,则不同赔款额的分摊如表 7-8 所示。

表 7-8 　　　　　　　　　　**赔付率超额再保险赔款分摊表** 　　　　　　　　　　**单位:万元**

赔款额	赔付率	原保险人分摊额	再保险人分摊额
50	50%	50	0
120	120%	80	40
150	150%	90	60

在有的赔付率超赔再保险合同中还会规定,对于再保险人承担的 60％的责任额,原保险人还要分担其中的 10％,或者说再保险人实际只要支付应承担赔款额的 90％。拿上面的例子来说,当赔款额为 120 万元的时候,再保险人应分摊其中的 40 万元。根据上述规定,由原保险人再承担其中的 10％,即 4 万元,再保险人实际承担 36 万元。同理,当赔款额为 150 万元的时候,再保险人实际只要承担 54 万元。这种规定使得对于超过规定赔付率的赔偿部分,原保险人和再保险人之间仍存在利益一致的关系,因此这种做法被称为共同再保险。

由于赔付率超赔再保险是以赔付率为基础确定分出公司自留责任和分入公司分保责任的,因此赔付率的计算在这种分保方式中就显得非常重要。赔付率超赔再保险的赔付率通常等于按签单年度的净赔款金额与同一年度的净保费收入之比。

赔付率超赔再保险是以分出公司的经营成果为对象,合同期限一般为 3～5 年,目的在于将分出公司的业务亏损控制在其财力所能控制的范围内。所以赔付率超赔再保险主要适用于单位损失金额不大,但损失频率较高,或者损失较集中、累积责任沉重的业务。

三、比例再保险与非比例再保险的比较

比例再保险与非比例再保险是再保险的两种不同方式,两种方式主要有以下几个方面的区别。

(1)在比例再保险中,合同双方的利益是一致的,原保险人和再保险人根据保险金额来划分彼此的保险责任,双方在保险费、保险责任、保险金额和保险赔款分配上都是按照一定的比例来进行的。而非比例再保险则不同,分入公司并不需要分担任何比例责任,只有在赔款超过分出公司自留额一定限额内时才承担赔付责任。

(2)两种方式的计算基础有所不同。比例再保险是以保险金额为基础计算分出公司的自留额和分入公司的接受额。非比例再保险是以赔款为基础,根据损失金额来确定分出公司的自负责任和分保责任。换句话说,非比例再保险,接受公司的责任额不会因原保险金额大小的变化而变化,而是与赔款总额相关。

(3)再保险保费的计算依据不同。比例再保险的再保险保费是根据原保险费率来计算的,再保险的保费属于原保险费的一部分,与再保险业务所占原保单责任为同一比例。而非比例再保险是以合同年度的净保费收入为依据计算再保险费。采用的是单独的费率制度,与原保险费没有比例关系。

(4)佣金费用不同。在比例再保险方式下,通常分入公司要支付分保佣金给分出公司。而在非比例再保险方式下,分入公司不必支付分保佣金给分出公司,因为分出公司与分入公司的地位相等,不必再支付保险佣金。

(5)赔款支付方式不同。比例再保险的赔偿偿付通常都是由账户处理,按期结算。非比例再保险赔偿偿付多以现金支付,并于分入公司收到损失清单后短期内如数支付。

(6)风险处理的作用有所不同。比例再保险通常较多处理普通风险,而非比例再保险一般处理大额或是巨额累积风险,更大地起到分散风险和控制责任的作用。

(7)财务核算手续繁简不同。比例再保险中的分出公司需要定期编制各种记载个别

风险的业务报表及其他相关报表,核算手续较为烦琐。非比例再保险中的分出公司则不需要编制各种记载个别风险的业务报表,按季度或年度编制有关保险费总收入和应付再保险的账单,按年度或按季度结算一次。

通过对这两种方式各自的特点加以合理运用,保险公司可以达到分散风险、降低成本等目的。

第四节　再保险市场

一、再保险市场概述

(一)再保险市场的含义

再保险市场是从保险市场发展而成的,它是指从事各种再保险业务活动的再保险交换关系的总和。它可以有许多买方和卖方自由进出,在保险和再保险商品的价格、条件和可用性上自由讨价还价。再保险市场的形成必须具备以下条件:发达的原保险市场,完善的现代化通信设备和信息网络,知识和经验丰富的律师、会计师和精算师等专业人员,灵活的汇率制度,较为稳定的政局。再保险市场的主体为再保险的买方、卖方和中介方。

再保险买方主要有直接保险公司和专业再保险公司,经营再保险业务的保险公司也可以成为买方,如专业再保险公司、劳合社、再保险集团;卖方主要有专业再保险公司、国家再保险公司、劳合社、再保险集团和兼营再保险业务的直接承保公司等。一笔业务中的买方可能是另一笔业务的卖方,如兼营再保险业务的直接承保公司既可以从其他保险人处分入业务,也可以根据需要向其他再保险人分出业务。

再保险的中介方主要是指再保险经纪人。再保险中介人为分出公司提供再保险服务,包括帮助分出公司确定其再保险需求;安排再保险规划满足其分保需求;寻找可提供再保险需求的市场;代表原保险人谈判合同条款、确定承保范围以及提供其他创新型业务等。再保险业务往往跨国跨地区,双方并不十分了解,对市场信息的把握也不够,而再保险经纪人熟悉国际保险市场情况,具备丰富的专业知识和实务经验,能够为再保险双方安排最佳的再保险计划;同时,他们也提供包括代收保费、代付赔款和互惠交换业务等在内的服务。再保险经纪人把分出公司视为自己的客户,在为分出公司争取较优惠条件的前提下选择分入公司并收取后者支付的佣金。再保险经纪人的发展已有 100 多年的历史,目前在世界比较发达的保险和再保险市场中估计有一半以上的再保险和超过 90% 的超额再保险业务是通过他们安排的。英国的劳合社规定再保险交易必须通过再保险经纪人进行。然而,我国的再保险市场只有少部分是通过保险经纪公司进行的,而且其在经纪公司全部业务中所占的份额也不高。

(二)再保险市场分类

再保险市场可以按照不同的标准进行分类。按再保险市场的范围分类,可分为国内再保险市场、区域性再保险市场和国际再保险市场。按再保险方式分类,可分为比例再保险市场和非比例再保险市场。按再保险险别分类,可分为人身险再保险市场和财产险再保险市场。人身险再保险可以分为寿险再保险、意外伤害险和健康险再保险。财产险再保险可以分为火灾险再保险、水险再保险、汽车险再保险、责任险再保险。

1. 人身险再保险

（1）寿险再保险

由于个人寿险和团体寿险具有不同的特点，在进行再保险时有着不同的安排。对于个人寿险，保险金额差别较大，这种情况下一般采用溢额再保险分保，原保险人可以灵活制定自留额。对于新成立或者推出新的产品的保险公司，由于经验不足，资料匮乏，在稳定经营的前提下，原保险人一般采用成数分保。为防止突发事件或连续事故造成责任积累，原保险人一般还要安排事故超赔再保险进行保障。对于团体寿险，如果每一个被保险人的保险金额很高，原保险人对未来给付感到有压力，这种情况下，一般通过成数再保险或者成数溢额混合再保险进行分保。

寿险公司经营再保险业务，应该确定公司的最高自留额。最高自留额是寿险公司可以接受的单笔业务保额的最高限额，是进行再保险业务的前提。寿险公司应该综合考虑注册资本、保险标的、分保方法以及财务和管理水平等各种因素，根据自身的特点和需要来确定适用于本公司的最高自留额，并在实际业务中不断检验最高自留额的高低是否合适，不断加以调整。

寿险再保险有三种基本方式：危险保费再保险、联合再保险和修订联合再保险。危险保费再保险是指寿险再保险的分出公司自己保留该笔业务的全部准备金，只将危险保费按照约定比例分给分入公司。联合再保险是指分出公司将该笔业务的危险保费和准备金同时按照约定比例分给分入公司。修订联合再保险是前两种方式的结合，是指分出公司将该笔业务的危险保费和准备金同时按照约定比例分给分入公司，但是分出的那部分准备金由分出公司保留运作，在每年年末，再保险双方根据事先约定的公式进行核算，在综合考虑国债收益率、银行利率以及手续费等因素的基础上，确定双方损益。

（2）意外伤害险和健康险再保险

意外伤害险和健康险再保险也分为个人和团体两种情况。对于个人业务，意外伤害险再保险主要采用溢额分保，健康险再保险主要采用成数分保。意外伤害保险常常面临突发事件，形成责任累积，例如，飞机失事、火车脱轨等情况的发生往往会造成大量的人员伤亡，原保险人还应当安排事故超赔再保险以保障再保险双方当事人的利益。对于团体业务，再保险一般安排为成数分保，如果有需要，在此基础上安排溢额分保。

2. 财产险再保险

（1）火灾险再保险

火灾保险的危险性质或程度因财产自身情况的不同而有较大的差别，不同标的的保险差别较大，因此火灾险分保安排一般采用溢额分保方式。

（2）水险再保险

水险再保险一般分为货运险再保险和船舶险再保险。货运险再保险中，为适应中小业务需要，单一危险单位一般采用成数分保。如遇到大额业务，再结合溢额分保处理。

另外,对于港口和码头仓库无法预知的积累责任,分保安排与货运险分保安排类似。不过,自留额的确定一般是以单个船只作为危险单位,根据船舶的种类(如海运或者内河运输)、船龄(如 15 年以上和 5 年以下等)、毛吨和等级(由船级社确定)具体确定。另一种自留额确定方法是按照船舶的分类规定单一的自留额,然后结合船龄等因素在保险费率上进行调整。

(3)汽车险再保险

汽车保险单一般是综合性保单,大致包括三项责任:汽车的损坏和被偷盗、对第三者的责任以及驾乘人员意外伤亡。汽车险再保险是按每次事故安排超赔分保。

(4)责任险再保险

责任险的责任大致包括三个方面:人身伤亡、财产损失和经济损失。责任险再保险可按责任的不同种类分别采用比例和非比例方式安排分保。有时,考虑到分出公司全年全部业务自留部分的责任积累,还要安排赔付率超赔分保。

需要指出的是,当责任保险采用超额赔款再保险方式分保的时候,如果被保险人发生责任事故,原保险人和再保险人在分摊赔偿金额时可能不会按照再保险合同的规定行事,再保险双方有可能重新协商分摊比例。这是因为被保险人所负的赔偿责任要由法院来判定,而法院的判决多倾向于保护受害者的利益,如果受害人的索赔通过法律程序进行,保险公司(包括原保险人和再保险人)的赔偿金额会很高。由于采用超额赔款再保险方式,由法庭判决显然对再保险人不利。于是再保险人倾向于庭外协商解决,因此会和原保险人重新制定分担比例,以调动原保险人庭外协商的积极性。

二、再保险市场承保人的组织形式

目前,国际再保险市场承保人的组织形态很多,有以下几种:

(一)兼营再保险的普通保险公司

保险公司兼营再保险业务是再保险市场的最初形式。兼营再保险的普通保险公司又称为综合保险公司,即原保险公司在经营直接保险业务的同时,偶尔接受再保险业务,但更经常地是以互惠交换业务的方式获得再保险业务。例如,中国人保集团、中国人寿保险集团、中国平安保险集团、中国太保集团等就属于这一类。

(二)专业再保险公司

专业再保险公司本身不承保直接保险业务,而是专门接受原保险人分出的业务,同时也将接受的再保险业务的一部分转分给其他再保险人。世界上最早的专业再保险公司是 1846 年成立的德国科隆再保险公司;最大的专业再保险公司为 1880 年成立的慕尼黑再保险公司;1863 年,瑞士再保险公司成立。这些专业再保险公司历史悠久,资金雄厚,并拥有相当强的技术力量。

(三)再保险共同体

再保险共同体又称再保险联合体,往往是由几家或许多家保险公司联合组成的。这种再保险共同体有属于一个国家的,也有区域性的,以 20 世纪 70—80 年代在发展中国家建立得较多。它们通常的做法是集团中的每一个成员将其承保的业务全部或是一部分放入集团,然后各成员再按事先商定的固定比例分担每一成员放入集团的业务。

再保险市场中较出名的再保险集团有:"亚非再保险集团""亚非再保险航空集团""经济合作组织再保险集团",英国、德国、日本、美国建立的原子能再保险集团,法国的特殊风险再保险集团等。

(四)劳合社承保组合

劳合社承保组合是英国最大的接受再保险的组织,分入业务必须经过注册的劳合社经纪人中介。1988 年后,劳合社承保人连续几年业绩出现了亏损,成员人数一直下降。1992 年,劳合社进行改组,1994 年,重新出现盈利。近几十年,劳合社几经起伏,发生了许多变化,市场实力有所削弱。

(五)自保公司

再保险市场上有一类特殊的承保人组织形态,即专属保险公司或自保公司。专属保险公司是大企业自设的保险或再保险机构,隶属于本身并不从事保险业务的一家公司或一家集团公司。它主要承保母公司风险,同时也承保外界的风险和接受分入再保险业务。

大部分自保公司被看作是再保险公司,而非直接保险公司。有了自保公司,母公司的风险先由当地的直接保险公司承保,然后再以再保险合同的形式分给自保公司,其中有一部分风险还可以转分保给专业再保险公司。这样既方便承保又可以降低进入再保险市场的成本。

三、国际再保险市场

当前,国际再保险市场主要分布在英国、美国、德国、瑞士等地。除此之外,亚洲日本、韩国和中国香港再保险市场也发展迅速。

(一)伦敦再保险市场

英国伦敦是世界保险市场的中心,也是世界再保险市场的中心。伦敦再保险市场的代表是劳合社,此外,伦敦再保险市场上还设有经营国际保险和再保险业务的公司的代表机构——伦敦国际承保协会(The International Underwriting Association of London,LUA)。伦敦再保险市场是随着伦敦作为国际保险市场的中心而发展起来的。无论是劳合社承保组合,还是英国保险公司,在办理国际性业务方面都具有悠久的历史,为伦敦市场再保险业务提供了丰富的经验和大量的专业人才。这是伦敦再保险市场成为当今世界主要再保险市场的原因之一。伦敦再保险市场具有巨大的承保能力及一流的技术人才,它的业务来自世界各地。在世界保险市场中,航空航天保险及能源等保险承保能力的 60% 以上集中在伦敦再保险市场。

156

(二)欧洲再保险市场

欧洲大陆再保险市场包括德国再保险市场、瑞士再保险市场和法国再保险市场,其中再保险市场的中心是德国的慕尼黑、瑞士的苏黎世。

慕尼黑再保险公司(Munich Re)创立于1880年,注册地为德国慕尼黑,在全世界160多个国家和地区从事非人寿保险和人寿保险两类再保险业务,拥有60多家分支机构,网络遍布全世界,是世界上第一大再保险公司。自从公司创办以来,向商业伙伴提供强大的承保能力、必要的担保以及高水平的专业知识和优质服务,这些已成为慕尼黑再保险公司经营获得成功和在国际上享有声望的主要因素。慕尼黑再保险公司多年来,连续被美国标准普尔评级公司评定为 AAA 级。

瑞士再保险公司(Swiss Re)1863 年成立于苏黎世,现在在全球范围内有员工 9 000人左右,苏黎世总部有 2 500 人左右,在世界上 30 多个国家设有 70 多家办事处。公司总资产达 1 426 亿瑞士法郎(约合 8 556 亿元人民币),其核心业务是为全球客户提供风险转移、风险融资及资产管理等金融服务。目前它已发展成为一家世界领先的具有雄厚财务实力和偿付能力的再保险集团企业,并被公认为是风险转移组合最多元化的全球再保险公司,跻身于世界四大再保险公司之列。瑞士再保险公司的人寿与健康险部是世界上最大的经营人寿与健康险再保险的子公司,其保费收入约占集团保费总收入的 30%。瑞士再保险集团的另一部分——瑞士再保险新市场部向顾客提供非传统的风险转移方式,如对巨灾和大规模的风险提供承保服务。

(三)美国再保险市场

美国拥有世界第二大再保险市场,即纽约再保险市场。虽然美国保险业发展相对较晚,但发展速度十分迅速,也具有相当强的实力。美国通用再保险集团是标准普尔公司认定的拥有 AAA 级偿债能力信用级别的五家非政府金融机构之一。公司 70% 的股东属于机构投资者,包括共同基金、保险公司以及养老基金。同时它还控制着德国科隆的科隆再保险公司 88% 的股份。科隆再保险公司是一家大型的国际再保险商,成立于1846 年,是世界上最古老的再保险公司,公司的业务领域涉及世界 37 个国家和地区。1994 年,这家公司被通用再保险集团收购,组成美国通用科隆再保险集团(Gen Re.)。2002 年 9 月底,该公司获中国保监会批准在华筹建分公司。2003 年 5 月初,完成筹建的科隆再保险公司上海分公司通过保监会验收,正式拿到营业牌照。经批准,该分公司的经营范围是中国境内的人寿险再保险业务、转分保业务和国际再保险业务,营运资金为 3亿元人民币。2004 年 6 月 6 日,科隆再保险公司上海分公司获准在上海设立,成为继德国慕尼黑再保险公司、瑞士再保险公司之后第三家进入中国市场的全球知名再保险商。

四、我国再保险市场

中华人民共和国成立后,我国即开展了涉外再保险业务。1979 年,中国国内恢复保险业务以后,在近 10 年的时间里,只有中国人民保险公司一家保险公司设有再保险部,专门经营再保险业务,在此阶段,由其专营。1986 年以来,随着股份制保险公司的相继成立和外资保险公司的进入,保险市场主体不断增加,各家保险公司都设有再保险部门,安排分出业务,再保险市场逐步发展。1988 年 3 月和 1991 年 5 月,中国平安保险公司、中国太平洋保险公司先后成立,从而形成再保险市场架构的雏形。1996 年,中国人民保险公司进行改革,改组后的中保集团设立中保再保险公司,这是新中国成立之后出现的第一家专业的再保险公司。该公司于 1999 年再次改组,正式更名为中国再保险公司。2003 年,中国再保险公司改组为中国再保险集团。

为了稳定保险业的经营,提高国内市场的承保能力,防止保费外流,我国自 1988 年开始实行中国人民银行颁布的《保险企业管理暂行规定》,规定国内保险公司应将其每笔业务的 30% 向中国人民保险公司办理再保险,后来颁布的《保险法》又将该比例降为 20%。在再保险市场上,中国再保险公司因为有法定分保业务而成为市场的垄断者。2001 年,我国加入 WTO 后,规定中国再保险公司的法定分保业务以每年 5% 的比例减少,到 2005 年完全取消。中国再保险市场的垄断局面被打破。

2003 年 10 月 24 日之前,我国只有中国再保险公司一家专业的再保险公司,2002 年年末,其资产总额大约为 25 亿美元。德国有 28 家再保险公司,瑞士有 13 家再保险公司。相比之下,我国再保险公司无论数量还是资产规模都无法与国外再保险公司相提并论。但是也应看到,我国国民经济持续快速增长,人民群众物质文化生活水平不断提高,为我国的保险业带来了前所未有的发展机遇。随着保险业的发展,保险监管部门对保险公司的偿付能力提出了更高的要求。没有再保险做后盾,单个保险公司无法承受巨额的累积责任。因此,我国再保险市场的潜在需求很大。近年来,随着我国保险市场的蓬勃发展,再保险市场也发展迅速,分保规模持续扩大,再保险形式不断创新。越来越多的离岸再保险人和经纪人被中国这一高速发展的新兴市场吸引,积极参与中国的再保险业务。这有利于风险向国际市场分散、扩大中国保险市场的承保能力和引进先进的风险管理技术。然而,由于地域分布广、数量众多、信息不透明等特点,特别是未在我国设立分支机构的离岸保险机构长期游离于监管之外,造成我国保险公司仅凭借自身能力获取再保险交易对手的偿付能力、财务状况、资信水平等关键信息非常困难,从而导致再保险资产面临较大的信用风险。为适应保险业高速发展的新形势,进一步加强对再保险人和经纪人的监管已是当务之急。建立再保险登记制度,是监管层在不新设行政许可的前提下,加强对再保险市场的事中、事后监管力度,提高我国保险业在国际市场的话语权,加快发展再保险市场的重要举措。这是再保险监管制度的重大创新,标志着我国再保险专业化监管体系进一步完善。

2010 年,保监会发布了修订后的《再保险业务管理规定》,不再强调"优先国内分保",这意味着我国对外资再保险公司拓展境内业务松绑。中资再保险公司将不再拥有再保险业务优先承保权。新规出台促使中资与外资再保险公司平等竞争。目前,我国的再保险市场正在形成中,专业再保险公司除中国再保险公司以外,越来越多的外资再保险公司已获得或将要获得中国保险监管部门的批准,允许在中国境内设立分公司。随着我国保险市场进一步对外开放,要完善我国的再保险市场,除了要有比较稳定的政局以及良好的金融环境、法律环境以外,还应当有一个健康、完善的直接承保市场,现代化的通信设备和信息网络,以及拥有大量的再保险专业知识和实务经验的专业人员。

本章小结

1.再保险又称为分保,它是指保险人将自己承保的风险责任的一部分或全部向其他保险人再进行投保的行为。保险人在原保险合同基础上,通过和其他保险人签订再保险合同,支付规定的分保费,将其承保的风险和责任的一部分转嫁给其他保险人,以分散责任,保证其业务经营的稳定性。再保险可以在本国国内进行,也可以在世界范围内进行。

2.再保险的主要作用是:分散风险和限制责任,减轻巨额风险对保险人的压力;扩大承保能力,提高偿付能力,保证保险业务的稳定发展;促进保险业竞争,有利于拓展新业务,获得技术支持;形成巨额联合保险基金,增加保险人的可用资金。

3.再保险与原保险存在密切联系。原保险是再保险的基础,再保险是由原保险派生出来的,但是再保险与原保险也存在一些区别:两者的合同当事人不同、保险标的不同、合同的性质不同。

4.再保险合同可以分为临时再保险、固定再保险和预约再保险。分出公司和分入公司在不同的安排方式中所不同的只有选择权。

5.再保险可以分为比例再保险和非比例再保险。比例再保险是以保险金额为基础来确定分出公司自留额和分入公司责任额的再保险方式,分出公司根据自留额和总保险金额确定一个自留比例,双方在分配保费和分担赔款时依据这个比例进行。比例再保险包括成数再保险、溢额再保险、成数溢额混合再保险三类。

6.非比例再保险以损失为基础来确定再保险当事人双方的责任。只有当原保险人对投保人的赔款超过一定标准时,再保险人才对原保险人进行补偿。可细分为险位超赔再保险、事故超赔再保险和赔付率超赔再保险。

7.再保险市场的供需主体都是保险人。再保险的主要需求者是直接承保公司和专属保险公司,其他保险组织尽管也需要再保险来分散承保风险,但其对再保险的需求相对于直接承保公司来说较弱。再保险的主要供给者是专业再保险公司与再保险集团、劳合社承保组合和专属保险公司。

8.再保险市场是指从事各种再保险业务的再保险交换关系的总和。再保险市场可以按照不同的标准划分为不同的类型。世界上公认的国际再保险市场主要有伦敦、美国和欧洲再保险市场。

关键术语

再保险　原保险　比例再保险　成数再保险　溢额再保险　非比例再保险

险位超赔再保险　事故超赔再保险　赔付率超赔再保险　临时再保险　固定再保险

预约再保险　再保险市场

复习思考题

1. 什么是再保险? 再保险与原保险的区别在哪里?

2. 再保险的作用有哪些?

3. 再保险有哪些特点?

4. 比较三种再保险合同的优劣,分别适合哪些情况下的分保要求?

5. 试述比例再保险和非比例再保险的联系与区别。

6. 假设有一家 A 保险公司的承保金额为 1 000 万元,保费 30 万元,作为分出公司,他们选择 150 万元的自留额。A 公司与分入公司签订了六"线"的第一溢额再保险合同,与 B 公司签订了一个一"线"的第二溢额再保险合同。假定赔付款为 250 万元,请计算分出公司自留保费和应付赔款及分入公司分入保险金额和应付赔款。

7. 在巨灾事故超赔再保险中,假设有分入公司 A 与分出公司 B,B 自留额为 900 万元,分保额为 550 万元。若在一次事故中有四个风险单位受损,损失金额分别为 200 万元、500 万元、300 万元和 750 万元。则分出公司应当赔付多少?

8. 分析世界再保险市场的现状及发展趋势。

案例讨论 >>>

案情[①]:2011 年,日本地震引发诸多次生灾害,这些次生灾害中最为引人注目的是核泄漏危机。核泄漏危机不仅给日本国民带来辐射性伤害,同时,还引发了周边国家民众的核恐慌。常规的人寿保险或者财产保险中,核风险都作为不可承保的除外责任被排除在一般保单之外。不仅如此,保险公司向再保险公司购买的再保险产品中,专业的再保险公司也将该类风险排除在承保范围之外。核风险并没有受到各类保单的青睐,其原因是多方面的:首先,核风险的潜在巨灾损失难以估量,最高可能达到上百亿美元;其次,核风险具有长期的损害性,核损害的严重后果可以持续长达几十年;再次,核风险并不满足传统保险业经营所运用的大数定理,全球所拥有的核电站数量有限,这些核电站的个数和分布都无法满足风险分布的大数定理;此外,保险公司偿付能力也存在重大的局限,世

---

① 资料来源:《中国保险报》2011 年 3 月 21 日第 4 版。

界上并没有任何单一保险公司可以承保核风险。简而言之,一般的商业保险公司并无法像正常承保其他风险那样承保核风险。

尽管如此,核保险的现实需求却是巨大的。历史上每一次核泄漏都给人类带来巨大的灾难。1957 年 10 月 10 日,英国坎布里亚郡的温德斯格尔工厂发生核泄漏。该工厂是为英国原子弹提供燃料的生产基地,其钚生产设施(人们常说的反应堆)在设计过程中,没有考虑石墨内潜在的能量可能带来的危险和工作操作中可能存在的失误,导致某天由于反应堆堆心过热、燃料起火,整个系统失去控制。温德斯格尔核泄漏的主要受害者是养牛场的工人和管理者,因为事故造成工厂方圆 200 多英里以内的人们因为害怕摄入碘131 而不敢喝牛奶。1979 年 3 月 28 日,美国宾夕法尼亚的三里岛发生核泄漏事件,造成美国历史上最为严重的一起核泄漏事件,该事件仅清理费便高达 10 亿美元。苏联 1986年 4 月的切尔诺贝利核电站核泄漏事件造成了更多的人员伤亡和经济损失。该事件导致之后的 10～20 年,有几千人死于核辐射,切尔诺贝利周围约 16 万平方公里的土质已经被彻底破坏。由于核污染所释放的辐射性元素(比如铯 137)的半衰期是 30 年,所以核泄漏所造成的危害和损失将至少持续 30 年以上。由于核污染所造成的损失巨大和负面影响深远,对核风险予以有效承保,面临着巨大的现实需求。

问题:再保险公司应该如何合理筛选承保风险?

第八章

保险经营

保险经营是指保险公司为实现保险分散风险、补偿损失的基本职能和资金融通、社会管理的派生职能所从事业务活动的总称。[①] 保险公司经营的是一种特殊的商品——保险商品,其经营范畴虽然属于商品经营,但又不同于其他商品经营,有其独特的经营特征。

通过对本章的学习,掌握保险经营的特征与原则;掌握保险费率的构成;理解厘定保险费率的基本原则和方法;掌握财产保险费率的厘定方法;掌握人寿保险纯保费及附加保费的计算;理解保险营销的特点及渠道;熟悉保险核保与理赔。

第一节 保险经营的特征与原则

一、保险经营的特征

(一)保险经营活动是一种特殊的劳务活动

保险公司和一般的公司不同,保险公司并不直接生产某种物质产品或进行某种商品的交换,保险经营活动实质上提供的是一种经济保障服务。保险经营活动以某种特定风险存在为前提,以大数法则为数理基础,尽可能多地将单位和个人面临的风险集合起来,当事故发生时,予以经济上的补偿或给付。因此,保险公司所从事的经营活动,是一种有特定的经营对象,提供特殊的风险保障的劳务活动。这就要求保险公司拥有一批高素质的业务人员,提供承保前、承保时和承保后的一系列配套服务,增强社会公众对保险公司的信心,提升保险公司的竞争能力。除此之外,这种特殊的劳务活动要求保险公司根据保险市场的需求开发、设计保险产品,合理规定保险责任,科学厘定保险费率。保险合同的数量越多,保险公司的经营就越稳定。

(二)保险经营资产具有负债性

自有资本是企业开业经营的前提条件,一般企业的自有资本占其经营资产的比重较大,这是因为企业必须以雄厚的资本作为其经营的后盾。保险公司也必须拥有一定数量的资本金,我国《保险法》第六十九条规定,设立保险公司,其注册资本的最低限额为人民币 2 亿元。相比一般企业,保险公司的自有资本占其经营资产的比重较小,保险经营的资产主要来自投保人按照保险合同约定缴纳的保险费和保险储金,具体表现为从保险费

---

① 马宜斐,段文军.保险原理与实务 2 版.北京:中国人民大学出版社,2011.

中所计提的各种准备金。保险公司的经营活动就是依赖自有资本和各种准备金建立起来的保险基金,来实现其分散风险、经济补偿的职能。因此,保险经营资产的相当一部分来源于保险人收取的保险费,这实际上是保险公司对被保险人未来赔付或者给付责任的负债。

(三)保险经营成本和利润的计算具有特殊性

一般企业产品的成本发生在过去,是可以准确计算的,但保险经营成本具有不确定性。一方面,保险商品的价格(保险费率)是根据过去成本支出的统计资料计算出来的,而事实上保险公司无法获得计算所需要的大量统计资料和数据,加之影响风险的因素随时都在发生变动,这就使得保险公司按照过去资料计算出来的保险费率和现时价格存在偏差。另一方面,保险商品的现时价格(保险费率)又是用来补偿将来发生的成本,而保险事故将来的发生具有偶然性,即现时价格和将来实际发生的成本之间也存在偏差。

此外,保险经营的利润计算也和一般企业不同。一般企业利润的计算,只需要将出售商品的销售收入减去成本、税金即可。而保险合同的签订可以发生在一年的任何一个时间,加上保险合同都有保险期限,在会计年度结算时,仍然会有一些保险责任还未到期或者索赔案件还没有结案,因此保险利润的计算还要考虑未到期责任和未决赔款等因素。以当年的保费收入减去当年发生的赔款、经营费用和税金外,还要扣除各项准备金和未决赔款,而各项准备金数额的大小会直接影响保险公司的利润。

(四)保险经营具有分散性和广泛性

一般企业的经营是针对单一产品、单一系列产品或少数几种产品进行生产管理和销售的过程,其产品只涉及社会生产或生活的某一方面,即使企业经营失败,其破产倒闭所带来的影响也只涉及某一行业或某一领域。保险经营则不然,首先,保险公司的业务涉及社会的各行各业,承保的风险范围之广,经营险种之多,这是一般企业无法与之相比的;其次,保险公司的经营是以大数法则为科学基础,在承保某一特定风险的情况下,要尽可能多地将面临同类风险的单位和个人集中起来,才能将少数人的风险损失分摊给所有投保人。一旦保险公司经营失败,势必影响全体被保险人的利益乃至整个社会的安定。因此,保险经营的过程,既是大量风险的集合过程,又是风险广泛分散的过程。

二、保险经营的原则

保险经营的原则是指保险公司从事保险经营活动的行为准则。由于保险经营自身的特殊性,保险经营除了应贯彻经济核算原则、随行就市原则、薄利多销原则等一般商品经营原则外,还应遵循特殊经营原则,即风险大量原则、风险选择原则以及风险分散原则。

(一)风险大量原则

风险大量原则是指在可保风险的范围内,保险人应根据自身承保能力,努力承保尽可能多的风险标的。风险大量原则是保险经营最基本的原则。在保险经营中要遵循这一重要原则的原因主要在于:第一,保险经营是以大数法则为科学基础的,只有尽可能地承保大量的风险标的,才能使预计的风险损失概率接近风险实际发生的情况,减少实际损失和预计损失之间的误差,从而保证保险公司的稳定经营;第二,保险经营过程实际上就是风险管理的过程,风险的发生又具有偶然性和不确定性,保险公司只有承保大量的风险标的,才可能建立起雄厚的保险基金,为保险公司履行经济补偿职能奠定坚实的物质基础;第三,承保大量的风险标的可以提高保险公司的营业收入,同时降低平均保险成本,提升保险公司的经济效益。

(二)风险选择原则

保险公司的稳健经营,不仅需要承保尽可能多的风险标的,还需要对承保的风险加以选择。风险选择原则是指保险人在承保时,对投保人所投保的风险种类、风险程度和保险金额等要有充分和准确的认识,并做出承保或拒保或者有条件承保的选择。通过风险选择,保险人将排除不合格的投保人和保险标的,防止不可保风险的介入,使集中于同类保险保障下的风险单位不断趋于同质。保险人风险选择的方式主要有:

1. 事前选择

事前选择是指保险人在承保前考虑是否接受投保,包括对人和物的选择。对人的选择是指对投保人和被保险人的评价和选择。如投保人对标的是否具有保险利益,被保险人身体健康状况是否符合投保条件等。对物的选择是指对保险标的的评价和选择。如对投保财产保险的建筑物,保险人应了解和检查其结构、坐落地点及使用情况等。事前选择主要考察被保险人或保险标的是否符合可保风险的条件,从而决定是承保、拒保还是有条件承保。

2. 事后选择

事后选择是指保险人在承保后发现被保险人或保险标的的风险超出核保标准,而对已经签订的保险合同做出淘汰性选择。保险合同的淘汰通常有以下三种方式:第一,等待保险合同期限届满后不再续保;第二,按照保险合同的规定事项注销合同,如我国远洋船舶战争险条款规定,保险人有权在任何时候向被保险人发出注销战争险责任的通知,通知在发出后七天期满时生效;第三,保险人若发现投保人有明显误告、被保险人或受益人存在欺诈行为时,可以中途解除保险合同,终止承保;我国《保险法》第十六条和第二十七条对这种情况做了明确规定。

(三)风险分散原则

风险分散原则是指为保证保险公司经营的稳定性,由多个保险人或者被保险人共同分担某一风险责任。倘若保险人承保的风险过于集中,一旦发生较严重的保险事故,就可能产生责任累积,使保险人无法承担赔偿或给付的保险责任。这既损害被保险人的切身利益,也直接威胁保险公司自身的生存发展。因此,保险人不仅要对承保的风险进行选择,还需要对已经承保的风险加以分散。保险人对风险的分散方式主要有:

1. 承保前风险分散

承保前风险分散主要通过在承保时对风险责任的适当控制。常见的控制手段有:

(1)控制保险金额

承保时对保险标的要合理地划分危险单位,按照每个危险单位的最大可能损失确定保险金额。如果保险金额超过保险人的承保限额,对超出部分保险人不予以承保。

（2）规定免赔额（率）

保险人和被保险人事先约定，被保险人自行承担损失的一定比率或金额，损失额在规定数额之内，保险人不负责赔偿。免赔额条款较多地在财产保险、健康保险和汽车保险中使用。

（3）实行比例承保

保险公司按照保险标的实际金额的一定比例确定承保金额，而不是全额承保。这种方式主要用于种植业、养殖业，由保险人和被保险人各自承担一定比例的风险责任。

2. 承保后风险分散

承保后风险分散主要采取共同保险和再保险两种方法。共同保险是指两个或两个以上保险人共同承保同一标的的同一危险、同一保险事故，而且保险金额不超过保险标的的价值。例如，某企业有价值 200 万元的保险财产，由三家保险公司各承保 60 万元、70 万元、70 万元，以此来分散风险。再保险是保险人在原保险合同的基础上，通过签订分保合同，将其所承保的部分风险和责任向其他保险人进行再次保险的行为。就分散风险而言，共同保险是风险的第一次分散，而再保险是风险的第二次分散。

第二节　保险费率

保险是以大数法则为基础，将众多面临同类风险的单位和个人集合起来，当风险事故发生时，予以经济上的补偿或给付的一种制度。保险公司履行经济补偿的物质基础是保险基金，而保险基金主要是通过向投保人取得约定的保险费建立起来的。因此，合理厘定保险费率就成为保险经营中一项重要的内容。

一、保险费率概述

（一）保险费率的构成

保险费率即保险价格，是保险费与保险金额的比率。保险费是投保人为取得保险人在约定责任范围内所承担的赔偿（或给付）责任而交付的费用，也是保险人为承担约定的保险责任而向投保人收取的费用。通常以每百元或每千元保险金额的保险费来表示，如某险种的保险费率为 5‰，表示保险人对每 1 000 元保险金额收取的保险费为 5 元。保险人承保一笔保险业务，用保险金额乘以保险费率就得出该笔业务应向投保人收取的保险费。保险费率（毛费率）一般由纯费率和附加费率两部分构成。

1. 纯费率

纯费率也称净费率，是纯保费与保险金额的比率，是保险费率的主要部分。按纯费率收取的保险费称为纯保费，用于保险事故发生后对被保险人进行赔偿和给付。

2. 附加费率

附加费率是附加保费与保险金额的比率，是保险费率的次要部分。按照附加费率收取的保险费称为附加保费。它是以保险人的营业费用为基础计算的，用于保险人的业务费用支出、手续费支出、税金支出以及提供部分保险利润等。

(二)保险费率厘定的基本原则

保险人在厘定保险费率时应当遵循权利和义务对等的原则,具体而言,保险费率厘定的基本原则包含以下四点:

1. 充足性原则

保险人按照保险费率所收取的保险费在支付赔款及合理的营业费用、税收后,仍要有一部分利润;同时又要与被保险人的风险水平、承受能力相适应。充足性原则的核心是保证保险人有足够的偿付能力。费率定得过低,保险人的偿付能力得不到保障,不利于保险公司的稳健经营;费率定得过高,会增加投保人的负担,不利于保险公司在竞争激烈的市场中保持竞争力。

2. 公平合理原则

公平合理原则对保险人而言,按保险费率收取的保费应与其承担的风险责任相当;对投保人而言,其负担的保险费应与从保险人处获得的风险保障相对应;保险费的多少应与保险种类、保险金额、保险期限等对应。即保险费率的厘定必须考虑个体风险的差异性,公平合理的费率厘定应反映不同保险标的风险的大小。

3. 稳定灵活原则

保险费率厘定后,在一定时期内应保持稳定。稳定的费率有利于保险机构核算,不稳定的价格会给保险机构的经营活动带来负面影响。如果保险费率呈现下降趋势,投保人会持观望的心态,减少对保险的购买;如果保险费率呈现上升的趋势,尽管长期合同量会增加,可是会激起现有投保人的不满,从而减少对保险的购买。保险费率的稳定原则,并不意味着保险费率一成不变,随着风险、市场需求等因素的变化,应及时地对保险费率进行调整。

4. 防灾防损原则

防灾防损原则是指保险费率的厘定应有利于促进防灾防损工作的开展。对注重防灾防损工作的被保险人,采取较低的费率;对无损失或损失较少的被保险人,实行优惠费率;而对不注重防灾防损工作的被保险人,实行高费率或续保加费。

(三)保险费率厘定的一般方法

1. 判断法

判断法又称观察法或个别法,是指在具体承保过程中,由业务人员根据每一保险标的的风险因素,单独厘定个别保险费率的方法。由于这种确定保险费率的方法是从保险标的的个别情况出发,最能反映个别保险标的的风险状况。这种方法确定的费率很大程度上取决于业务人员的专业知识和经验判断,将会影响到费率厘定的科学性。在实际操作中,当遇到风险形式多样且多变,不能取得或没有以往可信的损失统计资料而不能使用分类法时,就只能根据业务人员的主观判断来确定费率。例如,航天保险、核电站保险等因开始时缺乏统计资料,海上保险因运输途中风险经常变换,判断法就可以发挥较好的作用。

2. 分类法

分类法是根据某些重要标准,将性质相同的风险归类,然后分别计算不同类型风险的费率。这种方法是假设被保险人将来的损失是一系列相同的风险因素作用的结果。保险人按此方法收取的保险费率反映的是这类风险的平均损失经验数据,费率的准确与否取决于风险分类是否恰当,以及各个类别中所包含的风险单位的数量。分类法是保险实务中最常用的一种方法,广泛应用于财产保险、人寿保险和大部分人身意外伤害保险。实践中,往往将各类型风险的分类费率印制在手册上,能根据实际情况快速查找到适用费率;但这种方法忽视了同一类风险中个体风险的差异,没有完全遵循公平合理的原则。

3. 增减法

增减法又称修正法,是在分类确定保险费率的基础上,结合个别标的的风险状况增减变动来确定保险费率。在增减法下厘定出来的保险费率,有可能高于或低于分类法下厘定的保险费率。采用增减法确定保险费率时,既凭借分类法确定基本费率,又结合实际经验再对分类费率予以补充和修正。因此,增减法较分类法更为科学,更好地坚持了公平合理厘定费率的原则。既具有分类法快速查找、运用的优点,又具有判断法的灵活性,是分类法与判断法的融合。增减法厘定保险费率的方法主要有以下三种:

(1)表定法

表定法是以每一个风险单位为计算的依据,依据每一个标的的显著风险因素,在基本费率的基础上做增减的修正。当投保人投保时,核保人员将实际投保标的的风险状况与原定标准相对比,若标的状况优于原定标准,则按表定费率减少;若标的状况劣于原定标准,则按表定费率增加。表定法通常用于承保厂房、商业办公大楼和公寓等财产保险,在确定费率时,要结合建筑物的结构、占用情况、消防设施、周围环境风险、保养情况等因素进行考量。表定法的优点在于能够切实地反映标的的风险状况,促进防灾防损;缺点在于制定费率的费用较高,不利于保险人降低经营成本。

(2)经验法

经验法是指根据被保险人过去的损失经验,对按分类法确定的保险费率做增减修正的方法。即以被保险人过去一段时间的损失经验,来确定下一期被保险人待用的保险费率。因此,这种方法也称为预期经验法。一般以过去三年的损失经验数据来确定下一期的保险费率。经验法的计算公式如下:

$$M=(A-E)/E \cdot C \cdot T$$

其中,M 代表保险费率调整的百分率;A 代表经验期被保险人的实际损失;E 代表被保险人适用某分类费率时的预期损失;C 代表依据经验确定的置信系数;T 代表趋势系数。

例如,某被保险人依据分类费率,其总保险费为 10 万元,其中过去 3 年的预期损失为 10 万元,若实际损失为 8 万元,置信系数为 0.6,趋势系数为 1,则其保险费率调整的百分率为:

$$M=(8-10)/10×0.6×1=-12\%$$

因此,被保险人下一期的保险费率应在分类费率的基础上下调 12%,即依据经验法调整后应交的保险费为:

$$10×(100\%-12\%)=8.8(万元)$$

采用经验法调整保险费率,其调整百分率的大小还需要考虑能够获取的被保险人损失经验资料的多少。而所获取的被保险人损失经验资料的多少,也就是损失经验置信系数的大小。因此,在计算保险费率调整百分率时,还需要考虑置信系数。除此之外,保险费率调整时,为获得较多的损失经验资料,通常所依据的是较长时间的损失经验。但如果期间过长,在期间内足以影响损失频率及损失程度的各种条件会发生变动,因此,在计算费率调整百分率时,也需要将这种变动趋势考虑进去,即趋势系数的调整。一般的处理方法是,对置信系数采用加权法,较远年份的损失经验加权较少,较近年份的加权较多;对趋势系数采用趋势因子,依照平均赔偿金额支出趋势、物价指数变动趋势等统计计算其乘数。

经验法的优点在于确定费率时考虑了所有影响风险发生的因素,而表定法在确定费率时仅考虑了少数实质风险因素,因此经验法更科学、合理。该方法通常适用于规模较大的企业或有多种形式的部门、具有大量风险的单位。经验法主要应用于意外伤害保险、普通责任保险等险种,如汽车责任保险、公众责任保险、劳工补偿保险、盗窃保险等。团体人寿保险与团体健康保险也采用这种方法。

(3)追溯法

追溯法是依据保险期限内保险标的的实际损失来确定当期保险费率的方法,是与经验法相对应的一种方法。由于当期的实际损失要在保险期限届满时才能计算出来,因此,在采用追溯法时,要在保险期限开始前,先按分类费率确定预缴的保险费,然后在保险期满时再依据实际损失对预缴的保险费做增减调整。一般在期初预缴保险费时,会规定保险期间的最高和最低保险费。如果实际损失较小,调整后保险费低于规定的最低保险费,则按最低保险费收取;如果实际损失较大,调整后保险费高于规定的最高保险费,则按最高保险费收取。由此可见,追溯法对防灾防损有很大的促进作用。

由于追溯法的运用程序比较烦琐复杂,不利于保险人大规模地开展业务,因此这种方法仅适用于少数大企业,用于替代企业自保以避免企业遇到巨大损失的可能。

二、财产保险费率的厘定

财产保险费率厘定的依据为损失概率,多采用分类法和修正法。纯费率和附加费率之和即毛费率,其厘定的步骤为:

(一)纯费率的计算

纯费率即纯保费占保险金额的比率,按照纯费率收取的纯保费用于弥补被保险人因保险事故而造成保险标的损失的金额。其计算公式为:

$$纯费率 = 保额损失率 \times (1 + 稳定系数)$$

1. 保额损失率

保额损失率即保险金额损失率,是同种业务在一定时期内总的赔偿金额与总的保险金额的比率。其计算公式为:

$$保额损失率 = (总赔偿金额 / 总保险金额) \times 100\%$$

例如,假设某保险公司过去10年的保险赔款总额为500万,总保额为10 000万,则该类保险公司的保额损失率为:

$$保额损失率 = (500 / 10\ 000) \times 100\% = 5\%$$

在多数情况下，保额损失率还可根据历年来发生的保额损失率情况，平均计算求出。

例如，假设某保险公司过去 7 年保额损失率分别为 6.2%、5.6%、5.3%、6.2%、5.7%、6.1%、5.9%，则该类保险的平均保额损失率为：

平均保额损失率＝(6.2%＋5.6%＋5.3%＋6.2%＋5.7%＋6.1%＋5.9%)/7＝5.86%

2. 稳定系数

由于保额损失率是过去若干年保额损失率的算术平均数，并不能反映不同年份的实际情况。有些年份的实际保额损失率高于平均保额损失率，有些年份的实际保额损失率低于平均保额损失率，实际保额损失率和平均保额损失率相等的只是个别情况。鉴于平均保额损失率不稳定的特点，保险人不能直接以平均保额损失率作为纯费率。

对保险人来说，各年份实际保额损失率对平均保额损失率背离程度的大小有重要意义。特别是个别年份发生巨灾损失，导致实际保额损失率远远高于预计保额损失率，将会严重影响保险业财务的稳定性。因此，保险人有必要在测算实际保额损失率对预计保额损失率背离程度的基础上，在纯费率上添加适当的稳定系数，以保证所收保险费在大多数情况下都能够满足保险赔偿需要，保证保险公司经营的安全性与稳定性。

稳定系数是用来反映平均保额损失率与实际保额损失率的密切程度，其计算公式为：

$$K = \frac{\sigma}{\overline{X}}$$

其中：K 代表稳定系数；σ 代表均方差（$\sigma = \sqrt{\dfrac{\sum (X - \overline{X})^2}{n}}$，即保额损失率与平均损失率的离差平方和平均数的平方根，能表明平均保额损失率的代表性）；$\overline{X}$ 代表平均保额损失率。

例如，某保险公司某类保险业务以往 10 年中各年的保额损失率如表 8-1 所示。

表 8-1　　　　　　　　某公司某类保险业务各年的保额损失率

年度 N	保额损失率 X（‰）	离差（$X - \overline{X}$）（‰）	离差的平方（10^{-6}）
1	4.0	0.04	0.001 6
2	3.6	−0.36	0.129 6
3	4.2	0.24	0.057 6
4	3.7	−0.26	0.067 6
5	4.5	0.54	0.291 6
6	4.7	0.74	0.547 6
7	4.2	0.24	0.057 6
8	3.9	−0.06	0.003 6
9	3.5	−0.46	0.211 6
10	3.3	−0.66	0.435 6

$$\text{平均保额损失率 } \overline{X} = \frac{\sum X}{N} = 3.96‰$$

$$\text{均方差 } \sigma = \sqrt{\frac{\sum (X - \overline{X})^2}{n}} = 0.42‰$$

$$\text{稳定系数 } K = \frac{\sigma}{\overline{X}} = 10.6\%$$

稳定系数越小,说明平均保额损失率超过实际保额损失率的可能性越小,则保险经营的稳定程度越高;稳定系数越大,说明平均保额损失率超过实际保额损失率的可能性越大,则保险经营的稳定程度越低。一般稳定系数在 10%～20% 较为合适。上例中,稳定系数为 10.6%,说明保险经营稳定程度较高。保险公司为了保证保险经营的安全性与稳定性,必须尽量减少实际保额损失率超过根据以往一定年度的平均保额损失率而确定的纯费率的可能性。为了达到这一目的,通常采用在纯费率的基础上附加 2～3 个均方差作为稳定系数来实现。如上例中,可以在平均保额损失率的基础上附加 3 个均方差,则纯费率为 5.22‰,即 3.96‰＋3×0.42‰。

(二)附加费率的计算

附加保险费率与营业费用密切相关,即营业费用开支总额占保险金额总和的比率。营业费用包括:按保险费的一定比例支付的业务费、企业管理费、代理手续费及缴纳的税金;支付的工资及附加费用;合理的预期营业利润等。附加费率的计算公式为:

$$\text{附加费率}＝(\text{营业费用开支总额}/\text{保险金额总和})\times 100\%$$

在保险实务中,附加费率是按照保险费率的一定比例来提取的;除此之外,附加费率也可以用纯费率的一定比例来表示,如规定附加费率为纯费率的 15%,按上例,附加费率为 0.78‰。

(三)毛费率的计算

毛费率由两部分组成,其计算公式为:

$$\text{毛费率}＝\text{纯费率}＋\text{附加费率}$$

若附加费率是用纯费率的一定比例来表示,其计算公式为:

$$\text{毛费率}＝\text{纯费率}\times(1＋\text{按纯费率提取的附加费用的比例})$$

按上例,毛费率为 5.22‰＋0.78‰＝6‰。

三、人寿保险费率的厘定

人寿保险费率是由纯费率和附加费率两部分构成,但人寿保险以人的生命作为保险标的,加上人寿保险期限一般比较长,所以在人寿保险费率厘定过程中主要考虑生存率、死亡率及利息率等因素。

(一)人寿保险费率厘定的依据

人寿保险是以被保险人的生命作为保险标的,承保的风险是被保险人的生存和死亡。保险人通过向众多的投保人收取保险费建立保险基金,当被保险人在保险期间内发生死亡或者生存期限届满时,按照事前约定给付保险金额。因此,被保险人的生存率和死亡率直接影响到人寿保险纯费率的厘定。其次,人寿保险多为长期性保险,一般采用均衡保险费的方式,即每期缴纳相等数额的保险费。在保险初期,均衡保费大于自然保费,多出的部分成为保险公司的储备金,是保险公司的一项负债;在保险后期,均衡保费小于自然保费,其缺口需要用前期积累的储备金来弥补,以保证保险公司履行给付保险金的保险责任。因此,在厘定人寿保险纯费率时还需要考虑利息率。除此之外,在厘定人寿保险附加费率时还需要考虑保险公司各项营业费用的支出。总的来看,在人寿保险费率的计算厘定过程中,主要的影响因素包括三个方面:预定死亡率(生存率)、预定利息率、预定营业费用率。

1. 生命表

(1)生命表的概念与种类

生命表又称死亡表或寿命表,是根据一定时期内一个国家或一个区域特定人群相关的生存、死亡统计资料,经过整理、计算编制而成的调查统计表格。它反映了某一人群中各个年龄层次的人在一年内的生存率和死亡率。人寿保险中,不论是以被保险人生存作为给付条件的年金保险,还是以被保险人死亡作为给付条件的定期寿险,其费率都与生命表中所记载的生存率和死亡率密切相关。因此,生命表中的生存率、死亡率是厘定人寿保险费率的重要依据。

生命表一般分为国民生命表和经验生命表。国民生命表是根据全体国民或某一特定地区人口的生存、死亡统计资料综合而成的生命表,也称为普通生命表。经验生命表是以人寿保险公司承保的被保险人实际经验的死亡统计资料编制而成的统计表。两类表格相比,在相同时期内,国民生命表的死亡率要高于经验生命表中的死亡率。这主要是因为国民生命表的资料来源于人口普查或抽样调查,统计对象范围较广,包括男女老少、体质强弱等各种人群;而经验生命表的统计对象为被保险人,一般要经过保险公司风险选择后才予以承保。在人寿保险费率计算中,一般采用经验生命表。

生命表按照不同的分类标准,又有多种表现形式。按照生命表反映内容详略程度,国民生命表可以分为完全生命表和简易生命表。完全生命表是根据人口普查资料,依年龄计算每一年龄的生存率、死亡率、平均余命等生命函数;简易生命表则是按照年龄组别计算各组生存率、死亡率等生命函数,如按 5 岁或 10 岁年龄组编制生命表。按照统计对象的性别不同,经验生命表可以分为女性生命表、男性生命表和男女混合生命表。按照死亡统计调查期间不同,经验生命表可以分为终极表、选择表和综合表。终极表依据选择效果消失的统计资料编制而成,通常是剔除了被保险人投保后 5~10 年的经验数据,普通寿险的保险费率通常是依据此表计算;选择表是依据选择效果仍存在的资料编制而成,该表的死亡率考虑到了年龄和投保经过年数两项因素,较终极表更为准确,分红保险费率通常用该表制定;综合表是不考虑投保经过的年数,以所有被保险人在整个保险期间的死亡统计资料编制而成,通常用来制定简易人寿保险的费率。按照险种业务的不同,经验生命表还可分为寿险生命表和年金生命表。寿险生命表是以被保险人的经验数据编制而成的;年金生命表是以购买年金保险者的死亡统计资料编制而成的。

(2)生命表的内容

生命表是对相当数量的人口自出生(或一定年龄)开始,直至这些人口全部去世为止的生存与死亡记录。通常以 10 万、100 万或 1 000 万人作为零岁的生存人数，然后根据各年中死亡人数、各年末生存人数计算各年龄人口的死亡率、生存率，列成表格，直至该群人全部死亡为止。中国人寿保险业经验生命表 CL4（2000—2003 年）部分表格如表 8-2 所示：

表 8-2 　　　　　　　　中国人寿保险业经验生命表 CL4（2000—2003 年）

年龄（x）	死亡率 q_x	生存人数 l_x	死亡人数 d_x	生存人数 L_x	生存人年数 T_x	平均余命 e_x
30	0.000 351	992 596	348	992 422	5 378 4519	54.19
31	0.000 366	992 248	363	992 066	52 792 096	53.20
32	0.000 384	991 885	381	991 694	51 800 030	52.22
33	0.000 402	991 504	399	991 305	50 808 335	51.24
34	0.000 421	991 105	417	990 897	49 817 031	50.26
35	0.000 441	990 688	437	990 470	48 826 134	49.29
36	0.000 464	990 251	459	990 022	47 835 664	48.31
37	0.000 493	989 792	488	989 548	46 845 643	47.33
38	0.000 528	989 304	522	989 043	45 856 095	46.35
39	0.000 569	988 781	563	988 500	44 867 052	45.38
40	0.000 615	988 219	608	987 915	43 878 552	44.40
41	0.000 664	987 611	656	987 283	42 890 637	43.43
42	0.000 714	986 955	705	986 603	41 903 354	42.46
43	0.000 763	986 251	753	985 874	40 916 751	41.49
44	0.000 815	985 498	803	985 097	39 930 876	40.52
45	0.000 873	984 695	860	984 265	38 945 780	39.55
46	0.000 942	983 835	927	983 372	37 961 515	38.59
47	0.001 026	982 909	1008	982 404	36 978 143	37.62
48	0.001 129	981 900	1109	981 346	35 995 738	36.66
49	0.001 249	980 792	1 225	980 179	35 014 392	35.70
50	0.001 384	979 567	1356	978 889	34 034 213	34.74

①x：被观察人口的年龄，从 0 岁开始至最高年龄 105 岁。

②l_x：生存人数，表示以一定的人口出生数（如 100 万）为基数，生存至 x 岁的人数，即当年年初生存的人。

③d_x：死亡人数，表示 x 岁的人在年内死亡的人数。则：

$$d_x = l_x - l_{x+1}$$

④p_x：生存率，表示 x 岁的人活到 $x+1$ 岁的概率。则：

$$p_x = l_{x+1}/l_x$$

⑤q_x：死亡率，表示 x 岁的人在 $x+1$ 岁前的死亡概率，为年内死亡人数与年初生存人数的比值。则：

$$q_x = d_x / l_x$$

⑥L_x:经过调整后的生存人数。假定每一年中各死亡者的死亡日期均匀地分布于一年内的各个月内,因而各死亡者在其死亡的当年,每人尚能平均生存半年,故:

$$L_x = l_x - \frac{1}{2} d_x$$

⑦T_x:生存人年数,表示所有 x 岁的人以后生存的总年数。

⑧e_x:平均余命,表示 x 岁的人以后可能生存的平均年数。

生命表中各项生命函数的关系如下:

①$_n p_x$:x 岁的人再过 n 年仍然生存的概率。则:

$$_n p_x = l_{x+n} / l_x$$

②$_n q_x$:x 岁的人在 n 年死亡的概率。则:

$$_n q_x = (l_x - l_{x+n}) / l_x = (d_x + d_{x+1} + \cdots + d_{x+n-1}) / l_x$$

③$d_x + d_{x+1} + \cdots + d_{x+n-1} = l_x - l_{x+n}$

④$p_x + q_x = (l_{x+1} / l_x) + (d_x / l_x) = 1$

例如,根据 CL4(2000—2003 年),现年 35 岁的男子生存到 40 岁的概率为:

$$_5 p_{35} = l_{40} / l_{35} = 988\ 219 / 990\ 688 \approx 0.998$$

而现年 35 岁的男子在 5 年内死亡的概率为:

$$_5 q_{35} = (l_{35} - l_{40}) / l_{35} = (990\ 688 - 988\ 219) / 990\ 688 \approx 0.002$$

现年 36 岁的男子生存到 39 岁的概率为:

$$_3 p_{36} = l_{39} / l_{36} = 988\ 781 / 990\ 251 \approx 0.998\ 5$$

而现年 36 岁的男子在 3 年内死亡的概率为:

$$_3 q_{36} = (l_{36} - l_{39}) / l_{36} = (990\ 251 - 988\ 781) / 990\ 251 \approx 0.001\ 5$$

2. 利息

利息可以定义为货币资金的代价或报酬,是货币的时间价值,即一定资金通过投资在一定时期内产生的收益。影响利息计算的三个基本要素包括本金、利率和时间。本金数量越大,利率越高,存放时间越长,则利息越多;反之,则利息越少。

由于人寿保险一般具有长期性,在缴费期与给付期之间存在时间差。投保人缴纳的保险费,一部分以责任准备金的方式留存在保险公司内部作为将来给付保险金的准备金,这部分责任准备金可由保险公司进行投资和运用,由此产生的投资收益应归被保险人。保险人在厘定人寿保险费率时,按照预定的利息率算给被保险人。因此,人寿保险费率计算过程中必须考虑利息因素。利息的计算方式有单利和复利两种。

(1)单利和复利

单利是在结算利息时,只在原本金上计利息,对本金产生的利息不计息。其计算公式为:

$$I_n = P \cdot n \cdot i$$
$$S = P(1 + ni)$$

其中,I_n 代表 n 年后产生的利息;P 代表本金;i 代表利率;S 代表本利和。

复利的计算是每经过一次结息就把前期利息并入本金,在下次结息时,并入本金的

利息亦同本金一起计息,即不仅本金生利,而且利上生利。其计算公式为:

$$I = P[(1+i)^n - 1]$$
$$S = P(1+i)^n$$

(2)终值和现值

在人寿保险计算中,终值和现值都是按照复利方式计算的。终值是一定的本金按一定的利率经过一定时期生息后的本利和,是本利和的另一种表述方式。

$$S = P(1+i)^n$$

现值是按一定利率计算,为了在未来某一时刻积累到一定的数额,现在所需要的货币量。

$$P = S/(1+i)^n$$

(二)人寿保险纯保险费的计算

人寿保险费的缴纳方式分为两种,即趸缴和期缴。趸缴是投保人将保险费一次性全部缴清;期缴是投保人在一定期限内按某一数额缴纳保险费,如投保人按年、半年、季度或月度缴纳保费。人寿保险纯保费的计算应遵循收支平衡的原则,即保险人收取的纯保险费现值等于未来给付保险金的现值。人寿保险险种不同,其纯保费的计算方法也不同,这里主要介绍定期生存保险、定期死亡保险及两全保险的纯保费计算方法。

1. 趸缴纯保险费的计算

(1)定期生存保险趸缴纯保费的计算

定期生存保险是以被保险人在一定时期继续生存为保险金给付条件的一种保险形式,即如果被保险人在保险期届满时仍然存活,则保险人向被保险人给付保险金;如果被保险人在保险期间内死亡,则不给付保险金,也不退还所缴保险费。假定一个 x 岁的人投保了一份 n 年期,保险金额为 1 元的生存保险,若被保险人在第 n 年年末仍生存,则保险公司向其给付 1 元保险金;若被保险人在保险期间内死亡则不需要给付保险金。用 $A_{x:\overline{n}|}^{\ 1}$ 表示 n 年期的生存保险趸缴的纯保费。

期初时,保险公司保费收入的精算现值 $= l_x A_{x:\overline{n}|}^{\ 1}$

期末时,保险公司保额支出的精算现值 $= l_{x+n} v^n$

根据收支平衡的原则,可得 $l_x A_{x:\overline{n}|}^{\ 1} = l_{x+n} v^n$

从而定期生存保险趸缴纯保费的计算公式为:

$$A_{x:\overline{n}|}^{\ 1} = v^n \frac{l_{x+n}}{l_x} \tag{8-1}$$

例如,假设有 35 岁的女性 990 688 人,她们投保 5 年期生存保险,年复利利率为 5%,保险金额为 10 万元,求投保人每人应趸缴的纯保险费。

通过查找生命表,可知 $l_{40} = 988\ 219$, $l_{35} = 990\ 688$;

查找现值表,可知 $v^5 \approx 0.783\ 527$;

带入式(8-1)得:

$$100\ 000 A_{35:\overline{5}|}^{\ 1} = 100\ 000 \times (0.783\ 527 \times \frac{988\ 219}{990\ 688}) \approx 78\ 157.43 (元)$$

则 78 157.43 元就是投保人投保 5 年期生存保险应趸缴的保险费。

（2）定期死亡保险趸缴纯保费的计算

定期死亡保险是以被保险人在保险期限内死亡为条件支付保险金的一种形式。即只有当被保险人在保险期间内死亡时,保险公司才会向受益人给付保险金,如果被保险人继续存活,则不予给付。

假定一个 x 岁的人投保了一份 n 年期,保险金额为 1 元的定期死亡保险,若被保险人在第 n 年年末仍生存,则保险公司不需要给付保险金;若被保险人在保险期间内死亡,则保险公司给付 1 元保险金。用 $A^1_{x:\overline{n}|}$ 表示 n 年期的死亡保险应趸缴的纯保费。

期初时,保险公司保费收入的精算现值 $= l_x A^1_{x:\overline{n}|}$

由生命表可知,在定期死亡保险合同期限内保险公司保险金额的支出情况如下:

第一年年末被保险人中有 d_x 个人死亡,则需给付 d_x 元的保险金,现值为 $v d_x$ 元;

第二年年末被保险人中有 d_{x+1} 个人死亡,则需给付 d_{x+1} 元的保险金,现值为 $v^2 d_{x+1}$ 元;

直至第 n 年年末被保险人中有 d_{x+n-1} 个人死亡,则需给付 d_{x+n-1} 元的保险金,现值为 $v^n d_{x+n-1}$ 元;

根据收支平衡原则,可得 $l_x A^1_{x:\overline{n}|} = v d_x + v^2 d_{x+1} + \cdots + v^n d_{x+n-1}$

从而定期死亡保险趸缴纯保费的计算公式为:

$$A^1_{x:\overline{n}|} = \frac{v d_x + v^2 d_{x+1} + \cdots + v^n d_{x+n-1}}{l_x} \qquad (8\text{-}2)$$

例如,假设有 35 岁的女性 990 688 人,她们投保 5 年期的死亡保险,保险金额为 10 万元,年复利利率为 5%,求每个投保人应趸缴的保险费。

通过查找生命表,可知 $l_{35} = 990\ 688$,$d_{35} = 437$,$d_{36} = 459$,$d_{37} = 488$,$d_{38} = 522$,$d_{39} = 563$;

查找现值表,可知 $v \approx 0.952\ 381$,$v^2 \approx 0.907\ 030$,$v^3 \approx 0.863\ 838$,$v^4 \approx 0.822\ 703$,$v^5 \approx 0.783\ 527$;

带入式(8-2)得:

$$100\ 000\ A^1_{35:\overline{5}|} = 100\ 000 \times \frac{2124.65}{990\ 688} \approx 214.46(元)$$

则 214.46 元就是投保人投保 5 年期的死亡保险应趸缴的保险费。

（3）两全保险趸缴纯保费的计算

两全保险又称生死合险,即无论被保险人生死与否,一旦保险期届满,保险人均需给付保险金的保险形式。两全保险可以看作是定期生存保险和定期死亡保险的混合,其应趸缴的纯保险费应是定期生存保险纯保费和定期死亡保险纯保费之和,即

$$A_{x:\overline{n}|} = A_{x:\frac{1}{n}|} + A^1_{x:\overline{n}|} = v^n \frac{l_{x+n}}{l_x} + \frac{v d_x + v^2 d_{x+1} + \cdots + v^n d_{x+n-1}}{l_x}$$

$$= \frac{l_{x+n} v^n + v d_x + v^2 d_{x+1} + \cdots + v^n d_{x+n-1}}{l_x} \qquad (8\text{-}3)$$

例如,假设有 35 岁的女性 990 688 人,她们投保 5 年期的两全保险,保险金额为 10 万元,年复利利率为 5%,求每个投保人应趸缴的保险费。

代入式(8-3),可得:

$$100\ 000A_{x:\overline{n}|} = 100\ 000(0.781\ 574\ 3 + 0.002\ 144\ 6) = 78\ 371.89(元)$$

则 78 371.89 元就是投保人投保 5 年期的两全保险应趸缴的保险费。

2. 期缴纯保费的计算

趸缴纯保费是投保人在投保时一次性缴纳的纯保费的总额,这种缴费方式往往金额较大;而期缴纯保费则是将趸缴纯保费改为分期缴纳的方式,这种缴费方式较为普遍。人寿保险业务中,多采用年缴均衡纯保费的方式,即每年均衡地缴纳一次纯保费。采用期缴均衡纯保费,根据收支平衡原则,投保人分期所缴纳的纯保费的现值总和应当等于保险金给付的现值的总和,也应等于趸缴纯保费。

(三)人寿保险毛保险费的计算

保险公司在经营寿险业务过程中的各项费用开支也需要由每一个投保人负担,这部分在纯保费之外由于经营寿险业务所必需的费用,就是所谓的附加保费。纯保费与附加保费的总和,就是营业保费,也称为毛保险费。在实务中,计算毛保险费的方法主要有以下三种:

1. 三元素法

三元素法是把保险公司经营寿险业务所必需的营业费用分为以下三种:

(1)原始费用

原始费用也称新合同费,是保险公司为招揽新合同,在第一年度支出的一切费用,如宣传广告费、外勤人员招揽费、体检费、各种单证印制及成本等费用。

(2)维持费用

维持费用是指在整个保险期间为使合同维持保全的一切费用,如寄送催缴保费通知单、保险合同内容变更、保单质押贷款等为维持保单保全而发生的各项费用。

(3)收费费用

收费费用是指收取保险费时的支出,包括收费员的薪资、支付给与保险公司订有合同代为收取保费团体的手续费,以及其他与收费事务相关的费用支出。

三元素法将附加费用分解成上述三个部分,并假设原始费用是一次性费用,单位保额的费用为 α;维持费用,单位保额的每年费用为 β;收费费用每年占营业费用的比例为 γ。然后再根据"毛保险费现值=纯保险费现值+附加保险费现值"的原理,来计算总保险费。

三元法计算结果准确,但计算过程较为复杂、烦琐。

2. 比例法

比例法假设附加保险费为毛保险费的一定比例 k,P' 表示年缴毛保险费,P 表示年缴纯保险费,则有:

$$P' = P + kP'$$
$$P' = P/(1-k) \tag{8-4}$$

比例法计算简便,但这种方法由于 k 值的确定缺乏合理性,导致附加保险费的确定不够合理。所收取的附加保险费有可能会多于实际经营费用的支出,或者不够支付实际经营费用。

例如,某 25 岁的人投保 5 年期的定期死亡保险,每年年缴纯保费为 500 元,附加保费比例为 10%,则用比例法计算毛保费和附加保费为:

$$毛保费\ P' = P/(1-k) = 500 \div (1-10\%) \approx 555.56(元)$$
$$附加保费 = kP' = 555.56 \times 10\% \approx 55.56(元)$$

3. 固定常数及比例法

根据以往的业务资料,确定每单位保险金额所必须支付的业务费用,作为一种固定费用,用常数 a 表示;然后,再确定一定比例的营业保费,作为其余部分的附加保费,即:

$$P' = P + a + kP'$$
$$P' = (P+a)/(1-k) \tag{8-5}$$

例如,某 30 岁的人投保 10 年的两全保险,每年年缴纯保费 560 元,每份保单需要支出固定费用 15 元,附加保费比例为 10%,则用固定常数及比例法计算毛保费和附加保费为:

$$毛保费\ P' = (P+a)/(1-k) = (560+15)/(1-10\%) \approx 638.89(元)$$
$$附加保费 = a + kP' = 15 + 638.89 \times 10\% = 78.89(元)$$

第三节　保险营销

大数法则要求保险经营必须具有大量的承保风险,保险公司只有大量招揽业务,才有可能使得损失在众多被保险人之间分摊,才能实现保险分散风险、经济补偿的职能。而保险商品是一种特殊的商品,其特殊性使得人们无法直接了解保险商品的使用价值,为此,保险公司必须大力进行保险展业。而在保险展业过程中,保险营销就显得尤为重要。

一、保险营销概述

(一)保险营销的概念

保险营销是将现代市场营销学应用于保险企业的经营中,以保险产品为交易对象,以满足被保险人的特定风险保障需要为目的,以实现保险企业目标的一系列活动的总称。保险营销不是简单的保险推销或者保险促销,具体包括保险市场调查、保险市场细分、保险产品的设计和组合、保险营销渠道的选择及保险营销策略的制定等。通过保险营销,不仅可以使保险企业通过满足被保险人的需要而获得利润,更为重要的是可以帮助保险企业树立良好的社会信誉,提高保险企业的市场占有率。因此,保险营销是保险企业经营管理的核心部分,是制定保险企业经营战略的起点和重点。

(二)保险营销的特点

1. 保险营销与保险推销

保险营销与保险推销有着本质的区别,保险推销只是保险营销过程的一个阶段。保险推销重点在于保险产品的销售与促销活动本身,强调的是如何在把保险产品从保险公司转移到购买者手里的同时获取利润,保险推销强调的是"卖"保险产品。而保险营销则是通过一系列组织管理活动,来充分满足被保险人对特定风险保障的需要,从而使得消费者自愿、主动地来投保。保险营销比保险推销的内涵更为广泛,前者不仅包括后者,还包括保险市场研究、预测与售后服务等其他内容。保险营销始终以客户的最终利益为目标导向,更注重保险企业在整个保险市场上的长远利益,而保险推销则侧重于眼前的短期利益。

2. 保险营销的核心是社会交换过程

保险营销活动是以保险产品为交易对象,离不开保险市场交易活动。保险营销活动顺利进行的关键,是在提供满足人们减少或转移风险需要的保险产品基础上,在公平合理的原则下进行市场交易。保险营销的社会交换过程包括以下两个方面:第一,要能够提供满足人们特定风险保障需要的保险产品。这就需要保险企业去了解及发掘投保人的需要,在市场调研的基础上进行保险产品的设计、开发及组合。第二,交易必须遵循公平合理的原则。包括对保险产品合理地定价,使得投保人有购买的能力,并保证保险企业获得充足的保费收入以履行其职责;同时,双方都有权自主进行选择,保险人通过核保可以拒绝不符合投保条件的投保申请,投保人可以不购买保险企业所提供的保险产品。

3. 保险营销是整体营销活动

保险营销是一种整体营销行为,从开始调查,发掘保险市场上的需求到进行相应的险种设计、险种开发,直至最后对投保人进行销售和售后服务,这是一整套的营销活动,是一系列的方法。保险营销是全方位的活动,具体程序包括分析营销机会、保险市场调查与预测、保险市场细分与目标市场选择、制定保险营销策略、组织实施和控制营销计划。因此,保险企业各部门,包括精算、营销、核保、理赔、投资、客服等职能部门都应该相互配合,形成协同营销。

4. 保险营销的最终目的是实现客户满意

客户是企业生存和发展的基础,与客户建立良好的关系,强调以客户为中心,这是保险营销成功的关键。保险营销在不断满足客户需要中,通过对投保人提供全方位的服务而获取收益,其利润最大化的方式是通过获得投保人的满意而达成的。通过保险营销,让客户对保险企业及保险产品产生信赖与忠诚。只有满足客户风险保障的需求,实现客户满意,保险产品和保险营销才有生存和发展的空间。那些不顾客户利益、追求短期收益的做法,是无法使保险企业长久发展下去的。

二、保险营销渠道

(一)保险营销渠道的类型

保险营销渠道是指保险商品从保险公司向保户转移过程中所经过的途径,一般分为直接营销渠道和间接营销渠道。

1. 直接营销渠道

直接营销渠道,也称直销制,是保险公司直接与投保人建立关系,没有中间商的参与。直接营销渠道主要包括:保险公司专职业务员销售、保险门市部销售和保险公司分支机构销售。保险公司专职业务员销售是指保险公司利用自身配备的支付薪金的业务人员对保险消费者直接提供各种保险险种的销售和服务。保险门市部销售是指由保险公司在公司本部或直接招揽业务的部门直接向客户销售保险产品。保险公司分支机构除了办理其他保险事宜外,其保险产品的销售仍主要是依靠专职人员和保险门市部直接进行。

在保险市场发展的初期,保险公司主要采用直销制进行保险营销。但随着保险市场的发展壮大,保险公司仅依靠自身业务人员及分支机构进行保险营销是不够的。建立一支囊括整个保险市场的营销队伍需要保险公司有雄厚的资金实力,即使保险公司有这个实力,庞大营销队伍的薪金支出和业务费用也会提高保险经营的成本,从成本角度来看也是不经济的。因此,这就要求在现代保险市场上,保险公司在依靠自身业务人员进行直接营销的同时,还需要广泛地借助保险中介人进行间接营销。

2. 间接营销渠道

间接营销渠道,也称中介制,是指保险公司通过中介机构销售保险产品。保险间接营销渠道主要包括保险代理人、保险经纪人和保险公估人。我国《保险法》第一百一十九条规定,保险代理机构、保险经纪人应当具备国务院保险监督管理机构规定的条件,取得保险监督管理机构颁发的经营保险代理业务许可证、保险经纪业务许可证。《保险法》第一百二十二条规定,个人保险代理人、保险代理机构的代理从业人员、保险经纪人的经纪从业人员,应当具备国务院保险监督管理机构规定的资格条件,取得保险监督管理机构颁布的资格证书。

保险代理人是根据保险人的委托,向保险人收取佣金,并在保险人授权的范围内代为办理保险业务的机构或者个人。保险代理机构包括专门从事保险代理业务的保险专业代理机构;兼营保险代理业务的保险兼业代理机构,如航空售票处代理航空人身意外伤害保险等。美国和日本的保险市场主要以保险代理制为主要经营方式,约有90%的财产保险业务来自保险代理。保险经纪人是基于投保人利益,为投保人与保险人订立保险合同提供中介服务,并依法收取佣金的机构。保险经纪人分为个人保险经纪人、合伙企业和保险经纪公司,我国目前只认可法人形式的保险经纪人。欧洲的保险市场盛行保险经纪人制度,尤其是英国,有3 000多家独立的保险经纪公司,近8万名保险经纪人。[①]保险公估人是指接受保险人的委托,专门从事办理保险标的的查勘、鉴定、估损以及赔款的理算,并向委托人收取酬金的公司。在我国,保险公估机构可以是有限责任公司、股份有限公司或者合伙企业等组织形式。

(二)保险营销渠道的利弊分析

1. 直接营销渠道的利弊分析

(1)直接营销渠道的优势

第一,保险公司专职的业务人员由于工作稳定性强、熟悉保险业务,因此在招揽业务过程中不容易发生因业务不熟而欺骗投保人的道德风险,有利于控制保险欺诈行为的发生,增强了保险消费的安全感。

---

① 池晶. 保险学教程. 北京:科学出版社,2007.

第二,保险公司专职的业务人员直接代表保险公司进行展业活动,以保险公司为后盾,一方面,有利于展业活动顺利进行,另一方面,有利于在潜在投保人中树立良好的公司外部形象。

第三,保险公司专职业务人员相对于其他代理人员,其培训费用的支出较少,节省了销售费用。同时,在保险业务人员完成或超额完成预期任务的情况下,维持营销系统的成本较低。

(2)直接营销渠道的劣势

第一,不利于保险公司争取更多的客户。由于直接保险营销需要与大量的潜在目标客户进行长时间的接触,而保险公司的业务人员总是有限的,并且业务人员所提供的保险服务也是有限的,无法与所有的客户都建立较为密切的关系。因此,保险公司失去了很多将潜在保险需求转化为现实购买能力的机会。

第二,不利于扩大保险业务的经营范围。由于保险业务人员有限,他们只能将精力更多地放在某些大型险种的营销活动上,如企业财产保险、团体人身保险业务,而对于其他极具潜力的业务领域都关注不够,如家庭财产保险、个人寿险等业务。这将会导致保险企业对保险市场上需求的变化不能做出充分合理的预测,从而错失扩展业务的机会。

第三,不利于发挥业务人员的工作积极性。由于在保险直销方式下,保险业务人员有固定的工资和福利,其收入与业务量之间没有必然联系。当其超额完成预定工作任务后,没有业务提成或提成较少,导致业务人员缺乏努力拓展业务的积极性。

2. 间接营销渠道的利弊分析

(1)保险代理人制度的利弊分析

①保险代理人制度的优势

第一,有利于保险公司降低保险成本,提高企业的经济效益。由于保险代理人是按劳取酬,保险公司只需要向其支付代理手续费,这样就节省了在直销方式下的各项经营费用,如宣传费、员工福利、员工管理费等,从而降低了保险销售成本。

第二,有利于提高保险公司的供给能力,增加保险产品的销售。保险代理人弥补了保险公司营业网点少、营销人员不足的状况,方便消费者购买保险,扩展了保险公司在保险市场上的业务空间,客观上提高了保险公司的供给能力。

第三,有利于提升保险公司的服务质量,增强市场竞争力。保险代理人具有分布范围广、人员数量多、服务优良等优势,可以弥补保险公司在保险服务方面的不足,全面提高保险公司的服务质量。

第四,有利于保险公司快速占领市场,提升保险公司的经营水平。保险代理人在营销过程中,能接触到更多的客户,信息更为灵通,这将有助于保险公司及时、全面地了解整个保险市场的需求,有利于保险公司根据需求进行产品创新,在激烈的竞争中求得发展。

②保险代理人制度的劣势

第一,保险代理人对保险人存在信用缺失。在展业过程中,保险代理人与投保人直接接触并建立长期稳定的关系,并获知许多保险人难以知晓的信息。由于保险代理人的佣金收入与保险费挂钩,在利益最大化的驱使下,个别保险代理人为了赚取更多的佣金,承保大量风险或潜在风险项目,导致保险公司承保业务质量下降,影响保险人的经营效益。

第二,保险代理人对投保人存在信用缺失。保险代理人的目的是通过尽可能多保险单的销售获取更多的佣金,个别保险代理人基于个人利益,在从事保险代理活动时不能完全向投保人履行如实告知义务。现实中,个别保险代理人夸大保险产品的功能,侧重于保险责任宣传而忽略免责条款的解释说明,有的甚至超越代理权限或采用欺骗手段去推销保险单,从而损害了投保人的利益。

第三,对保险代理人行为缺乏规范化管理,易引发保险代理人滥用代理权,影响保险代理市场的有序发展。例如,对保险代理人缺乏严格的资格要求和业务培训,造成保险代理人素质良莠不齐,管理难度大;某些保险代理人私自挪用或侵占保险费等,不仅给保险公司带来经济损失,还严重损坏了保险公司的信誉。

(2)保险经纪人制度的利弊分析

①保险经纪人制度的优势

第一,保险经纪人提供专业性强的服务。保险经纪人一般都具有较高水平的业务素质和专业知识,是识别风险、管理风险和选择保险方面的专家。因此,投保人或被保险人能借助保险经纪人获得最佳的保险服务,即支付较低的保险费并获得较高的风险保障。保险经纪人具备丰富的保险经验,可以帮助投保人及时发现潜在风险,提出消除或减少风险的各种可能方法,并帮助投保人在保险市场上寻找最合适的保险公司等。

第二,保险经纪人作为投保人和被保险人的代表,独立承担法律责任。在保险市场上,保险经纪人为投保人或被保险人与保险人协商保险相关事宜,办理投保手续,充当保险顾问的角色。因此,根据法律规定,保险经纪人应对投保人或被保险人负责,有义务利用自己的专业知识技能为其提供最佳的保险安排。如果因为保险经纪人的疏忽而致使投保人或被保险人的利益受到损害,保险经纪人要承担相应的法律责任。

第三,保险经纪人的服务不增加投保人或被保险人的经济负担。保险经纪人虽然是投保人或被保险人的代理人,但其佣金一般是保险人从投保人所缴纳的保险费中按一定的比例支付的。因此,借助保险经纪人不会给投保人或被保险人带来额外开支。

②保险经纪人制度的劣势

由于保险经纪人不依托某家保险公司进行中介活动,因此如果保险经纪人的行为缺乏配套约束措施,就有可能潜藏道德风险和机会主义行为倾向。例如,少数保险经纪人在利益的驱使下,违规经营,提供虚假信息,扰乱正常的保险市场秩序。

第四节　保险核保与理赔

承保是保险人对投保人所提出的投保申请进行审核,决定是否同意接受并签发保险单的过程。承保是保险展业的继续,是在展业的基础上保险双方当事人通过协商就保险合同内容取得一致意见的过程。承保关系到保险公司经营的稳定性和经济效益的好坏,而在这一过程中,核保是其前提与核心。核保与理赔是保险经营的核心环节。

一、核保

(一)保险核保的概念

核保又称风险选择,是指在保险人承保前,对投保人提出的投保申请进行评估、鉴定,决定是否接受这一风险标的,并在接受风险标的的条件下,确定其保险费率的过程。核保是承保中最重要的环节,直接关系到承保质量的好坏。承保人通过核保将不同风险程度的标的物进行分类,按不同标准进行承保、制定费率。同时,通过核保还可以规避保险经营中常发生的逆向选择问题。因此,为了保证保险业务经营的稳定性,保险人必须进行核保。

(二)核保的内容

1.审核投保人、被保险人

投保人必须是具有完全行为能力并对保险标的具有保险利益的自然人或法人,这是保险合同具有法律效力的首要条件,也是防止道德风险的重要方面。因此,审核投保人是否对保险标的具有保险利益是对投保人资格的审核。投保人、被保险人的品格、行为会直接影响保险事故发生的可能性和损失程度,如投保人、被保险人对标的管理状况的好坏、防损措施是否到位、以往的肇事记录及索赔情况等。

2.审核保险标的

保险标的是投保风险的载体,保险标的的性质、状况将直接关系保险人承保风险的大小。财产保险主要审核保险标的的结构性能、使用性质、所处环境、防灾设施等。人身保险的标的是被保险人的寿命和身体,主要审核被保险人的年龄、性别、身体健康状况、职业、家庭病史等。通过审核保险标的的上述情况,确定其风险程度。

3.审核保险费率

保险费率是保险商品的价格,保险人收取的保险费率应当与保险标的的风险程度相适应。即保险标的风险程度高,保险人就应当收取较高的费率;反之,就应当收取较低的费率。

4.控制保险责任

通过风险的分析与评估,保险人确定承保责任范围,明确对所承担的风险应负的赔偿责任。一般来说,对于常规风险,保险人通常按照基本条款予以承保,对于一些具有特殊风险的保险标的,保险人需要与投保人充分协商后,确定保险条件、免赔数额、责任免除和附加条款等内容后特约承保。

(三)财产保险的核保

1.财产保险的核保要素

财产保险的核保要素包括投保财产所处的环境;投保标的的主要风险隐患和关键防护部位及防护措施状况;检验有无处于危险状态中的财产;检查各项安全管理制度的制定和实施情况。例如,对投保的房屋,附近有无易燃易爆的危险源,房屋的结构状况如何,有无防火设施、自动报警系统等进行检验。

2.财产保险的核保流程

(1)审核投保单

审核投保单是指审核投保单的各项内容,以便及时发现问题并及时纠正。审核的项目主要包括:投保财产的名称及项目、投保金额、保险标的的存放地址或运输工具名称和运输路线、保险期限、特约承保或不保财产等。

（2）审核验险

审核验险是指对投保财产进行风险查验，从而对风险进行分类，以确定是否承保或者以什么条件承保。验险内容主要包括财产保险的核保要素。

（3）缮制保险单

缮制保险单是指经过审核验险决定承保后，进入填写保险单或保险凭证等过程。

（4）复核签章，清分发送

经过认真复核确认保单各项内容均准确无误后，在保单的正副本上加盖公司业务专用章。保险单正本、保险费收据等单证由经办业务员送交投保人或被保险人，并收取保险费。

（四）人身保险的核保

1.人身保险的核保要素

人身保险的核保要素一般分为影响死亡率的要素和非死亡因素。影响死亡率的要素主要有年龄、性别、体格、健康状况、职业、习惯嗜好、家族病史、居住环境等。非死亡因素主要包括保额、险种、投保人收入状况、投保人与被保险人及受益人之间的关系、保费缴纳方式等。

2.人身保险的核保流程

（1）业务员的选择

业务员的选择，也称第一次风险选择，是风险选择中最基本的选择。人身保险业务的开展，主要是通过业务员进行，业务员直接或间接地与投保人、被保险人打交道，可以从健康状况、生活环境、投保动机等方面因素综合考察被保险人，收集真实、完整的投保资料。

（2）体格检查

体格检查，也称第二次风险选择。普通寿险和健康保险达到一定额度时，都要求被保险人通过指定医疗机构或专门人员进行健康专科检查。

（3）核保人员选择

核保人员选择，也称第三次风险选择。对保户所提供的需要进一步了解的情况，如既往病史、职业环境、收入状况等，进行核实调查。

（4）契约调查

契约调查，也称生存调查或第四次风险选择，是指在契约成立之前、之后调查人员收集被保险人的各项资料，为契约的成立提供依据。通过契约调查，可能发现投保单、健康告知书、业务员报告书、体检报告书中有不实告知或疏忽、遗漏之处。

二、保险的理赔

（一）保险理赔的概念

保险理赔即处理赔案，是指保险人在保险标的发生风险事故后，根据保险合同的规定履行赔偿或给付责任，对被保险人或受益人提出的索赔请求进行处理的行为。在保险经营活动中，理赔是保险人承继保险业务后的最后一个环节，是保险合同价值的一种体现,也是检验承保工作质量高低的标志。因此,理赔是保险经营的核心环节。

(二)保险理赔的原则

1.重约守信原则

保险合同明确规定了保险当事人双方的权利和义务,双方都必须恪守合同的规定。保险理赔是保险人对保险合同履行义务的具体体现。保险合同条款是保险人承担赔偿或给付责任的依据,对合同当事人双方都具有法律约束力。当保险事故发生后,保险人要严格按照保险合同中的条款来理赔,既不任意扩大保险责任范围,也绝不惜赔,保证合同顺利实施。因此,重约守信是保险理赔过程中最重要、最基本的原则。

2.实事求是原则

保险合同中对事故发生后的赔偿给付责任做了明确的规定,但在实际处理保险赔案的过程中,情况往往是错综复杂的,加上当事人对保险条款理解上的差异,导致索赔申请有的合理,有的未必合理。实事求是地按照具体情况,恰当运用条款处理具体问题,既要坚持原则,也要有一定的灵活性,合理处理保险赔案。

3.主动、迅速、准确、合理原则

这一原则的宗旨在于提高保险服务水平,提升保险企业的信誉。所谓"主动",就是要求理赔人员在处理索赔案件时应积极热情、主动受理、不推诿;"迅速"就是指在合理期限内,尽快审定理赔申请,避免羁押和拖延赔案;"准确"就是要求理赔人员对索赔案件的查勘、定责定损、赔款计算等,做到准确无误,不发生错赔或滥赔;"合理"就是要求理赔人员严格按照保险合同条款的规定,实事求是、分清责任。其中,"准确"是该原则的核心。

(三)保险理赔的程序

1.受理通知

当保险事故发生时或被保险标的发生保险事故时,被保险人要立即通知保险公司,损失通知是被保险人必须履行的义务。《保险法》第二十一条规定:"投保人、被保险人或者受益人知道保险事故发生后,应当及时通知保险人。故意或者因重大过失未及时通知,致使保险事故的性质、原因、损失程度等难以确定的,保险人对无法确定的部分,不承担赔偿或者给付保险金的责任,但保险人通过其他途径已经及时知道或者应当及时知道保险事故发生的除外。"可见,发出损失通知通常有时限要求,根据险种的不同发出通知的具体时限规定也不同。例如,被保险人在保险财产遭受保险责任内的盗窃损失后,应当在二十四小时内通知保险公司,否则保险人有权不予以赔偿。

2.审核保险责任

保险人在收到被保险人或受益人的损失通知后,应当立即审核该索赔案件是否属于保险人的责任范围,审核的内容主要包括:

(1)保单的有效性

保单是保险合同正式的法律文本,是保险人履行赔偿或给付责任的依据,保险合同有效是保险人确定保险责任的前提。如果保险合同是无效的,就不需要继续处理。影响保险合同效力的因素有很多,如投保人未履行最大诚信原则下的如实告知义务;人身保

险合同订立时,投保人对被保险人不具有保险利益等。

（2）损失是否由所承保的风险引起

保险人承担赔偿责任必须与它所承保的风险有因果关系。造成损失的原因很多,保险人是否承担赔偿责任,就需要科学地判断近因。近因原则是用于判断保险责任归属的基本原则,只有当造成损失的近因属于保险责任范围,保险人才需要承担保险责任。

（3）索赔资格

就人身保险合同而言,索赔人不一定是投保人或被保险人,被保险人死亡,就由受益人行使相应的权利。财产保险合同中,在保险事故发生时,被保险人对保险标的不具有保险利益的,不得向保险人请求赔偿保险金;若被保险人在事故中丧生,由第三人提出索赔申请时,需要审查其是否为合法继承人。

除以上三方面外,还需审核损失的财产是否为保险财产、损失是否发生在保单所载明的地点、损失是否发生在保单的有效期限内。

3. 损失调查

在保险企业审核保险责任后,应派理赔人员赶赴现场进行实地查勘,查勘的具体内容包括:判断保险标的损失的原因,明确保险人承保的责任范围;确定损失程度,为保险人确定赔偿数额提供依据;认定被保险人的求偿权利。

4. 赔付结案

索赔案件经过审核,确定属于保险责任后,保险人应及时支付赔款或给付保险金。人身保险合同多采用定额给付的方式承保,保险金额事先已经确定,当保险事故发生时,保险人按双方事先约定的金额给付,相比财产保险更为简单。财产保险则是在保险金额的限度内,依据实际损失进行赔偿,具体的计算方式包括:比例赔偿方式、第一损失赔偿方式、限额赔偿方式、定值保险赔偿方式。若保险财产发生保险责任范围内的损失是由第三者行为造成的,保险人给付保险金后,被保险人将追偿权转移给保险人。值得注意的是,人寿保险中的死亡保险金给付和人身意外伤害保险中的残疾保险金的给付不存在重复保险问题,也不存在代位追偿问题。

本章小结

1. 由于保险经营自身的特殊性,保险经营除了应贯彻经济核算原则、随行就市原则、薄利多销原则等一般商品经营原则外,还应遵循特殊经营原则,即风险大量原则、风险选择原则以及风险分散原则。

2. 保险费率(毛费率)一般由纯费率和附加费率两部分组成。保险人在厘定费率时应当遵循权利和义务对等的原则,包括充足性原则、公平合理原则、稳定灵活原则、促进防灾防损原则。

3. 财产保险费率厘定的依据为损失概率,多采用分类法和修正法。人寿保险费率也是由纯费率和附加费率两部分构成,在费率厘定过程中主要考虑生存率、死亡率及利息率等因素。

4. 保险营销渠道是指保险商品从保险公司向保户转移过程中所经过的途径,一般分为直接营销渠道和间接营销渠道。直接营销渠道主要包括保险公司专职业务员销售、保险门市部销售和保险公司分支机构销售。间接营销渠道主要包括保险代理人、保险经纪人和保险公估人。

5.核保是承保中最重要的环节,直接关系到承保质量的好坏。承保人通过核保将不同风险程度的标的物进行分类,按不同标准进行承保、制定费率。同时,通过核保还可以规避保险经营中常发生的逆向选择问题。

6.在保险经营活动中,理赔是保险公司承继保险业务后的最后一个环节,是保险合同价值的一种体现,也是检验承保工作质量高低的标志。理赔是保险经营的核心环节。

关键术语

保险经营　保险费率　纯费率　附加费率　判断法　分类法　增减法　表定法
经验法　追溯法　稳定系数　生命表　趸缴纯保险费　期缴纯保险费　三元素法
比例法　固定常数及比例法　保险营销　直接营销渠道　间接营销渠道
保险代理人　保险经纪人　保险公估人　保险核保　保险理赔

复习思考题

1.保险经营有何特征,应遵守哪些原则?
2.阐述保险费率的构成。
3.简述保险费率厘定的基本原则。
4.阐述保险营销的特点。
5.保险营销的渠道有哪些?
6.阐述保险直接营销渠道的利弊。
7.阐述保险间接营销渠道的利弊。
8.简述财产保险核保的流程。
9.简述人身保险核保的流程。
10.保险理赔的原则有哪些?

第九章

保险监管

保险监管是保障保险业健康、有序发展,保障保险消费者合法权益的重要手段。一般情况下,保险监管更多地体现为政府行为,是一种宏观层面的调控与监管,因此其所使用的手段主要表现为法律法规、行政指令和经济手段。世界各国基本上都建立了各具特色的保险监管制度,通过多层次的机构设计和科学的手段实现对保险业的监管。2008年,全球金融危机的爆发使各国重新审视了保险监管的内容和范围,危机的发展速度和涉及范围都超出了人们的预期,从而引发了人们对保险监管问题的重新思考。

通过本章学习,要求掌握保险监管含义及监管原因、保险监管的内容;理解保险监管的方式与目标、保险监管的体系构成。

第一节 保险监管概述

保险业作为社会保障体系的重要组成部分,由于其具有技术难度和涉及公众利益等多方面原因,需要政府作为主体对保险业进行监管,目的是保证保险人的偿还能力,防止市场的不正当竞争。

一、保险监管的产生与发展

从保险的发展历史上看,现代意义上的保险是伴随欧洲资本主义萌芽时期海上贸易的繁荣而产生的。早在1575年,英国保险商会成立,英国政府要求海上保险单必须向该商会办理登记,这是政府进行保险监管的开端。海上贸易的发展促成了火灾险、人寿险、责任险等险种的产生,并在18世纪40～50年代颁布了禁止赌博性保险的法律,从而产生了保险利益这一重要概念,从而拉开了现代保险监管的序幕。

现代保险监管制度的一个重要进步标志是国家授权给专门的保险监管机构,使之专司保险监管的职责。这种制度最早产生于美国。在19世纪初,大量依据英国保险法注册的保险公司进入美国保险市场后通过恶性降价等手段争夺市场占有率,造成了大部分保险人难以维持其财物稳定,被保险人利益受到侵蚀的后果。1810年,美国宾夕法尼亚州为了保护本州被保险人的利益,率先通过一项保险法律,禁止外州保险公司在本州开办保险业务,至此之后陆续出现关于保险公司的清算制度、报表审查制度、分业经营制度等,保险监管体系趋于规范。并于1851年在新罕布什尔州首设保险监管部门,至此美国有了第一个专门的保险监管部门。

英国是另外一个保险监管体系较为发达的国家,与美国不同的是,它并没有设立专门的保险监管机构,英国政府的工贸大臣享有对保险业实行全面监督管理的权利,而保险监督机构则是工贸部属下的保险局。英国在保险立法方面,起步非常早。1870 年,英国颁布《寿险公司法》,对寿险公司的保证金、财产账户、公司兼并等做出了规定,并且创立了保险人信息公开制度,这是其在保险监管立法方面的一大重要进展。随后,英国将《寿险公司法》的有关规定扩展到其他保险领域,于 1909 年颁布了《保险公司法》,并在以后的保险监管中不断地完善。

世界上的其他国家也根据本国的实际需要先后建立了保险监管体系,如奥地利于 1859 年,瑞士于 1885 年,德国于 1909 年先后建立了自己的保险监管制度。总的来说,西方的一些发达国家,与经济自由化趋势相反,政府对保险业的监管一直朝着强化的方向发展。

二、保险监管的含义及监管原因

保险监管是指一个国家政府的保险监督管理部门为了维护保险市场的秩序,保护被保险人及社会公众的利益,依法对本国保险业的监督和管理。一个国家的监管体系可以分为三个层面:一是通过法律法规进行保险业的依法监管;二是设立监管机构进行行政监管;三是设立同行业组织维护公平,提高效率。保险监管是控制保险市场参与者市场行为的一个完整系统,同时也是国家管理经济职能在保险业中的体现,通过政府介入保证保险人与被保险人的合法利益,促进保险业的健康发展。

(一)市场垄断

我国的保险市场从目前来说垄断程度较高,几个大公司垄断市场份额,却是在不成熟的垄断市场中存在,并没有形成完全以营利为目的的独立竞争主体,不仅市场配置资源效率低,而且公司经营本身也没有真正以效率为目标。所以,国家有必要对市场进行干预,实现帕累托最优。然而必须提醒的是,国家监管该做的是通过经济手段引导、监督、管理保险公司的经营行为及其结果,为保险公司创造外部环境,而不是直接以行政手段进行经营上的干预。

(二)信息不对称

作为保险销售者,他对保险产品的理解多于被保险者,而个人和小企业等保险购买者也无力评估保险企业的财务状况,所以可能导致"劣币驱逐良币"的后果;反之,保险购买者对自身的了解也大于保险销售者,就会以低于保费的价格取得保险,损害了保险公司的利益。而道德危机也是事后信息不对称的表现,如有投保车险的司机开车更为莽撞,有投保寿险的人更不注重身体健康。这便是委托代理问题(保险公司是委托人,投保人或被保险人是代理人)。更为极端的就是保险欺诈,所以,针对信息不对称问题,国家必须介入,通过提供信息渠道或法律等保护信息不利方的权益,减少信息不对称带来的不良后果。

(三)外部效应和公共物品

外部效应是指一个经济行为主体的经济活动对另一个经济行为主体的福利所产生的效应,但这种效益并没有通过市场交易反映出来。完全竞争市场要求成本和效益内在化,产品生产者要负担全部成本,同时全部收益归生产者所有。但外部效应的存在,使得私人的成本收益与社会的成本收益不完全相符。这种收益的偏差使得资源不能实现完全竞争条件下的最优配置,从而导致无效经济。而保险的经营具有公共性和社会性,为了提高保险企业的社会效益和经济效益,需要对保险行业进行监管。

三、保险监管的方式

目前国际上还没有形成统一、固定的保险监管标准,各个国家依据其不同的经济发展环境和法律体系,所采用的监管方式也不同。保险监管方式主要有以下三种:

(一)公示管理

公示管理也称公示主义,是指政府不直接干预保险人的经营活动,仅规定保险人必须按照政府规定的格式和内容定期将营业成果呈报主管机关并予以公布,由社会公众自己判断其经营状况。至于保险企业的组织形式、保险合同的格式和内容、保险资金的运用,均由保险人自主管理,政府不加干涉。

(二)规范管理

规范管理也称准则主义或形式监督主义,是指国家制定一系列有关保险人经营的基本准则,并要求保险人遵守执行的一种监管方式。

(三)实体管理

实体管理也称批准主义,是指国家制定完善的保险监管法规,法律赋予监管机关较大的权力,监管机构对保险市场进行全方位、全过程的监督管理。

四、保险监管的目标

(一)保障保险人偿付能力,防范保险经营风险

保险业是经营风险的行业,保险公司若经营不善,就可能丧失偿付能力,其造成的后果不单是损害了保险公司的利益,更会牵涉到广大被保险人的利益。在保险经营中,保险人先收取保费,后进行事故赔付。偿付能力大小一般用偿付能力额度表来表示,它等于保险人的资产减去负债。保险监管通过对偿付能力额度进行直接管理,或对影响保险人偿付能力的因素,如费率、投资等进行管理,通过监管及时发现保险公司经营上的隐患,来达到保护投保人利益的目的。

> **案例 9-1**
>
> **首份保险偿二代:一季偿付能力充足率 264%**
>
> 记者从中国保监会获悉,中国风险导向的偿付能力体系(简称偿二代)2015 年一季度报告,即试运行首份季度报告的分析工作已于日前完成。数据显示,偿二代下,一季度末行业偿付能力整体充足,全行业偿付能力充足率为 264%,其中,财产险公司平均充足率为 282%,人身险公司为 256%,再保险公司为 383%。
>
> 2015 年 2 月,保监会正式发布"偿二代"17 项监管规则,以及《关于中国风险导向的偿付能力体系过渡期有关事项的通知》,偿二代正式进入试运行过渡期。对于中国保险市场而言,一个更加成熟和审慎的保险监管体系已然初登历史舞台。而根据测试,"偿二代"体系下,行业在充足率水平变化不大的情况下,可释放约 5500 亿的资本溢额,这无疑为行业发展带来了更多的空间。

与偿二代测试时得到的 2014 年 6 月末的数据相比,2015 年一季度末行业偿二代偿付能力状况明显改善,财险公司上升 40 个百分点,寿险公司上升 37 个百分点,再保险公司上升 77 个百分点,不达标公司数量大幅减少 6 家。"这反映出偿二代规则已经引导公司着手调整经营战略、加强风险管理、改善偿付能力状况,偿二代实施的成效正在逐步显现。"报告显示,13 家公司偿付能力未达标。其中,财险公司有 3 家,主要是境外分出业务较多的外资公司;寿险公司有 7 家,主要是高现金价值业务较多、投资较为激进的公司;再保险公司有 3 家。"由于偿二代对于风控能力实行差异化对待,令偿二代的实施更有利于风险管控能力强的公司提高投资盈利能力和安全性的同时,对于依靠高同质化、高回报率产品扩张规模的中小保险机构却并非利好,由此也将令保险公司的差异化更加凸显。"分析人士此前即指出。保监会也认为,不达标公司数量比偿一代下增加,说明偿二代能够更加全面、科学地计量风险,一些本身风险较高但在偿一代下达标的公司,在偿二代下暴露了真实的风险状况。

资料来源:和讯网

(二)防止欺诈行为,保障公众利益

保险产品有别于普通商品。保险产品是无形商品,投保人支付费用后只有当风险发生时才会获得产品,并且其条款制定、承保范围规定、费率计算、合同拟定具有一定的专业性,所以消费者往往难以鉴别、比较。在信息不对称的情况下,主要的欺诈表现为利用含糊词语来逃避责任,或者隐瞒事实来骗取赔款。

(三)防止过度竞争,维护市场秩序

根据保险产品的特殊性,大多数国家一般采取适当限制各个保险人的保险条款和保险价格的方法,给予保险企业已定的竞争自由,使其通过条款和费率差异进行竞争。但为了防止市场上保险人之间的诸如采取费率回扣的办法诱使投保人签订保险合同等恶性竞争,国家必须对竞争加以监管,维护公平竞争的市场环境,保证保险业的良好发展。

五、保险监管的原则

(一)依法监管原则

法律是国之重器,经济体系的运行也必须在法的规制下进行。而保险业就是经济网中的一个结点,同样必须遵法守法。因此,在市场经济的条件下,保险企业必须依法接受保险监管机构的监督和管理,同时保险监管机构也必须依法进行监管。在保险市场上,要注重整体和部分、集体和个人的关系,既要维护被保险人利益,也要顾及保险人利益,保持监管的权威性、严肃性、强制性、一贯性,从而达到保险监管的有效性。

同时,要遵循公平、公正、公开原则。一是公平原则,是指监管者对保险参与者及订立保险合同的公平;二是公正原则,公正地司法,解决利益冲突,维护保险市场秩序;三是公开原则,主要是法律与政策的公开、市场管理与司法活动的公开,如费率公开、佣金公开等,从而成为保险人的行为准则。

(二)提高市场效率原则

由于市场存在缺陷,仅仅依靠保险市场机制不可能达到资源的最优配置,市场失灵常常存在。作为政府需要通过保险监管体制对保险市场进行不同程度的干预。

然而必须注意,保险市场的监管不该走向两个极端:监管不足和监管过度。监管是需要消耗人力、物力的,当监管收益大于监管成本时,这种保险监管机制是有效率和合理的。保险监管的中心应该放在创造适度竞争的市场环境上,提高市场效率。保险要求管而不死,活而不乱,既追求利益又不盲目冒险,既有风险但又有安全保障。

(三)自我约束与外部监管相结合原则

保险监管必须注重内外兼修,一方面,通过有效的手段惩罚不正当经营行为,另一方面,要培养企业"修内功",即提高保险企业的自身管理能力。通过外部监管、指导、督促保险业的正常经营和健康发展,提高保险经营的效益。保险业只有将自我约束管理与外部监管结合起来,保险市场发展才有后劲,保险监管才能事半功倍。

(四)持续系统监管原则

保险监管必须实现无缝隙进行,做到经常性、持续性、系统性。缩短监管周期,在平时就发现问题隐患。从审查批准保险机构准入的时刻到其退出为止,监管都要贯穿其中。把保险监管对象和内容作为有机的整体,依靠保险监管体系,综合配套地运用各种手段,对保险企业风险管理进行识别、计量、监测与控制。

(五)不干预保险企业内部经营管理原则

保险企业是自主经营,自负盈亏的独立法人,它有权在法律的范围内独立决定自己的经营方针。如果干预保险企业正常、合法的经营行为,实际上是保险监管机关的一种越权行为,同样是违法的。同时,企业内部的经营管理自主性是保证企业效率的必要条件,如果越权监管,一是违背保险企业是保险市场的独立法人地位,二是会降低其效率。所以,监管机关及政府其他部门必须尊重保险企业的经营权,只有这样才能促进保险企业的发展。

第二节　保险监管内容

保险监管的两大方面的内容是偿付能力监管和市场行为监管,其中以偿付能力监管为核心。偿付能力监管、市场行为监管与公司结构治理监管构成保险监管的三大支柱。

一、偿付能力监管

所谓偿付能力(solvency)是指保险公司到期偿还债务的能力,是保险监管的核心内容。偿付能力监管是一种宽松的监管模式,指监管机构仅对保险公司合同到期进行偿付的风险予以监测和监管,以控制和减少保险公司丧失偿付能力的可能性,保障投保人和被保险人的权益,而不直接干预保险公司的经营行为。

保证保险人的偿付能力是保险监管最根本的目的。为了保证保险公司具有偿付能力,各国保险法制定了许多专门措施,如保险公司的资本金要求、保证金的提存、保险保障基金的建立、最低偿付能力的确定等。探索更为有效的偿付能力监管措施是各国保险监管部门不断努力的方向。保险监管部门综合使用各种监管手段,包括最低资本充足率监管、保险监管信息指标体系监管和保险监管机构组织的现场检查等,对保险公司进行系统分析。在偿付能力监管体系中,保险保障基金既不是对保险公司偿付能力的分析,也不是对失去偿付能力的保险公司的经济制裁,而是用全行业积累的资金对丧失偿付能力的保险公司的保单持有人的经济损失进行补偿,具有独特的作用。目前,世界各国基本上都有建立保险保障基金的规定。

(一)最低偿付能力监管

保险公司最低偿付能力的监管,是为了保证保险公司承担实际风险的能力。我国《保险公司偿付能力管理规定》中明确指出:保险公司的最低资本,是指保险公司为应对资产风险、承保风险等风险对偿付能力的不利影响,依据中国保监会的规定而应当具有的资本数额。为了保证保险公司有足够的偿付能力,实际资本和最低资本是计算偿付能力充足率的两个指标,要求实际资本不低于最低资本。衡量保险公司最低偿付能力的是保险公司的最低资本。

我国在《保险公司管理规定》和《保险公司偿付能力额度及监管指标管理规定》中对保险公司的偿付能力做了以下规定。

(1)保险公司实际偿付能力额度等于认可资产减去认可负债的差额。

(2)财产保险、短期人身险业务应具备的最低偿付能力额度为下述两项中数额较大的一项:最近会计年度公司自留保费减营业税金及附加后1亿元人民币以下部分的18%和1亿元人民币以上部分的16%;公司最近3年平均综合赔款金额7000万元以下部分的26%和7000万元以上部分的23%。对经营不满三个完整会计年度的保险公司,采用第一项规定的标准。

(3)长期人身险业务最低偿付能力额度为下述两项之和:投资连结类产品期末寿险责任准备金的1%和其他寿险产品期末寿险责任准备金的4%;保险期间小于3年的定期死亡保险风险保额的0.1%,保险期为3～5年的定期死亡保险风险保额的0.15%,保险期间超过5年的定期死亡保险和其他险种风险保额的0.3%。在统计中未对定期死亡保险区分保险期间的,统一按风险保额的0.3%计算。

(4)保险公司偿付能力充足率等于实际偿付能力额度除以最低偿付能力额度。对偿付能力充足率小于100%的保险公司,中国保监会可以将该公司列为重点监管对象,根据具体情况采取下列监管措施。

● 对偿付能力充足率在70%以上的公司,中国保监会可以要求公司提出整改方案并限期达到最低偿付能力额度要求;逾期仍未达到要求的,可以采取要求公司增加资本、责令办理再保险、限制业务范围、限制向股东分红、限制固定资产购置、限制经营费用规模、限制增设分支机构等监管措施,直至其达到最低偿付能力额度要求。

● 对偿付能力充足率在30%～70%的公司,中国保监会除采取前项措施外,还可以责令其拍卖不良资产、转让保险业务、限制高级管理人员薪酬水平和在职消费水平、限制公司商业性广告、调整资金运用、停止开展新业务等监管措施。

● 对偿付能力充足率在30%以下的公司,中国保监会除采取前项措施外,还可以对该保险公司依法实行接管。

我国《保险公司偿付能力管理规定》中指出:保险公司应当具有与其风险和业务规模相适应的资本,确保偿付能力充足率不低于100%。中国保监会根据保险公司偿付能力状况将保险公司分为下列三类,实施分类监管:(1)不足类公司,指偿付能力充足率低于100%的保险公司。(2)充足Ⅰ类公司。指偿付能力充足率在100%到150%之间的保险公司。(3)充足Ⅱ类公司,指偿付能力充足率高于150%的保险公司。

(二)偿付能力常规监管

1. 保险费率监管

对保险费率实施监管的主要目的,是使费率必须高至足以保证保险公司的偿付能力、保证保险公司的正常经营,且不能为其带来过高的利润,对相同或相似的风险应当收取相同的费率等。保险费率要体现保险的互助和保障的功能,过高的保险费率不利于保险的发展以及保障功能的发挥。保险费率的监管,一方面为了保证保险公司能积累足够多的保险基金以保证偿付能力,另一方面也是为了防止保险公司恶性竞争或者让被保险人负担过重而形成不公平现象。与费率相关的监管还有保单条款监管,对于保险费率和保单条款的监管包括:以政府监管机构为主导的严格监管模式、以市场为主导的放松监管模式、混合模式;政府监管机构对保险费率和保险条款的制定不直接干预,但是保险公司制定好保险费率和保险条款要报监管机构审批后才能正式投入市场。我国保险费率的监管规定要求强制保险和新开发的人寿保险等的保险条款和费率向保监会报批。

根据我国《保险法》第一百三十五条规定:"关系社会公众利益的保险险种、依法实行强制保险的险种和新开发的人寿保险险种等的保险条款和保险费率,应当报国务院保险监督管理机构批准。国务院保险监督管理机构审批时,应当遵循保护社会公众利益和防止不正当竞争的原则。其他保险险种的保险条款和保险费率,应当报保险监督管理机构备案。保险条款和保险费率审批、备案的具体办法,由国务院保险监督管理机构依照前款规定制定。"

第一百三十六条规定:"保险公司使用的保险条款和保险费率违反法律、行政法规或者国务院保险监督管理机构的有关规定的,由保险监督管理机构责令停止使用,限期修改;情节严重的,可以在一定期限内禁止其申报新的保险条款和保险费率。"

2. 准备金监管

保险准备金,是指根据政府有关法律规定或业务特定需要,从保费收入或盈余中提取与其所承担的保险责任相对应的一定数量的基金,作为保证保险人如期履行保险赔偿或给付义务的资金。准备金监管是保险监管的重要内容,对保证保险公司偿付能力至关重要。准备金决定了保险公司持有的资产和盈余规模,是保险公司的认可负债。实际操作中准备金有三种:一种是根据通用会计准则提留的准备金,用以做财务报表;一种是提交给税务部门的准备金,用以计税;一种是根据法定会计原则计提的精算准备金,供监管部门检验保险公司的偿付能力。保险准备金主要包括未到期责任准备金、未决赔款准备金等。为了保证保险公司的正常经营,以及保护被保险人的利益,各国一般都以保险立法强制规定保险公司应提存保险准备金,以保证保险公司具备与其保险业务规模相应的偿付能力。

(1)未到期责任准备金

未到期责任准备金,是指保险公司一年以内的财产险、意外伤害险、健康险业务,按规定从本期保险责任尚未到期,应属于下一年度的部分保险费中提取出来形成的准备金。之所以规定这种资金准备,是因为保险业务年度与会计年度是不一致的。未到期责任准备金是下一年度的赔付保障,也是偿还能力的保障。未到期责任准备金应在会计年度决算时一次计算提取,按照我国《保险法》的规定,未到期责任准备金除人寿保险业务外,应当从当年自留保险费中提取。提取和结转的数额,应当相当于当年自留保费的50%,人寿保险业务的未到期责任准备金应当按照有效的人寿保险单的全部净值提取。根据我国保监会《保险公司非寿险业务准备金管理办法(试行)》(保监会令[2004]13号)第五条的规定:"保险公司从2005年1月15日开始,保险应当采用二十四分之一法、三百六十五分之一法或者其他更为谨慎、合理的方法评估非寿险业务的未到期责任准备金。其中,对于机动车辆法定第三者责任保险,应当采用三百六十五分之一法评估其未到期责任准备金。"寿险公司的非寿险业务仍可以按照二分之一法来提取未到期责任准备金。

(2)未决赔款准备金

未决赔款准备金是指,在会计年度决算以前发生保险事故但尚未决定赔付或应付而未付赔款,而从当年的保险费收入中提存的准备金。它是保险人在会计年度决算时,为该会计年度已发生保险事故应付而未付赔款所提存的一种资金准备。未决赔款准备金包括已发生已报案赔款准备金、已发生未报案赔款准备金和理赔费用准备金。

根据我国保监会《保险公司非寿险业务准备金管理办法(试行)》(保监会令[2004]13号)第八、九、十条的规定:"已发生已报案未决赔款准备金,是指保险人为非寿险保险事故已发生并已向保险人提出索赔、尚未结案的赔案提取的准备金。已发生未报案未决赔款准备金,是指保险人为非寿险保险事故已发生、尚未向保险人提出索赔的赔案提取的准备金。理赔费用准备金,是指保险人为非寿险保险事故已发生尚未结案的赔案可能发生的律师费、诉讼费、损失检验费、相关理赔人员薪酬等理赔查勘费用提取的准备金。"监管部门要求保险公司提存未决赔款准备金主要目的是对已发生保险事故但是还未理赔所做的资金准备。第十三条规定,对已发生已报案未决赔款准备金,应当采用逐案估计法、案均赔款法以及中国保监会监管部门认可的其他方法谨慎提取。第十四条规定,对已发生未报案未决赔款准备金,应当根据险种的风险性质、分布、经验数据等因素至少采用下列方法中的两种进行谨慎评估提取:①链梯法;②案均赔款法;③准备金进展法;④B~F法等其他合适的方法。第十五条规定,对直接理赔费用准备金,应当采取逐案预估法提取;对间接理赔费用准备金,应采用比较合理的比率分摊法提取。

3. 再保险监管

对再保险业务进行监管,是为了分散保险公司的风险,保持经营稳定,有利于防止保费外流,发展民族保险业。直接保险业务的监管并不适用于再保险监管,再保险监管与直接保险监管不同,是因为再保险业务没有统一的保险费率和保单条款,多以惯例进行操作。因此,对于再保险的监管在各国间也存在差异。例如,美国对再保险公司的监管与原保险公司相同,受美国的州法律法规的约束;德国通过监管原保险公司来监控再保险业务,从而间接监管再保险公司,不直接监管再保险;而对于一些经济欠发达的保险市场,则存在法定再保险,少则5%,如泰国;多则达30%,如埃及。我国在加入WTO之前也有法定再保险,比例为20%,随着中国加入WTO,以每年5%的比例下降,现在已没有法定再保险的限制。

再保险作为一种分散风险的方式,对财产保险这种很容易造成短期内责任累积的险种有特别重要的意义。我国《保险法》第一百零三条规定："保险公司对每一风险单位,即对一次保险事故可能造成的最大损失所承担的责任范围,不得超过其实有资本金加公积金总和的百分之十;超过的部分,应当办理再保险。"第一百零五条还规定:"保险公司应当按照保险监督管理机构的规定办理再保险,并审慎选择再保险接受人。"

中国保监会在对再保险的监管过程中,有权限制或者禁止保险公司向中国境外的保险公司办理再保险分出业务或者接受中国境外再保险分入业务,并要求保险公司办理再保险分出业务时优先向中国境内的保险公司办理。

4. 保险资金运用监管

各国保险监管部门都把保险资金运用作为主要监管内容,为保险公司与被保险人的权利义务在执行时间上的不对称性做保障,并且保险公司在设计保险产品和确定保险费率时均把资产一定比例的增值考虑在内。保险资金运用监管主要体现在对保险资金运用的渠道和比例的监管上。保险资金运用对于保险公司的意义在于,当市场竞争激烈而导致承保利润大幅下降甚至亏损的时候,投资收益的增加对保险公司利润的提升就起到了不可忽视的作用。同时,保险资金投资也是资金保值增值,为保险受益人提供更大收益空间的途径。在投资渠道的范围和比例上,在不同国家因其不同的资本市场、经济体制等因素而有所不同,但保险资金运用都必须遵循安全性、流动性和收益性原则。许多国家,包括我国的保险立法,都对保险资金运用做了比较严格的限制。在这些限制措施中,有的是限制使用范围,如我国《保险公司管理规定》将保险资金运用限于银行存款、买卖政府债券、金融债券、企业债券、证券投资基金和国务院规定的其他资金运用方式。有的国家对保险公司资金在某一项目上的运用做了比例限制。例如,美国纽约州规定保险公司投资在不动产上的资金不得超过该公司认可资产的10%,日本在保险业法中规定保险公司购买股票的投资额不得超过总资产的30%。

二、市场行为监管

市场行为监管以防范和打击保险欺诈,保护被保险人的利益为目的,实际上就是通常所说的严格监管型。监管机构对保险公司或保险中介机构从设立、设计产品、销售、核保核赔、投资到高管人员等经营活动进行全面的严格监督,是对保险经营主体所进行的直接的实体监管。

(一)机构设立的监管

保险公司的设立必须获得主管机关的批准,不允许任何机构和个人未经政府批准经营保险业务。市场准入制度有登记制和审批制两种。在市场准入监管方面,我国新"三规定"主要从中介机构的组织形式、设立条件、注册资本、设立分支机构的条件、许可证有效期以及高管的任职资格等方面进行了详细的规定。我国《保险法》第六十七条明确规定:"设立保险公司,必须首先经过国务院保险监督管理机构的批准,而国务院保险监督管理机构审查保险公司的设立申请时,应当考虑保险业的发展和公平竞争的需要。"

保险公司的设立条件的监管内容,一般应包括主要股东、公司章程、注册资本金、高级管理人员、组织机构等。我国《保险法》第六十八条规定:"设立保险公司应当具备下列条件:主要股东具有持续盈利能力,信誉良好,最近三年内无重大违法违规记录,净资产

不低于人民币二亿元;有符合本法和《中华人民共和国公司法》规定的章程;有符合本法规定的注册资本;有具备任职专业知识和业务工作经验的董事、监事和高级管理人员;有健全的组织机构和管理制度;有符合要求的营业场所和与经营业务有关的其他设施;法律、行政法规和国务院保险监督管理机构规定的其他条件。"

(二)变更和终止的监管

我国《保险法》第八十四条规定保险公司有下列变更事项之一的,须经保险监督管理机构批准:(1)变更名称;(2)变更注册资本;(3)变更公司或者分支机构的营业场所;(4)撤销分支机构;(5)公司分立或者合并;(6)修改公司章程;(7)变更出资额占有限责任公司资本总额百分之五以上的股东,或者变更持有股份有限公司股份百分之五以上的股东;(8)国务院保险监督管理机构规定的其他情形。

我国《保险法》第八十九条规定:保险公司因分立、合并需要解散,或者股东会、股东大会决议解散,或者公司章程规定的解散事由出现,经国务院保险监督管理机构批准后解散。经营有人寿保险业务的保险公司,除因分立、合并或者被依法撤销外,不得解散。保险公司解散,应当依法成立清算组进行清算。第九十条规定:保险公司有《中华人民共和国企业破产法》第二条规定情形的,经国务院保险监督管理机构同意,保险公司或者其债权人可以依法向人民法院申请重整、和解或者破产清算;国务院保险监督管理机构也可以依法向人民法院申请对该保险公司进行重整或者破产清算。第九十三条规定:保险公司依法终止其业务活动,应当注销其经营保险业务许可证。由此,归结出保险公司终止可体现为三种情形:解散、破产、撤销。

但是经营人寿保险业务的公司不能随意解散。因为人寿保险业务是以人的生命或身体为保险标的的保险业务,所形成的保险基金具有长期性和储蓄性的特点,并且属于保险公司对被保险人的负债。因此,为了保护被保险人的利益,《保险法》规定,经营人寿保险业务的保险公司,除分立、合并外,不得解散。如果被撤销或破产,则需要考虑合同和准备金的转让问题。我国《保险法》第九十二条规定:"经营有人寿保险业务的保险公司被依法撤销或者被依法宣告破产的,其持有的人寿保险合同及责任准备金,必须转让给其他经营有人寿保险业务的保险公司;不能同其他保险公司达成转让协议的,由国务院保险监督管理机构指定经营有人寿保险业务的保险公司接受转让。转让或者由国务院保险监督管理机构指定接受转让前款规定的人寿保险合同及责任准备金的,应当维护被保险人、受益人的合法权益。"

当保险公司出现破产,需要进行破产清算,并对债权进行必要的偿还。我国《保险法》第九十一条规定:"破产财产在优先清偿破产费用和共益债务后,按照下列顺序清偿:(1)所欠职工工资和医疗、伤残补助、抚恤费用,所欠应当划入职工个人账户的基本养老保险、基本医疗保险费用,以及法律、行政法规规定应当支付给职工的补偿金;(2)赔偿或者给付保险金;(3)保险公司欠缴的除第(1)项规定以外的社会保险费用和所欠税款;(4)普通破产债权。破产财产不足以清偿同一顺序清偿要求的,按照比例分配。破产保险公司的董事、监事和高级管理人员的工资,按照该公司职工的平均工资计算。"

(三)营业范围的监管

这里讲的主要是保险行业内的营业范围的监管。对于营业范围的监管主要是对业务种类进行监管。从保险行业来看,是对于一家保险公司能否同时经营寿险和财险业务的监管;从整个金融行业来看,是对于保险公司能否同时拥有银行、证券、信托等金融牌照混业经营的监管。国际上把人寿保险称为第一领域保险,财产保险称为第二领域保险,而健康险和人身意外伤害险则称为第三领域保险。因为健康险和人身意外伤害险在保险标的上与人寿保险相同,属于人身保险业务;同时,又由于其期限较短,在保费厘定、准备金提取等方面与财产保险类似,因此,可由寿险公司或财险公司兼营。但是国际上的惯常做法是将寿险和财险经营分离,以防止短期的财险业务因其自身责任累积的问题而挪用长期的寿险资金的风险发生,从而造成对寿险被保险人利益的损害。随着国际保险监管的放松,这一限制已经逐渐被打破,如通过设立子公司的形式兼营其他保险业务。

我国目前采用的仍然是严格的分业监管。我国《保险法》第九十五条规定,保险公司的业务范围有:人身保险业务,包括人寿保险、健康保险、意外伤害保险等保险业务;财产保险业务,包括财产损失保险、责任保险、信用保险、保证保险等保险业务;国务院保险监督管理机构批准的与保险有关的其他业务。保险人不得兼营人身保险业务和财产保险业务。但是,经营财产保险业务的保险公司经国务院保险监督管理机构批准,可以经营短期健康保险业务和意外伤害保险业务。保险公司应当在国务院保险监督管理机构依法批准的业务范围内从事保险经营活动。

(四)保险条款的监管

保险条款是保险人与投保人关于双方权利和义务的约定,是保险合同的核心内容。对保险条款的监管是为了保护被保险人的利益;避免因保险的专业性以及保险合同的附和性使投保人处于劣势;另一方面,也可以避免保险人因竞争压力而被迫对投保人做出不合理的承诺,确保保险公司的偿付能力。因此,对于投保人或被保险人来说,保险条款的监管就显得尤为重要。而对保险条款的监管,主要涉及的是保险条款里的具体内容,如保险标的、保险责任、责任免除、保险价值、保险金额、保险费率、保险期限等。

我国《保险法》第一百三十六条规定:关系社会公众利益的保险险种、依法实行强制保险的险种和新开发的人寿保险险种等的保险条款和保险费率,应当报国务院保险监督管理机构批准。国务院保险监督管理机构审批时,应当遵循保护社会公众利益和防止不正当竞争的原则。其他保险险种的保险条款和保险费率,应当报保险监督管理机构备案。保险条款和保险费率审批、备案的具体办法由国务院保险监督管理机构依照前款规定制定。第一百三十七条规定:保险公司使用的保险条款和保险费率违反法律、行政法规或者国务院保险监督管理机构的有关规定的,由保险监督管理机构责令停止使用,限期修改;情节严重的,可以在一定期限内禁止申报新的保险条款和保险费率。

(五)保险中介的监管

保险中介指介于保险经营机构之间或保险经营机构与投保人之间,专门从事保险业务咨询与招揽、风险管理与安排、价值衡量与评估、损失鉴定与理算等中介服务活动,并从中依法获取佣金或手续费的单位或个人。保险中介人的主体形式多样,主要包括保险代理人、保险经纪人和保险公估人等。

在保险公司销售保险产品的渠道中,通过保险中介所得到的保费收入占很大的比例。保险中介监管的重要内容包括对代理人的监管、经纪人的监管等。对于保险代理人和经纪人的违规行为在各国的保险法当中都明确规定严禁发生：歪曲、夸大保险功能，对保险产品进行不实陈述，误导被保险人购买不利的保单的行为；为诱使投保人购买保险产品而承诺支付给投保人一部分佣金的回佣行为；欺诈行为；侵占保险人和被保险人的资金（主要是保费）的行为。一旦出现违规，可处以罚款、吊销许可证或支付损害赔偿金等。在我国已设置保险中介的黑名单制度，以儆效尤，对保险中介的严格监管，可以更好地保护被保险人的利益不受侵害，也更好地促进了保险市场的健康发展。

我国《保险法》第一百三十一条规定：保险代理人、保险经纪人及其从业人员在办理保险业务活动中不得有下列行为：欺骗保险人、投保人、被保险人或者受益人；隐瞒与保险合同有关的重要情况；阻碍投保人履行本法规定的如实告知义务，或者诱导其不履行本法规定的如实告知义务；给予或者承诺给予投保人、被保险人或者受益人保险合同约定以外的利益；利用行政权力、职务或者职业便利以及其他不正当手段强迫、引诱或者限制投保人订立保险合同；伪造、擅自变更保险合同，或者为保险合同当事人提供虚假证明材料；挪用、截留、侵占保险费或者保险金；利用业务便利为其他机构或者个人牟取不正当利益；串通投保人、被保险人或者受益人，骗取保险金；泄露在业务活动中知悉的保险人、投保人、被保险人的商业秘密。

三、公司治理结构监管

国际保险监督官协会（International Association of Insurance Supervisors，IAIS）在2004年约旦年会上首次提出将公司治理与偿付能力和市场行为并列为保险监管的三大支柱，使保险公司治理结构监管进入了新的阶段。国际保险监督官协会于2004年1月发布的保险公司治理的核心原则指出，公司治理结构和保险公司决策程序是保险监管的关键组成部分，把政府监管与公司治理结构结合起来，既有利于通过监管督促保险公司不断完善治理结构，保护被保险人、投资人及其他利益相关者的合法权益，也有利于从根本上防范风险。在IAIS监管核心原则中，ICP9"公司治理"对保险公司治理结构监管做了专门规定，ICP7"人员的合格适宜性"、ICP8"股权变更和业务转移"、ICP10"内控"、ICP13"现场检查"、ICP18"风险分析与风险管理"、ICP26"面对市场的信息、信息披露和透明度"等ICP中也包含了保险公司治理结构监管的内容。

具体来说，公司治理结构监管主要包括对股权结构、董事会、经理层、内控、信息披露等的监管，应具有法治化、市场化、信息化的特点。

保监会在2006年出台的《关于规范保险公司治理结构的指导意见（试行）》作为一个纲领性文件，确立了保险公司治理结构监管的基本制度框架。以其原则规定为基础，保监会于2007年陆续发布并开始实施了《保险公司独立董事管理暂行办法》《保险公司关联交易管理暂行办法》《保险公司内部审计指引（试行）》《保险公司风险管理指引（试行）》《保险公司总精算师管理办法》《保险公司合规管理指引》等一系列制度。

治理结构监管的制度体系包括三个方面：一是治理组织架构方面的规范。如已经发布实施的《独立董事管理暂行办法》《风险管理指引》《内部审计指引》，《合规管理指引》《总精算师管理办法》，以及正在制定中的信息披露管理办法、股权管理办法、章程指引、董事会运作基本规范等。例如，《股权管理办法》是明确向保险公司投资的资格、规范股权转让行为等涉及公司治理结构基本行为的基础性监管制度;二是内控流程方面的规范,包括已经发布实施的《关联交易管理暂行办法》;三是评价监测方面的规范,包括已经发布的寿险公司内部控制评价办法等。

保险监管机构和其体系的构成是我们了解保险监管的基础,也是保险监管的具体实施手段,而与其相适应的保险制度和保险政策,即一系列相关保险监管及其机构运行的原则规范,则是重中之重。古语云,"好马配好鞍",保险监管机构的设置合理才能促进法律规范的运行,同样地,法律制度的运行也会对相应的机构形式提出更为严谨细致的要求,二者之间相辅相成,不可分割。

一、保险监管体系构成

随着保险业的不断发展,保险市场已形成了政府监管与行业自律相结合的现代保险监管体系。保险监管体系是一个包括监督者、管理者、被监督管理者及其相互作用的完整的、动态的体系。国家对保险业的管理通常称为保险监管,保险业的自我管理通常称为行业自律。一方面,国家保险监督管理机构、保险行业自律组织、保险信用评级机构、独立审计机构和社会媒体作为保险监管的主体,实施监督管理;另一方面,保险总公司及其各分支机构、保险中介机构(保险代理人、保险经纪人、保险公估人)等作为保险监管的客体,接受各方的监督管理。构建完善的保险监管体系,将有助于提高保险公司的经营管理水平,防范和化解保险业的整体经营风险,确保监管目标的顺利实现。

保险监管法规,又称保险业法,是国家在对保险业进行管理的过程中形成的权利与义务关系的一种法律规范。其主要内容可以分为两个部分:一是对保险监管对象的规定,二是对保险监管机构授权的规定。

保险监管机构,是一国保险的主管机关,不同的国家对其有不同的称谓,同一国家的不同时期也有不同的主管机构。

保险行业自律,保险行业的自律组织通常是保险人和保险中介人的行业社团组织,一般以保险同业公会或行业协会的身份出现,具有非官方性。它在增强市场活力、弥补政府行为的不足等方面发挥着不可忽视的作用,但是这种作用是有限的。所以,保险监管的主体仍然是国家或政府,行业自律只能是政府监管的一种补充。

保险行业的社会监管,主要是指各种社会力量和市场力量对保险行业的监督,如新闻媒体、消费者协会等。

完善的保险监管体系应由国家监管为主导、保险行业自律为依托和社会监督为补充三位一体的立体监管层次组成。只有让每一个层次都发挥出自己的作用,保险监管才能达到事半功倍的效果。现代保险监管体系是由保险监管法规、保险监管机构、保险行业自律和保险行业的社会监管构成的。

二、保险监管机构

保险监管机构是指享有监督和管理权力并实施监督和管理行为的政府部门或机关。

从世界范围看,全世界的保险监管机构虽形式多样,但按其设置可分为两类:第一类,部分国家的保险监管机构是财政部、贸工部、中央银行等,在这些部门下设专门的部门从事保险监管工作,如英国、日本等;第二类,一些国家设立独立的保险监管机构从事保险监管,如美国各州有独立的保险监管机构。

从我国的情况看,保险市场的监管职能自 1984 年以来一直由中国人民银行担任,1998 年 11 月 18 日,中国保险监督管理委员会成立,自此,我国的保险监管开始走上了专业化和规范化的道路。2003 年,中国保监会由国务院直属副部级事业单位升格为国务院直属正部级事业单位。保监会及其派出机构(各地保监局)构成覆盖全国的保险监管网络。然而,保险监督管理机构一直未能在 1995 年和 2002 年版的《保险法》中单独列明。2009 年,成立近十年的中国保监会以国务院保险监督管理机构的名义终于被写入了2009 版《保险法》。

中国保监会根据国务院授权履行行政管理职能,依照法律、法规统一监督管理全国保险市场,维护保险业的合法、稳健运行。中国保监会内设 16 个职能机构,并在全国各省、直辖市、自治区、计划单列市设有 35 个派出机构。其中,16 个内设部门为:

(一)办公厅(党委办公室、监事会工作部)

办公厅(党委办公室、监事会工作部)拟定机关办公规章制度;组织协调机关日常办公;承担有关文件的起草、重要会议的组织、机要、文秘、信访、保密、信息综合、新闻发布、保卫等工作。

(二)发展改革部

发展改革部拟定保险业的发展战略、行业规划和政策;会同有关部门拟定保险监管的方针政策及防范化解风险的措施;会同有关部门研究保险业改革发展有关重大问题,提出政策建议并组织实施;会同有关部门对保险市场整体运行情况进行分析;对保监会对外发布的重大政策进行把关;归口管理中资保险法人机构、保险资产管理公司等的市场准入和退出;负责规范保险公司的股权结构和法人治理结构,并对公司的重组、改制、上市等活动进行指导和监督;负责中国保监会对外重要业务工作与政策的协调。

(三)政策研究室

政策研究室负责中国保监会有关重要文件和文稿的起草;对中国保监会上报党中央、国务院的重要文件进行把关;研究国家大政方针在保险业的贯彻实施意见;研究宏观经济政策、相关行业政策和金融市场发展与保险业的互动关系;根据与会领导指示,对有关问题进行调查研究;开展保险理论研究工作,负责指导和协调中国保险学会开展研究工作。

(四)财务会计部(偿付能力监管部)

财务会计部(偿付能力监管部)拟定保险企业和保险监管会计管理实施办法;建立保险公司偿付能力监管指标体系;编制保监会系统的年度财务预决算;审核机关、派出机构的财务预、决算及收支活动并实施监督检查;审核各机关各部门业务规章中的有关财务管理。

(五)保险消费者权益保护局

保险消费者权益保护局拟定保险消费者权益保护的规章制度及相关政策;研究保护保险消费者权益工作机制,会同有关部门研究协调保护保险消费者权益重大问题;接受保险消费者投诉和咨询,调查处理损害保险消费者权益事项;开展保险消费者教育及服务信息体系建设工作,发布消费者风险提示;指导开展行业诚信建设工作;督促保险机构加强对涉及保险消费者权益有关信息的披露等工作。

(六)财产保险监管部(再保险监管部)

财产保险监管部(再保险监管部)承办对财产保险公司的监管工作。拟定监管规章制度和财产保险精算制度;监控保险公司的资产质量和偿付能力;检查规范市场行为,查处违法违规行为;审核和备案管理保险条款及保险费率;审核保险公司的设立、变更、终止及业务范围;审查高级管理人员任职资格。承办对再保险公司的监管工作。

(七)人身保险监管部

人身保险监管部承办对人身保险公司的监管工作。拟定监管规章制度和人身保险精算制度;监控保险公司的资产质量和偿付能力;检查规范市场行为,查处违法违规行为;审核和备案管理保险条款和保险费率;审核保险公司的设立、变更、终止及业务范围;审查高级管理人员任职资格。

(八)保险中介监管部

保险中介监管部承办对保险中介机构的监管工作。拟定监管规章制度;检查规范保险中介机构的市场行为,查处违法违规行为;审核保险中介机构的设立、变更、终止及业务范围;审查高级管理人员的任职资格;制定保险中介从业人员基本资格标准。

(九)保险资金运用监管部

保险资金运用监管部承办对保险资金运用的监管工作。拟定监管规章制度;建立保险资金运用风险评价、预警和监控体系;查处违法违规行为;审核保险资金运用机构的设立、变更、终止及业务范围;审查高级管理人员任职资格;拟定保险保障基金管理使用办法,负责保险保障基金的征收与管理。

(十)国际部

国际部承办中国保监会与有关国际组织、有关国家和地区监管机构和保险机构的联系及合作。负责中国保监会的外事管理工作;承办境外保险机构在境内设立保险机构,以及境内保险机构和非保险机构在境外设立保险机构及有关变更事宜的审核工作;承办境外保险机构在境内设立代表处的审核和管理事宜;对境内保险及非保险机构在境外设立的保险机构进行监管。

(十一)法规部

法规部拟定有关保险监管规章制度;起草有关法律和行政法规,提出制定或修改的建议;审核各机关各部门草拟的监管规章;监督、协调有关法律法规的执行;开展保险法律咨询服务,组织法制教育和宣传;承办行政复议和行政应诉工作。

(十二)统计信息部

统计信息部拟定保险行业统计制度,建立和维护保险行业数据库;负责统一编制全国保险业的数据、报表,抄送中国人民银行,并按照国家有关规定予以公布;负责保险机构统计数据的分析;拟定保险行业信息化标准,建立健全信息安全制度;负责保险行业信息化建设规划与实施;负责建立和维护偿付能力等业务监管信息系统;负责信息设备的建设和管理。

(十三)稽查局

稽查局负责拟定各类保险机构违法违规案件调查的规则;组织、协调保险业综合性检查和保险业重大案件调查;负责处理保险业非法集资等专项工作;配合中国人民银行组织实施保险业反洗钱案件检查;调查举报、投诉的违法违规问题,维护保险消费者合法权益;开展案件统计分析、稽查工作交流和考核评估工作。

(十四)人事教育部(党委组织部)

人事教育部(党委组织部)拟定机关和派出机构人力资源管理的规章制度;承办机关和派出机构及有关单位的人事管理工作;根据规定,负责有关保险机构领导班子和领导干部的日常管理工作;负责指导本系统党的组织建设和党员教育管理工作;负责机关及本系统干部培训教育工作;会同有关部门提出对派出机构年度工作业绩的评估意见。

(十五)监察局(纪委)

监察局(纪委)监督检查本系统贯彻执行国家法律、法规、政策情况;依法依纪查处违反国家法律、法规和政纪的行为;受理对监察对象的检举、控告和申诉;领导本系统监察(纪检)工作。

(十六)党委宣传部(党委统战群工部)

党委宣传部(党委统战群工部)负责本系统党的思想建设和宣传工作;负责思想政治工作和精神文明建设;负责指导和协调本系统统战、群众和知识分子工作。机关党委负责机关及在京直属单位的党群工作。

三、保险监管机构的运行方式和原则

保险监管者的主要责任是通过督促保险人遵守各项法令法规,维持一个安全有效的保险市场,从而达到保护投保人利益的目标。目前,大多数国内保险市场正迅速融入国际市场当中,保险业及保险市场在国内外经济和社会生活中的地位和作用日益重要。客观上要求各国的监管者不断提高对共同利益和共同关注问题的认识,增强保险监管者维护保单持有人利益和市场多样性的能力。保险监管者应当致力于国内、国际保险市场监管水平的提高,从投保人的利益出发,维护保险市场的高效、公平、安全和稳定。

为了完成上述目标,保险监管者应当集中众人之力和集体智慧,研究制定一些可行的保险监管标准和规则。2002年10月,国际保险监督官协会在以往制定的有关监管规则的基础上,颁布了保险监管核心原则,其中涉及一个监管系统有效运作的十个方面,共十七条原则。这些原则的推行有助于保险监管机构增强其监管能力,各保险监管机构在对其辖区内的保险人进行监督管理时应当遵循这些原则。核心原则可以作为所有区域监管者的基本指导原则,但也可以针对辖区内的特殊情况做一些必要的补充。

(一)关于对保险监管机构的要求

一个辖区的保险监管者必须有合理的组织,以完成其监管任务,例如,从保障保单持有人利益的目的出发,保证保险市场的高效、公正、安全及稳定。在任何时候保险监管人都必须有能力高效地完成其任务,特别要注意在发挥作用和行使权力时保持运作的独立性;具有足够的司法权力、法律保护和资金实力去行使其职能;采取清晰、透明、固定的监管程序;明确责任;雇用、培养足够的高级监管人员。(原则 1)

(二)关于市场准入和股权变更的监管

1.批准营业

只有获得了营业执照,保险公司才能从事保险业务。保险监管者在核发执照时应当评估股东、董事和高级管理层的资质,以及商业计划的可行性,包括以往的财务报表、资金计划和预计的偿付能力。如果两个辖区的开业条件基本相同,本辖区在发放执照时也有可能参照另一个辖区已经做出的评估结论。(原则 2)

2.公司控制权的变更

保险监管者应当对监督辖区内保险公司控制权的变更,设立明确的要求,与发放执照时的条件基本相同。例如,要求收购者提供收购说明及目的;设定适当性的收购评估条款,包括新股东、董事、高管的资质及商业计划书的可行性。(原则 3)

(三)关于对保险公司治理的要求

监管者也应有责任制定辖区内保险公司治理的各项标准,包括董事会的角色和责任、在其他辖区注册的公司要满足其所在辖区监管者的要求、明确本辖区标准与公司分支机构所在辖区标准之间的差别。(原则 4)

(四)关于对保险公司内部控制的要求

保险监管者应该能够监督保险公司董事会及管理层采用的内控制度,在必要时要求其加强内控力度;要求董事会提高谨慎程度,例如,设定承保风险的标准、定性和定量的投资及流动标准。(原则 5)

(五)关于对保险公司的谨慎监管

保险公司的业务性质决定其业务是暴露在风险之下的。因此,应满足谨慎性指标以限制和管理其保留的风险。在制定标准时,监管者应考虑本辖区的标准与其他辖区公司在本辖区的分支机构的标准是否应有区别。

1.资产

监管者对辖区内保险公司的资产应设定一定的标准,包括资产类型分散化;对金融工具、某项资产及应收账款的各项限制性要求;财务报告中资产评估的基准;资产的保全;资产负债的匹配;流动性。(原则 6)

2.负债

监管者对辖区内保险公司的负债应设定一定的标准,包括负债的种类,例如,已报未付赔款、已发未报赔款、应付款、或有负债、预收保费,以及有关保单债务的准备和精算师设定的技术准备金;确定保单负债及相关的推定准备;在再保险条款下可以用来冲抵负债的金额。(原则 7)

3.资本充足率及偿付能力

对于辖区内持有及申请执照的保险公司应明确规定其最低的资本金数量和准备金

数额。在制定资本充足率指标时要考虑公司的规模、风险及经营的复杂性。(原则8)

4.衍生工具及表外项目

保险监管者就保险公司使用但不列在财务报表上的各类金融工具应制定相应的规定,包括衍生工具及表外项目在使用上的限制;衍生工具及表外项目的信息披露要求;建立完善的内控系统以控制衍生产品的头寸。(原则9)

5.再保险

保险公司可以将再保险作为风险分散的工具。监管者对再保险合同进行监督,评估合同的可靠性及其合理性。要求保险公司在决定适当的风险分担比例时考察再保险公司的财务状况。(原则10)

监管者应当就再保险合同和再保险人做出相应的规定,根据再保险人的偿付能力及监管程度,设定再保险人承担的风险规模的上限;考虑再保险公司所在地监管者的可靠程度。

(六)关于对保险人和保险中介人业务行为的监管

监管者应确保保险人及中介人在开展业务时具有足够的知识、技能和诚信。(原则11)

保险人及中介人应当在任何时候都保持诚实、明确的态度;在从事业务活动时熟练、勤奋、细心;在组织开展业务时保持谨慎;重视客户的信息需求并及时给予满足;发掘客户在接受建议或签约前可能需要的信息;避免利益冲突;对监管者保持开放及合作的态度;建立投诉解决系统;有效组织及控制其各项业务。

(七)关于非现场监控与现场检查

1.财务报告

监管者及时获得辖区内公司的财务信息,准确估计各公司的资金实力是非常重要的。这些信息主要通过保险公司定期报送的财务及统计报告的方式获得,还有一部分是通过特别的信息要求、现场检查以及在与精算师和外部审计人员的沟通过程中获得。(原则12)

监管者应当建立有效的监控机制,设定辖区内所有公司报告的范围及报送频率,包括财务报告、统计报告及其他信息;编制财务报告的会计准则;确定保险公司外部审计机构的资格要求;设定技术准备金、保单负债及其他负债在报告中的列示标准。由此可能导致一些可以理解的差异,例如,对保单持有者和投资者披露的信息标准与对监管者披露的信息标准不一致;辖区内保险公司报表要求与其在其他辖区营业的分支机构报表要求不一致。

2.现场检查

监管者应当能够对保险公司进行现场检查以监督其业务情况,包括对账本、记录、档案及其他文件的检查,检查主要针对辖区内的保险公司。在其他辖区监管者允许的情况下,也可对其他辖区内的保险公司进行检查,或者要求获得其他辖区内保险公司的有关信息。(原则13)

(八)关于对有问题机构的纠正和处罚

在确定保险公司存在问题时,监管者有权进行纠正。监管者应有采取制裁措施的行动范围,法律应赋予监管者一系列权力。例如,限制保险公司业务活动的权力,包括收回对该公司新业务的许可;禁止或责令整改其有问题业务的权力;对辖区内保险公司进行制裁的选择权,包括对违反保险法的公司采取吊销执照或责令整改等制裁措施。(原则14)

(九)关于对跨境经营活动的监管

随着保险公司经营的国际化程度迅速提高,其在辖区外建立了大量的分支机构和子公司,跨越司法管辖区提供服务。监管者在新形势下应确保外资保险机构不能规避监管;所有国际保险集团及国际保险人必须受到有效监管;跨区经营保险机构的建立需要由两个辖区的保险监管者进行协商;提供跨区保险业务的外国保险公司也必须接受有效的监管。(原则15)

(十)关于监管机构之间的协调、合作与信息保密

1. 协调及合作

保险监管者相互之间的联系日渐紧密,往往直接或通过另外一个独立实体来彼此掌握对方所关心的跨区经营的保险公司的情况。为了信息共享,保险监管者之间应建立并维持有效的沟通机制。(原则16)

在建立并执行一个有效的监管框架的时候,监管者必须考虑能否与其他辖区或其他行业(如银行或证券)的监管者签订信息共享或协同工作的协议;是否被允许与其他监管者分享信息或协同工作;信息保密性要求较高的监管者会有所限制;在没有对欺诈、洗钱及其他类似活动的调查权时,是否能够及时得到有关调查结果的通知;是否能够设定信息共享的种类和基础。

2. 信息保密

所有保险监管者对其在监管过程中获取的信息都应当保守秘密。监管者对从其他监管者获取的信息也要遵循保密原则,其他监管者依法授权其公开的除外。对限制信息共享和对其他监管者所提供的信息无法保密的辖区,应对其有关法规条款进行重新考虑。(原则17)

四、我国保险监管制度的历史变迁

(一)萌芽时期(1949—1979年)

1949年,新中国第一家保险机构中国人民保险公司成立后,国家开始对公私合营的保险公司进行改造,把保险企业的产权收归国有,截止到1956年,改造基本完成。1958年,"大跃进"和"人民公社"运动开始以后,中国保险业被迫停办,直到1980年才得以恢复。

中华人民共和国成立的30年间,中国保险业属于国家垄断的性质,在此期间,保险监管制度主体主要由中央人民政府政务院财政经济委员会和中国人民银行来承担。这一时期,保险监管制度主要包括对各类强制性保险实施情况的监管和对统一保险费率执行情况的监管。由于此时的保险企业已经全部收归国有,因此国家直接运用行政手段对

国有经济实行强制保险,这种强制保险制度在当时的社会环境中是有积极意义的。一方面,充分发挥了保险的经济补偿和防灾防损功能;另一方面,也使国有保险公司的业务得以迅速扩张。

(二)初步探索时期(1980—1994 年)

保险业恢复之后,保险市场的主体开始逐渐增加,但是在市场份额的占有率上依然是中国人民保险公司占据着垄断地位。这一时期,中国保险业发展的重点主要是保险机构的设立和保险体制的改革,1992 年,美国友邦保险公司在中国开始设立机构,这标志着保险业对外开放的开始。

这一时期的保险监管注重对保险机构设立的审批和对日常保险经营活动的监管。在保险机构设立审批过程中带有较为明显的行政干预,必须经国务院的严格审批后方可开业经营,在保险经营活动监管上实行的是严格费率监管,要求同一地区的保险费率必须一致。在保险监管制度上虽然没有完整的保险法出台,但是作为保险监管制度主体的全国人民代表大会常务委员会和中国人民银行在保险机构设立、保险经营活动开展和偿付能力监管方面都制定了一些制度规定作为开展监管工作的依据。特别值得提出的是1985 年出台的《保险企业管理暂行条例》中对偿付能力监管做了简单的规定,这标志着中国偿付能力监管的开始。

(三)逐渐形成时期(1995—1997 年)

1995—1997 年的中国保险业是深入推进保险体制改革的三年,随着《中华人民共和国公司法》和《保险法》的相继出台,保险机构数量迅速增加,股份制保险公司、外资保险公司和中外合资保险公司逐渐在中国的保险市场上发展起来。在市场主体逐渐多元化的背景下,保险市场的结构也发生着变化,中国人民保险公司的市场份额在下降,其他保险公司的市场占有率逐年提升,独家垄断的市场格局正在向寡头垄断转变。

保险市场的发展也促进了保险监管的发展,针对保险市场中出现的违法违规行为,全国人民代表大会常务委员会和中国人民银行作为保险监管制度的主体制定了一系列的监管法律法规和规章制度,加强了保险市场行为监管,维护了市场公平竞争,这在很大程度上保护了保险消费者的切身利益,促进了保险业的健康发展。这些保险监管制度主要是对保险公司市场行为和偿付能力的监管,涉及保险市场准入、保险经营等很多方面。

(四)规范化发展时期(1998—2002 年)

改革开放以来,中国保险业取得了长足的发展。从保费收入规模上看,1998—2002年五年间全国保费年均增长率为 30%,已经远远高于世界年平均 4.95% 的增长水平。从保险市场结构上看,五年间国内相继成立了多家股份制保险公司、中外合资保险公司和外资保险公司,市场结构呈现出多元化的发展趋势。

1998 年,中国保险监督管理委员会(以下简称中国保监会)成立,标志着中国的保险监管事业进入一个新的发展阶段,也标志着中国的保险监管制度进入了规范化、专业化的发展阶段。这一时期,保险监管制度的主体为全国人民代表大会常务委员会和中国保监会。全国人民代表大会常务委员会作为立法机关负责保险业法律法规的制定和解释,中国保监会作为保险监管机构负责制定各项监管法规和规章。由于这一时期的保险监管是市场行为监管与偿付能力监管并重,因此在保险监管制度制定上也更加侧重于规范市场行为和构建偿付能力监管体系。

(五)深入发展时期(2003 年至今)

随着市场规模的不断扩大,市场主体的不断增加和社会影响力的逐渐提升,2003 年后的中国保险业已经进入了快速全面发展时期。

在保险市场的结构上,中国的保险市场结构已经开始逐渐从寡头垄断型向垄断竞争型过渡;在保险市场行为上,各家保险机构为了在市场上占有一席之地都更加重视产品的开发和服务水平的提升。同时,我们看到,随着经济全球化的趋势逐渐加深,中国保险业已经在参与国际交流合作领域迈出了重要的一步。

保险业发展的国际化也促进了保险监管的国际化,2003 年以来,中国保险监管的发展深入吸取了世界保险监管发展的先进成果,确立了以偿付能力监管为核心,公司治理结构监管和市场行为监管并存的"三支柱"监管体系。近几年来,"三支柱"监管体系已经逐渐从理念层面走向了制度层面,全国人民代表大会常务委员会和中国保监会作为保险监管制度的主体系统构建了保险监管制度框架,有效提升了偿付能力监管的约束效力,防范化解了风险,保护了保险消费者的利益。

本章小结

1.保险监管是指一个国家政府的保险监督管理部门为了维护保险市场的秩序,保护被保险人及社会公众的利益,依法对本国保险业的监督和管理。

2.保险监管的原因:市场垄断,信息不对称。

3.保险监管的目标是:保障偿付能力,防范保险经营风险;防止欺诈行为,保障公众利益;防止过度竞争,维护市场秩序。

4.保险监管的原则是:依法监管原则、提高市场效率原则、自我约束与外部监管相结合原则、持续系统监管原则、不干预保险企业内部经营管理原则。

5.保险监管的两大方面的内容是偿付能力监管和市场行为监管,其中以偿付能力监管为核心。偿付能力监管、市场行为监管与公司治理结构监管构成保险监管的三大支柱。

关键术语

保险监管　偿付能力监管　市场行为监管　公司治理结构监管　保险监管机构
保险监管体系

复习思考题

1.试述保险监管的目标与原则。

2.保险监管的内容有哪些?

案例讨论1

欧盟监管体系偿付能力Ⅱ及其对我国保险监管的启示

欧盟监管体系偿付能力Ⅰ是在1994年启动制定,随着保险市场的变化,偿付能力不足的问题逐渐体现,主要表现在反映风险失准和不能适应日益发展的保险市场需要两方面。2001年,欧盟委员会下属的保险委员会正式启动了偿付能力Ⅱ项目,并在2008年提交欧盟会议。偿付能力Ⅱ是一个三支柱体系,主要包括以下内容。

第一支柱:数量性要求

遵循资产与负债的估值原则,以国际财务报告准则所定义的公允价值为估值基础。同时保有技术性准备资金、自有资金,并且在资本要求上将置信度设定为99.5%,时间设定为一年,即在这一年当中,就算有任何不利影响,仍有99.5%的概率保证其偿付能力。在投资人规则当中统一规定遵循"谨慎人"原则。

第二支柱:质量性要求

明确审查内容涵盖保险企业各个方面;明确公司治理是监管审查的重点;明确各个保险企业根据其规模和经营特征建立风险委员会和相关风险管理机构。通过对管理能力的提高达到风险控制的目的。

第三支柱:信息披露要求

要求保险企业必须在多个方面做到公开披露,比如在年报中简要说明财务状况和进行业绩描述等,并且要求保险企业向监管机构提交以监管为目的的报告,其中涵盖任何对监管决策者可能产生影响的信息。规定欧洲保险及职业年金监督管理委员会信息披露来源于成员国各保险监管机构,各成员国保险监管机构负有向该委员会报告本国保险偿付能力监管情况的义务。

资料来源:中国银行保险监督管理委员会官网

问题:结合我国实际,你认为欧盟监管体系偿付能力Ⅱ对我国有什么借鉴意义?

参考文献

1. 魏华林,林宝清. 保险学(第三版). 北京:高等教育出版社,2011.

2. 刘波 刘璐. 保险学. 大连:东北财经大学出版社,2012.

3. 熊福生 姚壬元. 保险学. 武汉:经济管理出版社,2013.

4. 杨忠海. 保险学原理(第二版). 北京:清华大学出版社 北京交通大学出版社,2011.

5. 张洪涛,张俊岩. 保险学(第四版). 北京:中国人民大学出版社,2014.

6. 张建军. 保险理论与实务. 西安:西安电子科技大学出版社,2013.

7. 张虹 陈迪红. 保险学教程(第二版). 北京:中国金融出版社,2012.

8. 郝演苏. 保险学教程. 北京:清华大学出版社,2004.

9. 张玲,方华,高广阔. 保险学. 上海:上海人民出版社,2013.

10. 刘平. 保险学的原理与应用. 北京:清华大学出版社,2013.

11. 邹新阳,谢家智. 保险学. 北京:科学出版社,2013.

12. 付荣辉,李明. 保险学基础. 北京:中国铁道出版社,2012.

13. 刘子操,刘波. 保险学概论. 北京:中国金融出版社,2012.

14. 刘金章,王晓炜. 现代保险词典. 北京:中国金融出版社,2004.

15. 池晶. 保险学教程. 北京:科学出版社,2007.

16. 徐爱荣. 保险学(第二版). 上海:复旦大学出版社,2010.

17. 王绪瑾. 保险学(第五版). 北京:高等教育出版社,2011.

18. 裘红霞. 保险学. 北京:清华大学出版社,2011.

19. 张洪涛,庄作瑾. 人身保险案例分析. 北京:中国人民大学出版社,2006.

20. 刘琳,陈平. 新编实用保险教学案例. 北京:人民日报出版社,2013.

21. 孙阿凡,张建深,王臣. 保险学案例分析. 北京:中国社会科学出版社,2013.

22. 石磊,孙欢. 保险学. 北京:对外经济贸易大学出版社,2013 年.

23. 粟芳,许谨良. 保险学(第 2 版). 北京:清华大学出版社,2011.

24. 孙祁祥. 保险学(第五版). 北京:北京大学出版社,2013.

25. 赵苑达. 再保险学. 北京:中国金融出版社,2003.

26. 胡炳志,陈之楚. 再保险(第二版)北京:中国金融出版社,2006.

27. 马宜斐,段文军. 保险原理与实务(第二版). 北京:中国人民大学出版社,2011.

28. 施建祥. 保险学. 上海:立信会计出版社,2004.

29. 卓志. 保险理论与案例分析. 四川:西南财经大学出版社,2014.

30. 朱立芬等. 保险学. 上海:立信会计出版社,2004.

31. 徐昆. 保险基础与实务(第 3 版)(上册). 北京:人民邮电出版社,2018.

32. 刘永刚,秦玲玲,赵世秀. 保险学(第 2 版). 北京:人民邮电出版社,2016.

33. 人力资源和社会保障部人事考试中心组织编写. 保险专业知识与实务. 北京:中国人事出版社,2020.

附　录

中华人民共和国保险法（2015 年修正）

（1995 年 6 月 30 日第八届全国人民代表大会常务委员会第十四次会议通过，根据 2002 年 10 月 28 日第九届全国人民代表大会常务委员会第三十次会议《关于修改〈中华人民共和国保险法〉的决定》第一次修正，2009 年 2 月 28 日第十一届全国人民代表大会常务委员会第七次会议修订，根据 2014 年 8 月 31 日第十二届全国人民代表大会常务委员会第十次会议《关于修改〈中华人民共和国保险法〉等五部法律的决定》第二次修正，根据 2015 年 4 月 24 日第十二届全国人民代表大会常务委员会第十四次会议《关于修改〈中华人民共和国计量法〉等五部法律的决定》第三次修正）

目录

第一章　总则

第二章　保险合同

第一节　一般规定

第二节　人身保险合同

第三节　财产保险合同

第三章　保险公司

第四章　保险经营规则

第五章　保险代理人和保险经纪人

第六章　保险业监督管理

第七章　法律责任

第八章　附则

第一章　总则

第一条　为了规范保险活动，保护保险活动当事人的合法权益，加强对保险业的监督管理，维护社会经济秩序和社会公共利益，促进保险事业的健康发展，制定本法。

第二条　本法所称保险，是指投保人根据合同约定，向保险人支付保险费，保险人对于合同约定的可能发生的事故因其发生所造成的财产损失承担赔偿保险金责任，或者当被保险人死亡、伤残、疾病或者达到合同约定的年龄、期限等条件时承担给付保险金责任的商业保险行为。

第三条　在中华人民共和国境内从事保险活动，适用本法。

第四条　从事保险活动必须遵守法律、行政法规,尊重社会公德,不得损害社会公共利益。

第五条　保险活动当事人行使权利、履行义务应当遵循诚实信用原则。

第六条　保险业务由依照本法设立的保险公司以及法律、行政法规规定的其他保险组织经营,其他单位和个人不得经营保险业务。

第七条　在中华人民共和国境内的法人和其他组织需要办理境内保险的,应当向中华人民共和国境内的保险公司投保。

第八条　保险业和银行业、证券业、信托业实行分业经营、分业管理,保险公司与银行、证券、信托业务机构分别设立。国家另有规定的除外。

第九条　国务院保险监督管理机构依法对保险业实施监督管理。

国务院保险监督管理机构根据履行职责的需要设立派出机构。派出机构按照国务院保险监督管理机构的授权履行监督管理职责。

第二章　保险合同

第一节　一般规定

第十条　保险合同是投保人与保险人约定保险权利义务关系的协议。

投保人是指与保险人订立保险合同,并按照合同约定负有支付保险费义务的人。

保险人是指与投保人订立保险合同,并按照合同约定承担赔偿或者给付保险金责任的保险公司。

第十一条　订立保险合同,应当协商一致,遵循公平原则确定各方的权利和义务。

除法律、行政法规规定必须保险的外,保险合同自愿订立。

第十二条　人身保险的投保人在保险合同订立时,对被保险人应当具有保险利益。

财产保险的被保险人在保险事故发生时,对保险标的应当具有保险利益。

人身保险是以人的寿命和身体为保险标的的保险。

财产保险是以财产及其有关利益为保险标的的保险。

被保险人是指其财产或者人身受保险合同保障,享有保险金请求权的人。投保人可以为被保险人。

保险利益是指投保人或者被保险人对保险标的具有的法律上承认的利益。

第十三条　投保人提出保险要求,经保险人同意承保,保险合同成立。保险人应当及时向投保人签发保险单或者其他保险凭证。

保险单或者其他保险凭证应当载明当事人双方约定的合同内容。当事人也可以约定采用其他书面形式载明合同内容。

依法成立的保险合同,自成立时生效。投保人和保险人可以对合同的效力约定附条件或者附期限。

第十四条　保险合同成立后,投保人按照约定交付保险费,保险人按照约定的时间开始承担保险责任。

第十五条 除本法另有规定或者保险合同另有约定外,保险合同成立后,投保人可以解除合同,保险人不得解除合同。

第十六条 订立保险合同,保险人就保险标的或者被保险人的有关情况提出询问的,投保人应当如实告知。

投保人故意或者因重大过失未履行前款规定的如实告知义务,足以影响保险人决定是否同意承保或者提高保险费率的,保险人有权解除合同。

前款规定的合同解除权,自保险人知道有解除事由之日起,超过三十日不行使而消灭。自合同成立之日起超过二年的,保险人不得解除合同;发生保险事故的,保险人应当承担赔偿或者给付保险金的责任。

投保人故意不履行如实告知义务的,保险人对于合同解除前发生的保险事故,不承担赔偿或者给付保险金的责任,并不退还保险费。

投保人因重大过失未履行加实告知义务,对保险事故的发生有严重影响的,保险人对于合同解除前发生的保险事故,不承担赔偿或者给付保险金的责任,但应当退还保险费。

保险人在合同订立时已经知道投保人未如实告知的情况的,保险人不得解除合同;发生保险事故的,保险人应当承担赔偿或者给付保险金的责任。

保险事故是指保险合同约定的保险责任范围内的事故。

第十七条 订立保险合同,采用保险人提供的格式条款的,保险人向投保人提供的投保单应当附格式条款,保险人应当向投保人说明合同的内容。

对保险合同中免除保险人责任的条款,保险人在订立合同时应当在投保单、保险单或者其他保险凭证上做出足以引起投保人注意的提示,并对该条款的内容以书面或者口头形式向投保人做出明确说明;未做提示或者明确说明的,该条款不产生效力。

第十八条 保险合同应当包括下列事项:

(一)保险人的名称和住所;

(二)投保人、被保险人的姓名或者名称、住所,以及人身保险的受益人的姓名或者名称、住所;

(二)保险标的;

(四)保险责任和责任免除;

(五)保险期间和保险责任开始时间;

(六)保险金额;

(七)保险费以及支付办法;

(八)保险金赔偿或者给付办法;

(九)违约责任和争议处理;

（十）订立合同的年、月、日。

投保人和保险人可以约定与保险有关的其他事项。

受益人是指人身保险合同中由被保险人或者投保人指定的享有保险金请求权的人。投保人、被保险人可以为受益人。

保险金额是指保险人承担赔偿或者给付保险金责任的最高限额。

第十九条　采用保险人提供的格式条款订立的保险合同中的下列条款无效：

（一）免除保险人依法应承担的义务或者加重投保人、被保险人责任的；

（二）排除投保人、被保险人或者受益人依法享有的权利的。

第二十条　投保人和保险人可以协商变更合同内容。

变更保险合同的，应当由保险人在保险单或者其他保险凭证上批注或者附贴批单，或者由投保人和保险人订立变更的书面协议。

第二十一条　投保人、被保险人或者受益人知道保险事故发生后，应当及时通知保险人。故意或者因重大过失未及时通知，致使保险事故的性质、原因、损失程度等难以确定的，保险人对无法确定的部分，不承担赔偿或者给付保险金的责任，但保险人通过其他途径已经及时知道或者应当及时知道保险事故发生的除外。

第二十二条　保险事故发生后，按照保险合同请求保险人赔偿或者给付保险金时，投保人、被保险人或者受益人应当向保险人提供其所能提供的与确认保险事故的性质、原因、损失程度等有关的证明和资料。

保险人按照合同的约定，认为有关的证明和资料不完整的，应当及时一次性通知投保人、被保险人或者受益人补充提供。

第二十三条　保险人收到被保险人或者受益人的赔偿或者给付保险金的请求后，应当及时做出核定；情形复杂的，应当在三十日内做出核定，但合同另有约定的除外。保险人应当将核定结果通知被保险人或者受益人；对属于保险责任的，在与被保险人或者受益人达成赔偿或者给付保险金的协议后十日内，履行赔偿或者给付保险金义务。保险合同对赔偿或者给付保险金的期限有约定的，保险人应当按照约定履行赔偿或者给付保险金义务。

保险人未及时履行前款规定义务的，除支付保险金外，应当赔偿被保险人或者受益人因此受到的损失。

任何单位和个人不得非法干预保险人履行赔偿或者给付保险金的义务，也不得限制被保险人或者受益人取得保险金的权利。

第二十四条　保险人依照本法第二十三条的规定做出核定后，对不属于保险责任的，应当自做出核定之日起三日内向被保险人或者受益人发出拒绝赔偿或者拒绝给付保险金通知书，并说明理由。

第二十五条　保险人自收到赔偿或者给付保险金的请求和有关证明、资料之日起六十日内,对其赔偿或者给付保险金的数额不能确定的,应当根据已有证明和资料可以确定的数额先予支付;保险人最终确定赔偿或者给付保险金的数额后,应当支付相应的差额。

第二十六条 人寿保险以外的其他保险的被保险人或者受益人,向保险人请求赔偿或者给付保险金的诉讼时效期间为二年,自其知道或者应当知道保险事故发生之日起计算。

人寿保险的被保险人或者受益人向保险人请求给付保险金的诉讼时效期间为五年,自其知道或者应当知道保险事故发生之日起计算。

第二十七条 未发生保险事故,被保险人或者受益人谎称发生了保险事故,向保险人提出赔偿或者给付保险金请求的,保险人有权解除合同,并不退还保险费。

投保人、被保险人故意制造保险事故的,保险人有权解除合同,不承担赔偿或者给付保险金的责任;除本法第四十三条规定外,不退还保险费。

保险事故发生后,投保人、被保险人或者受益人以伪造、变造的有关证明、资料或者其他证据,编造虚假的事故原因或者夸大损失程度的,保险人对其虚报的部分不承担赔偿或者给付保险金的责任。

投保人、被保险人或者受益人有前三款规定行为之一,致使保险人支付保险金或者支出费用的,应当退回或者赔偿。

第二十八条 保险人将其承担的保险业务,以分保形式部分转移给其他保险人的,为再保险。

应再保险接受人的要求,再保险分出人应当将其自负责任及原保险的有关情况书面告知再保险接受人。

第二十九条 再保险接受人不得向原保险的投保人要求支付保险费。

原保险的被保险人或者受益人不得向再保险接受人提出赔偿或者给付保险金的请求。

再保险分出人不得以再保险接受人未履行再保险责任为由,拒绝履行或者迟延履行其原保险责任。

第三十条 采用保险人提供的格式条款订立的保险合同,保险人与投保人、被保险人或者受益人对合同条款有争议的,应当按照通常理解予以解释。对合同条款有两种以上解释的,人民法院或者仲裁机构应当做出有利于被保险人和受益人的解释。

第二节 人身保险合同

第三十一条 投保人对下列人员具有保险利益:

(一)本人;

(二)配偶、子女、父母;

(三)前项以外与投保人有抚养、赡养或者扶养关系的家庭其他成员、近亲属;

（四）与投保人有劳动关系的劳动者。

除前款规定外，被保险人同意投保人为其订立合同的，视为投保人对被保险人具有保险利益。

订立合同时，投保人对被保险人不具有保险利益的，合同无效。

第三十二条　投保人申报的被保险人年龄不真实，并且其真实年龄不符合合同约定的年龄限制的，保险人可以解除合同，并按照合同约定退还保险单的现金价值。保险人行使合同解除权，适用本法第十六条第三款、第六款的规定。

投保人申报的被保险人年龄不真实，致使投保人支付的保险费少于应付保险费的，保险人有权更正并要求投保人补交保险费，或者在给付保险金时按照实付保险费与应付保险费的比例支付。

投保人申报的被保险人年龄不真实，致使投保人支付的保险费多于应付保险费的，保险人应当将多收的保险费退还投保人。

第三十三条　投保人不得为无民事行为能力人投保以死亡为给付保险金条件的人身保险，保险人也不得承保。

父母为其未成年子女投保的人身保险，不受前款规定限制。但是，因被保险人死亡给付的保险金总和不得超过国务院保险监督管理机构规定的限额。

第三十四条　以死亡为给付保险金条件的合同，未经被保险人同意并认可保险金额的，合同无效。

按照以死亡为给付保险金条件的合同所签发的保险单，未经被保险人书面同意，不得转让或者质押。

父母为其未成年子女投保的人身保险，不受本条第一款规定限制。

第三十五条　投保人可以按照合同约定向保险人一次支付全部保险费或者分期支付保险费。

第三十六条　合同约定分期支付保险费，投保人支付首期保险费后，除合同另有约定外，投保人自保险人催告之日起超过三十日未支付当期保险费，或者超过约定的期限六十日未支付当期保险费的，合同效力中止，或者由保险人按照合同约定的条件减少保险金额。

被保险人在前款规定期限内发生保险事故的，保险人应当按照合同约定给付保险金，但可以扣减欠交的保险费。

第三十七条　合同效力依照本法第三十六条规定中止的，经保险人与投保人协商并达成协议，在投保人补交保险费后，合同效力恢复。但是，自合同效力中止之日起满二年双方未达成协议的，保险人有权解除合同。

保险人依照前款规定解除合同的，应当按照合同约定退还保险单的现金价值。

第三十八条　保险人对人寿保险的保险费，不得用诉讼方式要求投保人支付。

第三十九条　人身保险的受益人由被保险人或者投保人指定。

投保人指定受益人时须经被保险人同意。投保人为与其有劳动关系的劳动者投保人身保险,不得指定被保险人及其近亲属以外的人为受益人。

被保险人为无民事行为能力人或者限制民事行为能力人的,可以由其监护人指定受益人。

第四十条　被保险人或者投保人可以指定一人或者数人为受益人。

受益人为数人的,被保险人或者投保人可以确定受益顺序和受益份额;未确定受益份额的,受益人按照相等份额享有受益权。

第四十一条　被保险人或者投保人可以变更受益人并书面通知保险人。保险人收到变更受益人的书面通知后,应当在保险单或者其他保险凭证上批注或者附贴批单。

投保人变更受益人时须经被保险人同意。

第四十二条　被保险人死亡后,有下列情形之一的,保险金作为被保险人的遗产,由保险人依照《中华人民共和国继承法》的规定履行给付保险金的义务:

(一)没有指定受益人,或者受益人指定不明无法确定的;

(二)受益人先于被保险人死亡,没有其他受益人的;

(三)受益人依法丧失受益权或者放弃受益权,没有其他受益人的。

受益人与被保险人在同一事件中死亡,且不能确定死亡先后顺序的,推定受益人死亡在先。

第四十三条　投保人故意造成被保险人死亡、伤残或者疾病的,保险人不承担给付保险金的责任。投保人已交足二年以上保险费的,保险人应当按照合同约定向其他权利人退还保险单的现金价值。

受益人故意造成被保险人死亡、伤残、疾病的,或者故意杀害被保险人未遂的,该受益人丧失受益权。

第四十四条　以被保险人死亡为给付保险金条件的合同,自合同成立或者合同效力恢复之日起二年内,被保险人自杀的,保险人不承担给付保险金的责任,但被保险人自杀时为无民事行为能力人的除外。

保险人依照前款规定不承担给付保险金责任的,应当按照合同约定退还保险单的现金价值。

第四十五条　因被保险人故意犯罪或者抗拒依法采取的刑事强制措施导致其伤残或者死亡的,保险人不承担给付保险金的责任。投保人已交足二年以上保险费的,保险人应当按照合同约定退还保险单的现金价值。

第四十六条　被保险人因第三者的行为而发生死亡、伤残或者疾病等保险事故的,保险人向被保险人或者受益人给付保险金后,不享有向第三者追偿的权利,但被保险人或者受益人仍有权向第三者请求赔偿。

第四十七条　投保人解除合同的,保险人应当自收到解除合同通知之日起三十日内,按照合同约定退还保险单的现金价值。

第三节　财产保险合同

第四十八条　保险事故发生时,被保险人对保险标的不具有保险利益的,不得向保险人请求赔偿保险金。

第四十九条　保险标的转让的,保险标的的受让人承继被保险人的权利和义务。

保险标的转让的,被保险人或者受让人应当及时通知保险人,但货物运输保险合同和另有约定的合同除外。

因保险标的的转让导致危险程度显著增加的,保险人自收到前款规定的通知之日起三十日内,可以按照合同约定增加保险费或者解除合同。保险人解除合同的,应当将已收取的保险费,按照合同约定扣除自保险责任开始之日起至合同解除之日止应收的部分后,退还投保人。

被保险人、受让人未履行本条第二款规定的通知义务的,因转让导致保险标的的危险程度显著增加而发生的保险事故,保险人不承担赔偿保险金的责任。

第五十条　货物运输保险合同和运输工具航程保险合同,保险责任开始后,合同当事人不得解除合同。

第五十一条　被保险人应当遵守国家有关消防、安全、生产操作、劳动保护等方面的规定,维护保险标的的安全。

保险人可以按照合同约定对保险标的的安全状况进行检查,及时向投保人、被保险人提出消除不安全因素和隐患的书面建议。

投保人、被保险人未按照约定履行其对保险标的的安全应尽责任的,保险人有权要求增加保险费或者解除合同。

保险人为维护保险标的的安全,经被保险人同意,可以采取安全预防措施。

第五十二条　在合同有效期内,保险标的的危险程度显著增加的,被保险人应当按照合同约定及时通知保险人,保险人可以按照合同约定增加保险费或者解除合同。保险人解除合同的,应当将已收取的保险费,按照合同约定扣除自保险责任开始之日起至合同解除之日止应收的部分后,退还投保人。

被保险人未履行前款规定的通知义务的,因保险标的的危险程度显著增加而发生的保险事故,保险人不承担赔偿保险金的责任。

第五十三条　有下列情形之一的,除合同另有约定外,保险人应当降低保险费,并按日计算退还相应的保险费:

(一)据以确定保险费率的有关情况发生变化,保险标的的危险程度明显减少的;

(二)保险标的的保险价值明显减少的。

第五十四条　保险责任开始前,投保人要求解除合同的,应当按照合同约定向保险人支付手续费,保险人应当退还保险费。保险责任开始后,投保人要求解除合同的,保险人应当将已收取的保险费,按照合同约定扣除自保险责任开始之日起至合同解除之日止应收的部分后,退还投保人。

第五十五条 投保人和保险人约定保险标的的保险价值并在合同中载明的,保险标的发生损失时,以约定的保险价值为赔偿计算标准。

投保人和保险人未约定保险标的的保险价值的,保险标的发生损失时,以保险事故发生时保险标的的实际价值为赔偿计算标准。

保险金额不得超过保险价值。超过保险价值的,超过部分无效,保险人应当退还相应的保险费。

保险金额低于保险价值的,除合同另有约定外,保险人按照保险金额与保险价值的比例承担赔偿保险金的责任。

第五十六条 重复保险的投保人应当将重复保险的有关情况通知各保险人。

重复保险的各保险人赔偿保险金的总和不得超过保险价值。除合同另有约定外,各保险人按照其保险金额与保险金额总和的比例承担赔偿保险金的责任。

重复保险的投保人可以就保险金额总和超过保险价值的部分,请求各保险人按比例返还保险费。

重复保险是指投保人对同一保险标的、同一保险利益、同一保险事故分别与两个以上保险人订立保险合同,且保险金额总和超过保险价值的保险。

第五十七条 保险事故发生时,被保险人应当尽力采取必要的措施,防止或者减少损失。

保险事故发生后,被保险人为防止或者减少保险标的的损失所支付的必要的、合理的费用,由保险人承担;保险人所承担的费用数额在保险标的损失赔偿金额以外另行计算,最高不超过保险金额的数额。

第五十八条 保险标的发生部分损失的,自保险人赔偿之日起三十日内,投保人可以解除合同;除合同另有约定外,保险人也可以解除合同,但应当提前十五日通知投保人。

合同解除的,保险人应当将保险标的未受损失部分的保险费,按照合同约定扣除自保险责任开始之日起至合同解除之日止应收的部分后,退还投保人。

第五十九条 保险事故发生后,保险人已支付了全部保险金额,并且保险金额等于保险价值的,受损保险标的的全部权利归于保险人;保险金额低于保险价值的,保险人按照保险金额与保险价值的比例取得受损保险标的的部分权利。

第六十条 因第三者对保险标的的损害而造成保险事故的,保险人自向被保险人赔偿保险金之日起,在赔偿金额范围内代位行使被保险人对第三者请求赔偿的权利。

前款规定的保险事故发生后,被保险人已经从第三者取得损害赔偿的,保险人赔偿保险金时,可以相应扣减被保险人从第三者已取得的赔偿金额。

保险人依照本条第一款规定行使代位请求赔偿的权利,不影响被保险人就未取得赔偿的部分向第三者请求赔偿的权利。

第六十一条　保险事故发生后,保险人未赔偿保险金之前,被保险人放弃对第三者请求赔偿的权利的,保险人不承担赔偿保险金的责任。

保险人向被保险人赔偿保险金后,被保险人未经保险人同意放弃对第三者请求赔偿的权利的,该行为无效。

被保险人故意或者因重大过失致使保险人不能行使代位请求赔偿的权利的,保险人可以扣减或者要求返还相应的保险金。

第六十二条　除被保险人的家庭成员或者其组成人员故意造成本法第六十条第一款规定的保险事故外,保险人不得对被保险人的家庭成员或者其组成人员行使代位请求赔偿的权利。

第六十三条　保险人向第三者行使代位请求赔偿的权利时,被保险人应当向保险人提供必要的文件和所知道的有关情况。

第六十四条　保险人、被保险人为查明和确定保险事故的性质、原因和保险标的的损失程度所支付的必要的、合理的费用,由保险人承担。

第六十五条　保险人对责任保险的被保险人给第三者造成的损害,可以依照法律的规定或者合同的约定,直接向该第三者赔偿保险金。

责任保险的被保险人给第三者造成损害,被保险人对第三者应负的赔偿责任确定的,根据被保险人的请求,保险人应当直接向该第三者赔偿保险金。被保险人怠于请求的,第三者有权就其应获赔偿部分直接向保险人请求赔偿保险金。

责任保险的被保险人给第三者造成损害,被保险人未向该第三者赔偿的,保险人不得向被保险人赔偿保险金。

责任保险是指以被保险人对第三者依法应负的赔偿责任为保险标的的保险。

第六十六条　责任保险的被保险人因给第三者造成损害的保险事故而被提起仲裁或者诉讼的,被保险人支付的仲裁或者诉讼费用以及其他必要的、合理的费用,除合同另有约定外,由保险人承担。

第三章　保险公司

第六十七条　设立保险公司应当经国务院保险监督管理机构批准。

国务院保险监督管理机构审查保险公司的设立申请时,应当考虑保险业的发展和公平竞争的需要。

第六十八条　设立保险公司应当具备下列条件:

(一)主要股东具有持续盈利能力,信誉良好,最近三年内无重大违法违规记录,净资产不低于人民币二亿元;

（二）有符合本法和《中华人民共和国公司法》规定的章程；

（三）有符合本法规定的注册资本；

（四）有具备任职专业知识和业务工作经验的董事、监事和高级管理人员；

（五）有健全的组织机构和管理制度；

（六）有符合要求的营业场所和与经营业务有关的其他设施；

（七）法律、行政法规和国务院保险监督管理机构规定的其他条件。

第六十九条　设立保险公司，其注册资本的最低限额为人民币二亿元。

国务院保险监督管理机构根据保险公司的业务范围、经营规模，可以调整其注册资本的最低限额，但不得低于本条第一款规定的限额。

保险公司的注册资本必须为实缴货币资本。

第七十条　申请设立保险公司，应当向国务院保险监督管理机构提出书面申请，并提交下列材料：

（一）设立申请书，申请书应当载明拟设立的保险公司的名称、注册资本、业务范围等；

（二）可行性研究报告；

（三）筹建方案；

（四）投资人的营业执照或者其他背景资料，经会计师事务所审计的上一年度财务会计报告；

（五）投资人认可的筹备组负责人和拟任董事长、经理名单及本人认可证明；

（六）国务院保险监督管理机构规定的其他材料。

第七十一条　国务院保险监督管理机构应当对设立保险公司的申请进行审查，自受理之日起六个月内做出批准或者不批准筹建的决定，并书面通知申请人。决定不批准的，应当书面说明理由。

第七十二条　申请人应当自收到批准筹建通知之日起一年内完成筹建工作；筹建期间不得从事保险经营活动。

第七十三条　筹建工作完成后，申请人具备本法第六十八条规定的设立条件的，可以向国务院保险监督管理机构提出开业申请。

国务院保险监督管理机构应当自受理开业申请之日起六十日内，做出批准或者不批准开业的决定。决定批准的，颁发经营保险业务许可证；决定不批准的，应当书面通知申请人并说明理由。

第七十四条　保险公司在中华人民共和国境内设立分支机构，应当经保险监督管理机构批准。

保险公司分支机构不具有法人资格，其民事责任由保险公司承担。

第七十五条　保险公司申请设立分支机构，应当向保险监督管理机构提出书面申

请,并提交下列材料:

(一)设立申请书;

(二)拟设机构三年业务发展规划和市场分析材料;

(三)拟任高级管理人员的简历及相关证明材料;

(四)国务院保险监督管理机构规定的其他材料。

第七十六条　保险监督管理机构应当对保险公司设立分支机构的申请进行审查,自受理之日起六十日内做出批准或者不批准的决定。决定批准的,颁发分支机构经营保险业务许可证;决定不批准的,应当书面通知申请人并说明理由。

第七十七条　经批准设立的保险公司及其分支机构,凭经营保险业务许可证向工商行政管理机关办理登记,领取营业执照。

第七十八条　保险公司及其分支机构自取得经营保险业务许可证之日起六个月内,无正当理由未向工商行政管理机关办理登记的,其经营保险业务许可证失效。

第七十九条　保险公司在中华人民共和国境外设立子公司、分支机构,应当经国务院保险监督管理机构批准。

第八十条　外国保险机构在中华人民共和国境内设立代表机构,应当经国务院保险监督管理机构批准。代表机构不得从事保险经营活动。

第八十一条　保险公司的董事、监事和高级管理人员,应当品行良好,熟悉与保险相关的法律、行政法规,具有履行职责所需的经营管理能力,并在任职前取得保险监督管理机构核准的任职资格。

保险公司高级管理人员的范围由国务院保险监督管理机构规定。

第八十二条　有《中华人民共和国公司法》第一百四十六条规定的情形或者下列情形之一的,不得担任保险公司的董事、监事、高级管理人员:

(一)因违法行为或者违纪行为被金融监督管理机构取消任职资格的金融机构的董事、监事、高级管理人员,自被取消任职资格之日起未逾五年的;

(二)因违法行为或者违纪行为被吊销执业资格的律师、注册会计师或者资产评估机构、验证机构等机构的专业人员,自被吊销执业资格之日起未逾五年的。

第八十三条　保险公司的董事、监事、高级管理人员执行公司职务时违反法律、行政法规或者公司章程的规定,给公司造成损失的,应当承担赔偿责任。

第八十四条　保险公司有下列情形之一的,应当经保险监督管理机构批准:

(一)变更名称;

(二)变更注册资本;

(三)变更公司或者分支机构的营业场所;

(四)撤销分支机构;

(五)公司分立或者合并;

（六）修改公司章程；

（七）变更出资额占有限责任公司资本总额百分之五以上的股东，或者变更持有股份有限公司股份百分之五以上的股东；

（八）国务院保险监督管理机构规定的其他情形。

第八十五条　保险公司应当聘用专业人员，建立精算报告制度和合规报告制度。

第八十六条　保险公司应当按照保险监督管理机构的规定，报送有关报告、报表、文件和资料。

保险公司的偿付能力报告、财务会计报告、精算报告、合规报告及其他有关报告、报表、文件和资料必须如实记录保险业务事项，不得有虚假记载、误导性陈述和重大遗漏。

第八十七条　保险公司应当按照国务院保险监督管理机构的规定妥善保管业务经营活动的完整账簿、原始凭证和有关资料。

前款规定的账簿、原始凭证和有关资料的保管期限，自保险合同终止之日起计算，保险期间在一年以下的不得少于五年，保险期间超过一年的不得少于十年。

第八十八条　保险公司聘请或者解聘会计师事务所、资产评估机构、资信评级机构等中介服务机构，应当向保险监督管理机构报告；解聘会计师事务所、资产评估机构、资信评级机构等中介服务机构，应当说明理由。

第八十九条　保险公司因分立、合并需要解散，或者股东会、股东大会决议解散，或者公司章程规定的解散事由出现，经国务院保险监督管理机构批准后解散。

经营有人寿保险业务的保险公司，除因分立、合并或者被依法撤销外，不得解散。

保险公司解散，应当依法成立清算组进行清算。

第九十条　保险公司有《中华人民共和国企业破产法》第二条规定情形的，经国务院保险监督管理机构同意，保险公司或者其债权人可以依法向人民法院申请重整、和解或者破产清算；国务院保险监督管理机构也可以依法向人民法院申请对该保险公司进行重整或者破产清算。

第九十一条　破产财产在优先清偿破产费用和共益债务后，按照下列顺序清偿：

（一）所欠职工工资和医疗、伤残补助、抚恤费用，所欠应当划入职工个人账户的基本养老保险、基本医疗保险费用，以及法律、行政法规规定应当支付给职工的补偿金；

（二）赔偿或者给付保险金；

（三）保险公司欠缴的除第（一）项规定以外的社会保险费用和所欠税款；

（四）普通破产债权。

破产财产不足以清偿同一顺序的清偿要求的，按照比例分配。

破产保险公司的董事、监事和高级管理人员的工资，按照该公司职工的平均工资计算。

第九十二条　经营有人寿保险业务的保险公司被依法撤销或者被依法宣告破产的，

223

其持有的人寿保险合同及责任准备金,必须转让给其他经营有人寿保险业务的保险公司;不能同其他保险公司达成转让协议的,由国务院保险监督管理机构指定经营有人寿保险业务的保险公司接受转让。

转让或者由国务院保险监督管理机构指定接受转让前款规定的人寿保险合同及责任准备金的,应当维护被保险人、受益人的合法权益。

第九十三条　保险公司依法终止其业务活动,应当注销其经营保险业务许可证。

第九十四条　保险公司,除本法另有规定外,适用《中华人民共和国公司法》的规定。

第四章　保险经营规则

第九十五条　保险公司的业务范围:

(一)人身保险业务,包括人寿保险、健康保险、意外伤害保险等保险业务;

(二)财产保险业务,包括财产损失保险、责任保险、信用保险、保证保险等保险业务;

(三)国务院保险监督管理机构批准的与保险有关的其他业务。

保险人不得兼营人身保险业务和财产保险业务。但是,经营财产保险业务的保险公司经国务院保险监督管理机构批准,可以经营短期健康保险业务和意外伤害保险业务。

保险公司应当在国务院保险监督管理机构依法批准的业务范围内从事保险经营活动。

第九十六条　经国务院保险监督管理机构批准,保险公司可以经营本法第九十五条规定的保险业务的下列再保险业务:

(一)分出保险;

(二)分入保险。

第九十七条　保险公司应当按照其注册资本总额的百分之二十提取保证金,存入国务院保险监督管理机构指定的银行,除公司清算时用于清偿债务外,不得动用。

第九十八条　保险公司应当根据保障被保险人利益、保证偿付能力的原则,提取各项责任准备金。

保险公司提取和结转责任准备金的具体办法,由国务院保险监督管理机构制定。

第九十九条　保险公司应当依法提取公积金。

第一百条　保险公司应当缴纳保险保障基金。

保险保障基金应当集中管理,并在下列情形下统筹使用:

(一)在保险公司被撤销或者被宣告破产时,向投保人、被保险人或者受益人提供救济;

(二)在保险公司被撤销或者被宣告破产时,向依法接受其人寿保险合同的保险公司提供救济;

(三)国务院规定的其他情形。

保险保障基金筹集、管理和使用的具体办法,由国务院制定。

第一百零一条 保险公司应当具有与其业务规模和风险程度相适应的最低偿付能力。保险公司的认可资产减去认可负债的差额不得低于国务院保险监督管理机构规定的数额;低于规定数额的,应当按照国务院保险监督管理机构的要求采取相应措施达到规定的数额。

第一百零二条 经营财产保险业务的保险公司当年自留保险费,不得超过其实有资本金加公积金总和的四倍。

第一百零三条 保险公司对每一危险单位,即对一次保险事故可能造成的最大损失范围所承担的责任,不得超过其实有资本金加公积金总和的百分之十;超过的部分应当办理再保险。

保险公司对危险单位的划分应当符合国务院保险监督管理机构的规定。

第一百零四条 保险公司对危险单位的划分方法和巨灾风险安排方案,应当报国务院保险监督管理机构备案。

第一百零五条 保险公司应当按照国务院保险监督管理机构的规定办理再保险,并审慎选择再保险接受人。

第一百零六条 保险公司的资金运用必须稳健,遵循安全性原则。

保险公司的资金运用限于下列形式:

(一)银行存款;

(二)买卖债券、股票、证券投资基金份额等有价证券;

(三)投资不动产;

(四)国务院规定的其他资金运用形式。

保险公司资金运用的具体管理办法,由国务院保险监督管理机构依照前两款的规定制定。

第一百零七条 经国务院保险监督管理机构会同国务院证券监督管理机构批准,保险公司可以设立保险资产管理公司。

保险资产管理公司从事证券投资活动,应当遵守《中华人民共和国证券法》等法律、行政法规的规定。

保险资产管理公司的管理办法,由国务院保险监督管理机构会同国务院有关部门制定。

第一百零八条 保险公司应当按照国务院保险监督管理机构的规定,建立对关联交易的管理和信息披露制度。

第一百零九条 保险公司的控股股东、实际控制人、董事、监事、高级管理人员不得利用关联交易损害公司的利益。

第一百一十条 保险公司应当按照国务院保险监督管理机构的规定,真实、准确、完整地披露财务会计报告、风险管理状况、保险产品经营情况等重大事项。

第一百一十一条　保险公司从事保险销售的人员应当品行良好,具有保险销售所需的专业能力。保险销售人员的行为规范和管理办法,由国务院保险监督管理机构规定。

第一百一十二条　保险公司应当建立保险代理人登记管理制度,加强对保险代理人的培训和管理,不得唆使、诱导保险代理人进行违背诚信义务的活动。

第一百一十三条　保险公司及其分支机构应当依法使用经营保险业务许可证,不得转让、出租、出借经营保险业务许可证。

第一百一十四条　保险公司应当按照国务院保险监督管理机构的规定,公平、合理拟订保险条款和保险费率,不得损害投保人、被保险人和受益人的合法权益。

保险公司应当按照合同约定和本法规定,及时履行赔偿或者给付保险金义务。

第一百一十五条　保险公司开展业务,应当遵循公平竞争的原则,不得从事不正当竞争。

第一百一十六条　保险公司及其工作人员在保险业务活动中不得有下列行为:

(一)欺骗投保人、被保险人或者受益人;

(二)对投保人隐瞒与保险合同有关的重要情况;

(三)阻碍投保人履行本法规定的如实告知义务,或者诱导其不履行本法规定的如实告知义务;

(四)给予或者承诺给予投保人、被保险人、受益人保险合同约定以外的保险费回扣或者其他利益;

(五)拒不依法履行保险合同约定的赔偿或者给付保险金义务;

(六)故意编造未曾发生的保险事故、虚构保险合同或者故意夸大已经发生的保险事故的损失程度进行虚假理赔,骗取保险金或者牟取其他不正当利益;

(七)挪用、截留、侵占保险费;

(八)委托未取得合法资格的机构从事保险销售活动;

(九)利用开展保险业务为其他机构或者个人牟取不正当利益;

(十)利用保险代理人、保险经纪人或者保险评估机构,从事以虚构保险中介业务或者编造退保等方式套取费用等违法活动;

(十一)以捏造、散布虚假事实等方式损害竞争对手的商业信誉,或者以其他不正当竞争行为扰乱保险市场秩序;

(十二)泄露在业务活动中知悉的投保人、被保险人的商业秘密;

(十三)违反法律、行政法规和国务院保险监督管理机构规定的其他行为。

第五章　保险代理人和保险经纪人

第一百一十七条　保险代理人是根据保险人的委托,向保险人收取佣金,并在保险人授权的范围内代为办理保险业务的机构或者个人。

保险代理机构包括专门从事保险代理业务的保险专业代理机构和兼营保险代理业

务的保险兼业代理机构。

第一百一十八条　保险经纪人是基于投保人的利益，为投保人与保险人订立保险合同提供中介服务，并依法收取佣金的机构。

第一百一十九条　保险代理机构、保险经纪人应当具备国务院保险监督管理机构规定的条件，取得保险监督管理机构颁发的经营保险代理业务许可证、保险经纪业务许可证。

第一百二十条　以公司形式设立保险专业代理机构、保险经纪人，其注册资本最低限额适用《中华人民共和国公司法》的规定。

国务院保险监督管理机构根据保险专业代理机构、保险经纪人的业务范围和经营规模，可以调整其注册资本的最低限额，但不得低于《中华人民共和国公司法》规定的限额。

保险专业代理机构、保险经纪人的注册资本或者出资额必须为实缴货币资本。

第一百二十一条　保险专业代理机构、保险经纪人的高级管理人员，应当品行良好，熟悉保险法律、行政法规，具有履行职责所需的经营管理能力，并在任职前取得保险监督管理机构核准的任职资格。

第一百二十二条　个人保险代理人、保险代理机构的代理从业人员、保险经纪人的经纪从业人员，应当品行良好，具有从事保险代理业务或者保险经纪业务所需的专业能力。

第一百二十三条　保险代理机构、保险经纪人应当有自己的经营场所，设立专门账簿记载保险代理业务、经纪业务的收支情况。

第一百二十四条　保险代理机构、保险经纪人应当按照国务院保险监督管理机构的规定缴存保证金或者投保职业责任保险。

第一百二十五条　个人保险代理人在代为办理人寿保险业务时，不得同时接受两个以上保险人的委托。

第一百二十六条　保险人委托保险代理人代为办理保险业务，应当与保险代理人签订委托代理协议，依法约定双方的权利和义务。

第一百二十七条　保险代理人根据保险人的授权代为办理保险业务的行为，由保险人承担责任。

保险代理人没有代理权、超越代理权或者代理权终止后以保险人名义订立合同，使投保人有理由相信其有代理权的，该代理行为有效。保险人可以依法追究越权的保险代理人的责任。

第一百二十八条　保险经纪人因过错给投保人、被保险人造成损失的，依法承担赔偿责任。

第一百二十九条　保险活动当事人可以委托保险公估机构等依法设立的独立评估机构或者具有相关专业知识的人员，对保险事故进行评估和鉴定。

接受委托对保险事故进行评估和鉴定的机构和人员,应当依法、独立、客观、公正地进行评估和鉴定,任何单位和个人不得干涉。

前款规定的机构和人员,因故意或者过失给保险人或者被保险人造成损失的,依法承担赔偿责任。

第一百三十条 保险佣金只限于向保险代理人、保险经纪人支付,不得向其他人支付。

第一百三十一条 保险代理人、保险经纪人及其从业人员在办理保险业务活动中不得有下列行为:

(一)欺骗保险人、投保人、被保险人或者受益人;

(二)隐瞒与保险合同有关的重要情况;

(三)阻碍投保人履行本法规定的如实告知义务,或者诱导其不履行本法规定的如实告知义务;

(四)给予或者承诺给予投保人、被保险人或者受益人保险合同约定以外的利益;

(五)利用行政权力、职务或者职业便利以及其他不正当手段强迫、引诱或者限制投保人订立保险合同;

(六)伪造、擅自变更保险合同,或者为保险合同当事人提供虚假证明材料;

(七)挪用、截留、侵占保险费或者保险金;

(八)利用业务便利为其他机构或者个人牟取不正当利益;

(九)串通投保人、被保险人或者受益人,骗取保险金;

(十)泄露在业务活动中知悉的保险人、投保人、被保险人的商业秘密。

第一百三十二条 本法第八十六条第一款、第一百一十三条的规定,适用于保险代理机构和保险经纪人。

第六章 保险业监督管理

第一百三十三条 保险监督管理机构依照本法和国务院规定的职责,遵循依法、公开、公正的原则,对保险业实施监督管理,维护保险市场秩序,保护投保人、被保险人和受益人的合法权益。

第一百三十四条 国务院保险监督管理机构依照法律、行政法规制定并发布有关保险业监督管理的规章。

第一百三十五条 关系社会公众利益的保险险种、依法实行强制保险的险种和新开发的人寿保险险种等的保险条款和保险费率,应当报国务院保险监督管理机构批准。国务院保险监督管理机构审批时,应当遵循保护社会公众利益和防止不正当竞争的原则。其他保险险种的保险条款和保险费率,应当报保险监督管理机构备案。

保险条款和保险费率审批、备案的具体办法,由国务院保险监督管理机构依照前款规定制定。

第一百三十六条 保险公司使用的保险条款和保险费率违反法律、行政法规或者国务院保险监督管理机构的有关规定的,由保险监督管理机构责令停止使用,限期修改;情节严重的,可以在一定期限内禁止申报新的保险条款和保险费率。

第一百三十七条 国务院保险监督管理机构应当建立健全保险公司偿付能力监管体系,对保险公司的偿付能力实施监控。

第一百三十八条 对偿付能力不足的保险公司,国务院保险监督管理机构应当将其列为重点监管对象,并可以根据具体情况采取下列措施:

(一)责令增加资本金、办理再保险;

(二)限制业务范围;

(三)限制向股东分红;

(四)限制固定资产购置或者经营费用规模;

(五)限制资金运用的形式、比例;

(六)限制增设分支机构;

(七)责令拍卖不良资产、转让保险业务;

(八)限制董事、监事、高级管理人员的薪酬水平;

(九)限制商业性广告;

(十)责令停止接受新业务。

第一百三十九条 保险公司未依照本法规定提取或者结转各项责任准备金,或者未依照本法规定办理再保险,或者严重违反本法关于资金运用的规定的,由保险监督管理机构责令限期改正,并可以责令调整负责人及有关管理人员。

第一百四十条 保险监督管理机构依照本法第一百三十九条的规定做出限期改正的决定后,保险公司逾期未改正的,国务院保险监督管理机构可以决定选派保险专业人员和指定该保险公司的有关人员组成整顿组,对公司进行整顿。

整顿决定应当载明被整顿公司的名称、整顿理由、整顿组成员和整顿期限,并予以公告。

第一百四十一条 整顿组有权监督被整顿保险公司的日常业务。被整顿公司的负责人及有关管理人员应当在整顿组的监督下行使职权。

第一百四十二条 整顿过程中,被整顿保险公司的原有业务继续进行。但是,国务院保险监督管理机构可以责令被整顿公司停止部分原有业务、停止接受新业务,调整资金运用。

第一百四十三条 被整顿保险公司经整顿已纠正其违反本法规定的行为,恢复正常经营状况的,由整顿组提出报告,经国务院保险监督管理机构批准,结束整顿,并由国务院保险监督管理机构予以公告。

第一百四十四条 保险公司有下列情形之一的,国务院保险监督管理机构可以对其实行接管：

（一）公司的偿付能力严重不足的；

（二）违反本法规定，损害社会公共利益，可能严重危及或者已经严重危及公司的偿付能力的。

被接管的保险公司的债权债务关系不因接管而变化。

第一百四十五条　接管组的组成和接管的实施办法，由国务院保险监督管理机构决定，并予以公告。

第一百四十六条　接管期限届满，国务院保险监督管理机构可以决定延长接管期限，但接管期限最长不得超过二年。

第一百四十七条　接管期限届满，被接管的保险公司已恢复正常经营能力的，由国务院保险监督管理机构决定终止接管，并予以公告。

第一百四十八条　被整顿、被接管的保险公司有《中华人民共和国企业破产法》第二条规定情形的，国务院保险监督管理机构可以依法向人民法院申请对该保险公司进行重整或者破产清算。

第一百四十九条　保险公司因违法经营被依法吊销经营保险业务许可证的，或者偿付能力低于国务院保险监督管理机构规定标准，不予撤销将严重危害保险市场秩序、损害公共利益的，由国务院保险监督管理机构予以撤销并公告，依法及时组织清算组进行清算。

第一百五十条　国务院保险监督管理机构有权要求保险公司股东、实际控制人在指定的期限内提供有关信息和资料。

第一百五十一条　保险公司的股东利用关联交易严重损害公司利益，危及公司偿付能力的，由国务院保险监督管理机构责令改正。在按照要求改正前，国务院保险监督管理机构可以限制其股东权利；拒不改正的，可以责令其转让所持的保险公司股权。

第一百五十二条　保险监督管理机构根据履行监督管理职责的需要，可以与保险公司董事、监事和高级管理人员进行监督管理谈话，要求其就公司的业务活动和风险管理的重大事项做出说明。

第一百五十三条　保险公司在整顿、接管、撤销清算期间，或者出现重大风险时，国务院保险监督管理机构可以对该公司直接负责的董事、监事、高级管理人员和其他直接责任人员采取以下措施：

（一）通知出境管理机关依法阻止其出境；

（二）申请司法机关禁止其转移、转让或者以其他方式处分财产，或者在财产上设定其他权利。

第一百五十四条　保险监督管理机构依法履行职责，可以采取下列措施：

（一）对保险公司、保险代理人、保险经纪人、保险资产管理公司、外国保险机构的代表机构进行现场检查；

（二）进入涉嫌违法行为发生场所调查取证；

（三）询问当事人及与被调查事件有关的单位和个人，要求其对与被调查事件有关的事项做出说明；

（四）查阅、复制与被调查事件有关的财产权登记等资料；

（五）查阅、复制保险公司、保险代理人、保险经纪人、保险资产管理公司、外国保险机构的代表机构以及与被调查事件有关的单位和个人的财务会计资料及其他相关文件和资料；对可能被转移、隐匿或者毁损的文件和资料予以封存；

（六）查询涉嫌违法经营的保险公司、保险代理人、保险经纪人、保险资产管理公司、外国保险机构的代表机构以及与涉嫌违法事项有关的单位和个人的银行账户；

（七）对有证据证明已经或者可能转移、隐匿违法资金等涉案财产或者隐匿、伪造、毁损重要证据的，经保险监督管理机构主要负责人批准，申请人民法院予以冻结或者查封。

保险监督管理机构采取前款第（一）项、第（二）项、第（五）项措施的，应当经保险监督管理机构负责人批准；采取第（六）项措施的，应当经国务院保险监督管理机构负责人批准。

保险监督管理机构依法进行监督检查或者调查，其监督检查、调查的人员不得少于二人，并应当出示合法证件和监督检查、调查通知书；监督检查、调查的人员少于二人或者未出示合法证件和监督检查、调查通知书的，被检查、调查的单位和个人有权拒绝。

第一百五十五条　保险监督管理机构依法履行职责，被检查、调查的单位和个人应当配合。

第一百五十六条　保险监督管理机构工作人员应当忠于职守，依法办事，公正廉洁，不得利用职务便利牟取不正当利益，不得泄露所知悉的有关单位和个人的商业秘密。

第一百五十七条　国务院保险监督管理机构应当与中国人民银行、国务院其他金融监督管理机构建立监督管理信息共享机制。

保险监督管理机构依法履行职责，进行监督检查、调查时，有关部门应当予以配合。

第七章　法律责任

第一百五十八条　违反本法规定，擅自设立保险公司、保险资产管理公司或者非法经营商业保险业务的，由保险监督管理机构予以取缔，没收违法所得，并处违法所得一倍以上五倍以下的罚款；没有违法所得或者违法所得不足二十万元的，处二十万元以上一百万元以下的罚款。

第一百五十九条　违反本法规定，擅自设立保险专业代理机构、保险经纪人，或者未取得经营保险代理业务许可证、保险经纪业务许可证从事保险代理业务、保险经纪业务的，由保险监督管理机构予以取缔，没收违法所得，并处违法所得一倍以上五倍以下的罚款；没有违法所得或者违法所得不足五万元的，处五万元以上三十万元以下的罚款。

第一百六十条　保险公司违反本法规定,超出批准的业务范围经营的,由保险监督管理机构责令限期改正,没收违法所得,并处违法所得一倍以上五倍以下的罚款;没有违法所得或者违法所得不足十万元的,处十万元以上五十万元以下的罚款。逾期不改正或者造成严重后果的,责令停业整顿或者吊销业务许可证。

第一百六十一条　保险公司有本法第一百一十六条规定行为之一的,由保险监督管理机构责令改正,处五万元以上三十万元以下的罚款;情节严重的,限制其业务范围、责令停止接受新业务或者吊销业务许可证。

第一百六十二条　保险公司违反本法第八十四条规定的,由保险监督管理机构责令改正,处一万元以上十万元以下的罚款。

第一百六十三条　保险公司违反本法规定,有下列行为之一的,由保险监督管理机构责令改正,处五万元以上三十万元以下的罚款:

(一)超额承保,情节严重的;

(二)为无民事行为能力人承保以死亡为给付保险金条件的保险的。

第一百六十四条　违反本法规定,有下列行为之一的,由保险监督管理机构责令改正,处五万元以上三十万元以下的罚款;情节严重的,可以限制其业务范围、责令停止接受新业务或者吊销业务许可证:

(一)未按照规定提存保证金或者违反规定动用保证金的;

(二)未按照规定提取或者结转各项责任准备金的;

(三)未按照规定缴纳保险保障基金或者提取公积金的;

(四)未按照规定办理再保险的;

(五)未按照规定运用保险公司资金的;

(六)未经批准设立分支机构的;

(七)未按照规定申请批准保险条款、保险费率的。

第一百六十五条　保险代理机构、保险经纪人有本法第一百二十一条规定行为之一的,由保险监督管理机构责令改正,处五万元以上三十万元以下的罚款;情节严重的,吊销业务许可证。

第一百六十六条　保险代理机构、保险经纪人违反本法规定,有下列行为之一的,由保险监督管理机构责令改正,处二万元以上十万元以下的罚款;情节严重的,责令停业整顿或者吊销业务许可证:

(一)未按照规定缴存保证金或者投保职业责任保险的;

(二)未按照规定设立专门账簿记载业务收支情况的。

第一百六十七条　违反本法规定,聘任不具有任职资格的人员的,由保险监督管理机构责令改正,处二万元以上十万元以下的罚款。

第一百六十八条　违反本法规定,转让、出租、出借业务许可证的,由保险监督管理机构处一万元以上十万元以下的罚款;情节严重的,责令停业整顿或者吊销业务许可证。

第一百六十九条　违反本法规定,有下列行为之一的,由保险监督管理机构责令限期改正;逾期不改正的,处一万元以上十万元以下的罚款:

(一)未按照规定报送或者保管报告、报表、文件、资料的,或者未按照规定提供有关信息、资料的;

(二)未按照规定报送保险条款、保险费率备案的;

(三)未按照规定披露信息的。

第一百七十条　违反本法规定,有下列行为之一的,由保险监督管理机构责令改正,处十万元以上五十万元以下的罚款;情节严重的,可以限制其业务范围、责令停止接受新业务或者吊销业务许可证:

(一)编制或者提供虚假的报告、报表、文件、资料的;

(二)拒绝或者妨碍依法监督检查的;

(三)未按照规定使用经批准或者备案的保险条款、保险费率的。

第一百七十一条　保险公司、保险资产管理公司、保险专业代理机构、保险经纪人违反本法规定的,保险监督管理机构除分别依照本法第一百六十条至第一百七十条的规定对该单位给予处罚外,对其直接负责的主管人员和其他直接责任人员给予警告,并处一万元以上十万元以下的罚款;情节严重的,撤销任职资格。

第一百七十二条　个人保险代理人违反本法规定的,由保险监督管理机构给予警告,可以并处二万元以下的罚款;情节严重的,处二万元以上十万元以下的罚款。

第一百七十三条　外国保险机构未经国务院保险监督管理机构批准,擅自在中华人民共和国境内设立代表机构的,由国务院保险监督管理机构予以取缔,处五万元以上三十万元以下的罚款。

外国保险机构在中华人民共和国境内设立的代表机构从事保险经营活动的,由保险监督管理机构责令改正,没收违法所得,并处违法所得一倍以上五倍以下的罚款;没有违法所得或者违法所得不足二十万元的,处二十万元以上一百万元以下的罚款;对其首席代表可以责令撤换;情节严重的,撤销其代表机构。

第一百七十四条　投保人、被保险人或者受益人有下列行为之一,进行保险诈骗活动,尚不构成犯罪的,依法给予行政处罚:

(一)投保人故意虚构保险标的,骗取保险金的;

(二)编造未曾发生的保险事故,或者编造虚假的事故原因或者夸大损失程度,骗取保险金的;

(三)故意造成保险事故,骗取保险金的。

保险事故的鉴定人、评估人、证明人故意提供虚假的证明文件,为投保人、被保险人或者受益人进行保险诈骗提供条件的,依照前款规定给予处罚。

第一百七十五条　违反本法规定,给他人造成损害的,依法承担民事责任。

第一百七十六条　拒绝、阻碍保险监督管理机构及其工作人员依法行使监督检查、调查职权,未使用暴力、威胁方法的,依法给予治安管理处罚。

第一百七十七条　违反法律、行政法规的规定,情节严重的,国务院保险监督管理机构可以禁止有关责任人员一定期限直至终身进入保险业。

第一百七十八条　保险监督管理机构从事监督管理工作的人员有下列情形之一的,依法给予处分:

(一)违反规定批准机构的设立的;

(二)违反规定进行保险条款、保险费率审批的;

(三)违反规定进行现场检查的;

(四)违反规定查询账户或者冻结资金的;

(五)泄露其知悉的有关单位和个人的商业秘密的;

(六)违反规定实施行政处罚的;

(七)滥用职权、玩忽职守的其他行为。

第一百七十九条　违反本法规定,构成犯罪的,依法追究刑事责任。

第八章　附则

第一百八十条　保险公司应当加入保险行业协会。保险代理人、保险经纪人、保险公估机构可以加入保险行业协会。

保险行业协会是保险业的自律性组织,是社会团体法人。

第一百八十一条　保险公司以外的其他依法设立的保险组织经营的商业保险业务,适用本法。

第一百八十二条　海上保险适用《中华人民共和国海商法》的有关规定;《中华人民共和国海商法》未规定的,适用本法的有关规定。

第一百八十三条　中外合资保险公司、外资独资保险公司、外国保险公司分公司适用本法规定;法律、行政法规另有规定的,适用其规定。

第一百八十四条　国家支持发展为农业生产服务的保险事业。农业保险由法律、行政法规另行规定。

强制保险,法律、行政法规另有规定的,适用其规定。

第一百八十五条　本法自 2009 年 10 月 1 日起施行。